乡村振兴战略下
科技创新赋能研究

◎ 毛华慧　著

广西科学技术出版社
·南宁·

图书在版编目（CIP）数据

乡村振兴战略下科技创新赋能研究 / 毛华慧著 .

南宁：广西科学技术出版社，2024.1. --ISBN 978-7 -5551-2171-8

Ⅰ. F320.3

中国国家版本馆 CIP 数据核字第 20248TV430 号

XIANGCUN ZHENXING ZHANLÜE XIA KEJI CHUANGXIN FUNENG YANJIU

乡 村 振 兴 战 略 下 科 技 创 新 赋 能 研 究

毛华慧　著

策　　划：何杏华	责任编辑：秦慧聪
助理编辑：黄玉洁	责任校对：苏深灿
装帧设计：梁　良	责任印制：陆　弟

出 版 人：梁　志
出版发行：广西科学技术出版社
社　　　址：广西南宁市东葛路 66 号
邮政编码：530023
网　　　址：http：//www.gxkjs.com

印　　　刷：广西民族印刷包装集团有限公司

开　　　本：787 mm × 1092 mm　　1/16
印　　　张：14.5
字　　　数：227 千字
版　　　次：2024 年 1 月第 1 版
印　　　次：2024 年 1 月第 1 次印刷
书　　　号：ISBN 978-7-5551-2171-8
定　　　价：48.00 元

版权所有　侵权必究

质量服务承诺：如发现缺页、错页、倒装等印装质量问题，可直接向本社调换。

服务电话：0771-5851474

前　言

"民族要复兴，乡村必振兴。"党的二十大报告指出，"全面推进乡村振兴"，"坚持农业农村优先发展"，要"以中国式现代化全面推进中华民族伟大复兴"。"中国式现代化"的内涵和本质要求，蕴含着与我国当前实施乡村振兴战略中"五大振兴"的逻辑关联性。因此，要以"中国式现代化"指引乡村振兴，开启建设中国式乡村现代化的新征程。全面建设社会主义现代化国家，最艰巨最繁重的任务仍然在农村，乡村振兴在未来几年乃至较长的时间内仍是全党全国工作的重中之重。

习近平总书记在 2022 年 12 月举行的中央农村工作会议上强调，全面推进乡村振兴、加快建设农业强国，是党中央着眼全面建成社会主义现代化强国作出的战略部署。强国必先强农，农强方能国强。没有农业强国，就没有整个现代化强国；没有农业农村现代化，社会主义现代化就是不全面的。要铆足干劲，抓好以乡村振兴为重心的"三农"各项工作，大力推进农业农村现代化，为加快建设农业强国而努力奋斗。

科技立则民族立，科技强则国家强。农业科技自立自强是实现农业强国的必由之路，是保障国家粮食和重要农产品稳定安全供给的关键所在，是加快推进农业农村现代化、全面推进乡村振兴的重要举措。因此，要深刻认识科技支撑农业强国建设的重大意义，切实增强推进高水平农业科技自立自强的责任感使命感。

党的十八大以来，我国农业科技快速进步，支撑农业农村发展取得历史性成就。2022 年，全国农业科技进步贡献率达 62.4%，自主选育作物品种面积占比超 95%，主要畜禽核心种源自给率达 75%，农作物耕种收综合机械化率达 72.03%，农业绿色发展指数达 76.91。农业科技创新在推进乡村振兴、保障国家粮食安全、增加农民收入等方面发挥着重要作用，充分体现了"凡是乡村振兴，必有科技支撑"这一理念。但也要看到，与加快建设农业强国的要求相比，我国农业科技仍然存在诸多短板弱项，部分核心种源、高端装备依赖进口，创新链条中有卡点，企业技术创新能力不强，农业的基础研究、底层技术、原创性成果依然不足，关键核心技术受制于人的状况还未得到根本转变，农业科技进步贡献率同世界先进水平相比还有不小差距。

在新阶段推进农业强国建设，夯实农业农村现代化薄弱环节，比任何时候都更加需要科学技术解决方案，更加需要增强科技创新这个第一动力。农业强国建设主要包含六个方面的重点任务，每项任务的核心都是科技问题，对农业科技工作提出了明确要求：一是供给保障安全可靠，强化种子与耕地科技创新；二是科技创新自立自强，提升全国农业科技创新体系整体效能；三是设施装备配套完善，强化设施农业和农机装备研发；四是产业链条健全高端，强化全产业链技术研发与应用；五是资源利用集约高效，强化农业绿色发展技术供给；六是国际竞争优势明显，强化农业科技国际合作。因此，在当前背景下，对"乡村振兴战略下科技创新赋能"展开研究，契合中国式现代化发展的现实需求。

科技赋能乡村振兴是科技与社会互动的典型案例，反映了科技在社会发展中的重要作用。本书将围绕"习近平总书记关于乡村振兴战略的重要论述""中国乡村科技创新的发展源流""乡村振兴战略下科技创新赋能的重要性与必要性""乡村振兴战略下科技创新目标任务""科技创新赋能乡村振兴的基本逻辑与路径""乡村科技创新支撑体系现状检视及困境梳理""乡村科技创新的经验借鉴""乡村科技创新支撑体系的展望"八大板块展开阐述，汲取过去科技赋能乡村发展的经验教训，了解科技发展在不同历史时期对乡村社区的影响，深入研究科技创新如何促进农村生产生活方式和社会结构的变革，理解科技发展与社会进步之间的相互影响。本书深入分析了科技引领乡村振兴背后的动因，探究了农业科技创新与社会、政治、经济等方面的关联，力争为当前乡村振兴战略的实施提供有益的参考，推动科技在乡村建设中有效发挥作用。

毛华慧

2023 年 10 月

目录

▶▶ 第三章　乡村振兴战略下科技创新赋能的重要性与必要性

▶▶ 第四章　乡村振兴战略下科技创新目标任务

▶▶ 第五章　科技创新赋能乡村振兴的基本逻辑与路径

▶▶ 第八章　乡村科技创新支撑体系的展望

第一章

习近平总书记关于乡村振兴战略的重要论述

2017 年 10 月 18 日，习近平总书记在党的十九大报告中提出实施乡村振兴战略，这是关系到全面建设社会主义现代化国家的全局性和历史性任务，是建设社会主义现代化经济体系的重要内容之一。推进新时代"三农"工作，需要深刻认识实施乡村振兴战略的重要性和必要性，扎扎实实把乡村振兴战略实施好，强化蓝图引领，真正把握和明晰实施乡村振兴战略的总体要求和目标任务。

党的十九大之后，中共中央、国务院陆续发布相关政策文件，如 2018 年《乡村振兴战略规划（2018—2022 年）》、2020 年《关于实现巩固拓展脱贫攻坚成果同乡村振兴有效衔接的意见》、2022 年中央一号文件《关于做好 2022 年全面推进乡村振兴重点工作的意见》等，对发展农业农村、全面推进乡村振兴作出重要部署，为做好我国"三农"工作指明了方向。

第一节　聚焦产业促进农村发展

一、乡村产业振兴是建设现代化经济体系的重要内容

（一）构建现代化经济体系是以习近平同志为核心的党中央作出的重大决策部署

现代化经济体系是建设社会主义现代化强国的重要基础。在坚持和发展中国特色社会主义、实现社会主义现代化和中华民族伟大复兴的征程中，我国必须不断增强自身经济实力，加快建设现代化经济体系。党的十九大报告提出，"从二〇二〇年到二〇三五年，在全面建成小康社会的基础上，再奋斗十五年，基本实现社会主义现代化""从二〇三五年到本世纪中叶，在基本实现现代化的基础上，再奋斗十五年，把我国建成富强民主文明和谐美丽的社会主义现代化强国"。对于这一宏伟蓝图，我国需要强化现代化经济体

系的战略支撑，为在本世纪中叶实现社会主义现代化强国梦夯实基石。

在社会活动中，经济活动是一项十分重要的活动。现代化经济体系是由社会经济活动各个环节、各个层面、各个领域的相互关系和内在联系构成的一个有机整体。我国建设现代化经济体系既要借鉴发达国家有益经验和做法，又要符合中国国情、具有中国特色。我国国民经济的基础是农业，农业生产活动在经济活动中具有不可或缺的地位和作用。作为现代化经济体系中的重要组成部分，农村经济的建设依然有着较大的提升空间。在农村经济发展的过程中需要因地制宜，依托农村特色资源打造农业全产业链，促进农村一二三产业协调发展，推动农村一二三产业之间的深度融合。

党的十九大报告将产业兴旺的发展要求置于乡村振兴战略总要求的首要位置，充分体现了以经济建设为中心的发展思想。新时代乡村振兴的关键和核心在于产业兴旺，产业兴旺不仅要求产业内容多样、结构完善，而且要求产业布局科学、集群效应明显。产业兴旺从来不是单一的生产，而是多样要素的集成，它追求的是效用最大化，而非简单的利润最大化。在新时代，产业兴，则百业兴；产业强，则经济强。产业兴旺是乡村振兴的关键和根本出路，一个地方有没有产业或产业强不强决定了这个地区未来发展的原动力和后发潜力强不强。党的十九大报告将"产业兴旺"作为实施乡村振兴战略的首要任务和工作重点，充分说明产业发展是乡村振兴的基础与保障。只有把乡村产业做大做强，才能使乡村经济保持旺盛的活力，为乡村振兴提供不竭动力。

产业兴旺的基础在农业兴盛，关键在百业融合。从实施乡村振兴战略的主要区域和现实情况看，乡村产业兴旺主要定位于农业，依托农业发展二、三产业，并促进产业深度融合。农业不仅是支撑国民经济发展的基础产业，也是乡村振兴战略中促进农村发展的优势产业和主导产业。相较于其他领域，我国的农业生产虽然历史悠久，但是农业现代化发展的速度远远比不上工业化、信息化和城镇化发展的速度，只有立足现实，做大做强做优农业，努力深化农业供给侧结构性改革，推动农业从增产向提质的方向转变，才能保障十四亿人民的吃饭问题，才能从根本上实现农业现代化，为乡村振兴找到根本出路。

习近平总书记强调："乡村振兴，关键是产业要振兴。"[①]通过产业振兴，一方面可以推动我国从传统农业向现代农业转变，强化农业科技支撑，为实现农业现代化奠定良好基础；另一方面有利于促进农村一二三产业深度融合，提高农村长远发展的吸引力和竞争力，创造出更多的就业岗位，为拓宽就业渠道、增加农民收入夯实基础。通过产业振兴，农村的生态文明建设和精神文明建设活动开展更有经济保障，对农村淳朴的乡风民风培育起到促进作用，为全面、全方位实现乡村振兴贡献力量。

（二）乡村产业振兴是建设现代产业体系的重要基础

作为现代化经济体系的基本构成之一，现代产业体系的发展十分重要。现代乡村产业体系是乡村振兴战略中的重要内容，也是乡村振兴战略不断追求的目标。从城乡空间分布看，产业体系主要由城市产业体系和乡村产业体系组成。现代乡村产业的核心是现代农业，农业强则国家稳、天下安。从 2007 年初开始，受粮食能源化趋势增强和国际金融危机等影响，国际谷物出口价格大幅上涨，加上石油价格和运费持续升高，使全球食品价格急剧攀升，最终导致 2008 年世界粮食危机爆发，全球 30 多个国家发生骚乱，部分发展中国家甚至出现政权危机；2020 年以来，全球粮食市场价格大幅波动，一些国家收紧粮食出口，造成国际粮食市场恐慌。实践表明，只有乡村产业特别是现代农业持续健康快速发展，社会大局才能稳定，社会经济才能实现高质量发展。

习近平总书记指出，确保重要农产品特别是粮食供给，是实施乡村振兴战略的首要任务。[②]要推动乡村产业振兴，紧紧围绕发展现代农业，围绕农村一二三产业融合发展，构建乡村产业体系，实现产业兴旺，把产业发展落到促进农民增收上来，全力以赴消除农村贫困，推动乡村生活富裕。[③]习近平总书记的重要论述深刻地反映出保障粮食安全和农产品有效供给对国家的重要性，同时也为发展乡村现代化指明前进方向和发展路径，即加快构

---

①《新时代新征程，总书记这样谋划乡村振兴大棋局》，光明网，https://m.gmw.cn/baijia/2021-12/26/35406927.html，访问日期：2023 年 12 月 10 日。

②李学仁：《习近平、李克强、王沪宁、韩正分别参加全国人大会议一些代表团审议》，《人民日报》2019 年 3 月 9 日第 1 版。

③魏大伟：《习近平、李克强、王沪宁、赵乐际、韩正分别参加全国人大会议一些代表团审议》，《人民日报》2018 年 3 月 9 日第 1 版。

建乡村现代化建设中的现代农业产业体系、生产体系、经营体系，推进农业由增产导向转向提质导向，在发展中提升农业生产的质量和效益，持续增加农民收入，实现农业强、农民富的目标任务。

习近平总书记指出，这样的资源禀赋决定了我们不可能各地都像欧美那样搞大规模农业、大机械作业，多数地区要通过健全农业社会化服务体系，实现小规模农户和现代农业发展有机衔接。当前和今后一个时期，要突出抓好农民合作社和家庭农场两类农业经营主体发展，赋予双层经营体制新的内涵，不断提高农业经营效率。[①]我国地域发展各有鲜明特色，农村经济在长期的发展中不断演变形成以家庭为单位、分散经营的小规模农业经济。在中国大地上，千家万户分散经营的小农经济难以适应农业现代化的要求，需要以合作的方式把分散小农户组织起来，融入现代农业发展中，共同推进农业现代化。习近平总书记的重要论述，深刻揭示了我国现代农业经营体系的特色，强调了农民专业合作经济组织在双层经营体制新内涵中的重要作用，指明了实现我国现代农业发展的路径。

二、以乡村产业兴旺为核心促进乡村产业融合发展

（一）产业兴旺是重点

产业发展是激发乡村活力的基础所在。产业兴才能乡村兴，经济强才能人气旺。乡村振兴，不仅要农业兴，更要百业旺。五谷丰登、六畜兴旺、三产深度融合，是乡村振兴的重要标志。我国农业正处在转变发展方式、优化经济结构、转换增长动力的攻关期，要加快农业现代化步伐，发展壮大乡村产业，推动乡村产业全面振兴，加快实现由农业大国向农业强国转变。

习近平总书记指出，要坚持以农业供给侧结构性改革为主线，坚持质量兴农、绿色兴农，加快推进农业由增产导向转向提质导向，加快构建现代农业产业体系、生产体系、经营体系，不断提高我国农业综合效益和竞争力。[②]

---

① 习近平：《把乡村振兴战略作为新时代"三农"工作总抓手（2018年9月21日）》，载《习近平谈治国理政（第三卷）》，外文出版社，2020，第259-260页。

② 习近平：《走中国特色社会主义乡村振兴道路（2017年12月28日）》，载中共中央党史和文献研究院编《习近平关于"三农"工作论述摘编》，中央文献出版社，2019，第97页。

在农业现代化发展进程中，要提升农业核心竞争力和创新力，保障农产品质量，提高农村产业发展效率和发展动力。稳固提升农业生产能力，把中国人的饭碗牢牢端在自己手中，保障国家粮食安全，确保重要农产品的有效供应。农业现代化转型升级必须持续推进农业结构和生产力布局调整，因地制宜发展农村特色产业，加强农产品安全质量保障，培育出本地优秀的农产品品牌，提高农产品品牌知名度。构建家庭经营、集体经营、合作经营、企业经营等共同发展的新型农业经营体系，必须坚持家庭承包经营的基础性地位，同时积极促进新型农村集体经济成长壮大，促进分散经营的小农户与现代农业发展良好衔接。完善农村产业保护制度，从不断完善农业支持保护政策、加大农产品支持投入力度、提高农业风险保障能力等方面入手，健全我国农业发展的制度体系。随着经济的全球化发展，我国农业对外开放的格局已经逐步建立，接下来须不断完善国家层面的农业贸易政策体系，深化与共建"一带一路"国家和地区的农产品贸易关系，积极支持农业走出去。

发展壮大农村产业是推进农业现代化的重要途径，需要以制度、技术以及商业模式创新为动力，以利益联结机制的完善为核心，推动农村一二三产业交叉发展、融合发展，加快推进根植于农村本地、体现当地特色和价值以及由当地农民培育的产业发展体系构建。推动农村产业深度融合，需要培育出农村农业的新产业和新业态，围绕农村发展打造出产业融合发展的新载体及新模式，促进不同生产要素跨界配置与不同产业深度融合，保障农村一二三产业能够在发展中共同受益、共同升级。农村产业紧密型利益联结机制立足于增加农民收益这一基础点，拉动更多农民参与到农业融合发展过程中来，为农民增加收入，让农民享受到产业融合发展所带来的增值收益。盘活农村经济，需要优化农村创业环境，完善创业支持政策和服务体系，吸引更多群体到农村创业，在带动产业创新发展的同时也进一步提高当地农民收入。

（二）发展壮大农村集体经济新路径

习近平总书记高度重视发展新型农村集体经济。农村集体经济是提高农民组织化程度的重要载体，是坚持和完善统分结合的双层经营体制的重要制度基础。改革开放后，农村集体经济发展日趋滞后，经营领域逐步缩小，经济收入持续减少，在农村缺人才、缺技术、缺资金、缺管理经验的背景下，农村集体经济发展面临前所未有的巨大挑战。党的十八大以来，我国不断在农村集体产权制度上进行改革创新，持续盘活农村集体经济，推动农村集体经济创新发展，农村集体经济"空壳村"的数量和占比开始逐步下降，农村集体经济的市场竞争能力和带动农民增收能力明显增强。

1990年，习近平总书记在福建工作时就充分肯定了集体经济的重要作用，指出发展集体经济是实现共同富裕的重要保证，是振兴贫困地区农业的必由之路，是促进农村商品经济发展的推动力，是农村精神文明建设的坚强后盾。①2014年，在中央全面深化改革领导小组第五次会议上，习近平总书记强调，要建立符合市场经济要求的农村集体经济运营新机制，探索集体所有制有效实现形式，发展壮大集体经济。②2019年3月，习近平总书记在参加十三届全国人大二次会议河南代表团审议时进一步指出，建立健全集体资产各项管理制度，完善农村集体产权权能，发展壮大新型集体经济。③习近平总书记的重要论述为新时期发展壮大农村集体经济指明了方向，明确新型农村集体经济发展道路需要以共同富裕为目标，走高质量、高效率、可持续发展、公平正义的发展道路，为重振农村集体经济雄风、重塑乡村经济形态提供了新思路和新路径。

---

① 习近平:《扶贫要注意增强乡村两级集体经济实力（1990年4月）》，载《摆脱贫困》，福建人民出版社，1992，第193页。

② 习近平:《在中央全面深化改革领导小组第五次会议上的讲话（2014年9月29日）》，载中共中央党史和文献研究院编《习近平关于"三农"工作论述摘编》，中央文献出版社，2019，第144页。

③ 李学仁:《习近平、李克强、王沪宁、韩正分别参加全国人大会议一些代表团审议》，《人民日报》2019年3月9日第1版。

第二节　扎实稳妥推进乡村建设

一、乡村生态振兴是建设美丽中国的重要组成部分

（一）绿水青山就是金山银山

习近平总书记指出，我们既要绿水青山，也要金山银山。宁要绿水青山，不要金山银山，而且绿水青山就是金山银山。[①] 习近平总书记的重要论述深刻体现了生态文明建设与经济发展之间的辩证关系，以及我国对保护生态环境的决心与努力，对统一思想认识、促进乡村生态振兴、建设美丽中国具有重要指导意义。绿水青山基本分布在广大乡村，保护好绿水青山是乡村生态振兴的基本任务，是习近平生态文明思想的重要内容。"绿水青山就是金山银山"深刻阐释了保护生态环境的重要性，表明保护生态环境、改善生态环境就是在提高生产力、促进经济社会发展，发展和保护两者密不可分、协同共生。绿水青山既是自然财富、生态财富，又是社会财富、经济财富。在一些生态环境资源丰富但经济相对贫困的地区，当地政府盘活土地、劳动力、自然风光等要素资源，通过发展休闲农业、旅游农业等，拉动当地经济增长，实现绿水青山所蕴含的生态产品价值"变现"，既保护了生态环境，又富裕了一方百姓。

（二）美丽乡村是美丽中国的基础

习近平总书记指出，生态环境没有替代品，用之不觉，失之难存。[②] 要

---

① 习近平：《建设美丽中国——关于新时代中国特色社会主义生态文明建设》，载中共中央宣传部编《习近平新时代中国特色社会主义思想学习纲要》，学习出版社、人民出版社，2019，第 169-170 页。
② 习近平：《在青海省考察工作结束时的讲话（节选）（2016 年 8 月 24 日）》，载中共中央文献研究室编《习近平关于社会主义生态文明建设论述摘编》，中央文献出版社，2017，第 13 页。

像保护眼睛一样保护生态环境，像对待生命一样对待生态环境。① 因此，生态环境建设对建设美丽中国十分重要，不仅关系到国家生态环境的可持续发展，而且关系到国民经济健康的可持续发展。乡村占我国国土面积的绝大部分，农民在日常的农业生产经营活动中供给生态产品，也同时借此涵养乡村生态。如果在建设中只注重城区生态环境而忽视广大乡村生态环境，那么美丽中国是不完整的。美丽乡村是美丽中国的底色，只有把乡村建设得更加美丽，人与自然更加和谐，美丽中国建设才有更加坚实的基础。

（三）推动乡村生态振兴建设美丽乡村

习近平总书记指出，要推动乡村生态振兴，坚持绿色发展，加强农村突出环境问题综合治理，扎实实施农村人居环境整治三年行动计划，推进农村"厕所革命"，完善农村生活设施，打造农民安居乐业的美丽家园，让良好生态成为乡村振兴支撑点。② 习近平总书记的重要论述体现了以人民为中心的发展思想，将生态环境建设与农民生产生活紧密联系在一起，以农村人居环境改善为重点，让农民对乡村生态振兴有看得见、摸得着的获得感，是运用辩证唯物主义思想指导乡村生态环境建设的具体实践。美丽乡村需要通过乡村生态振兴来实现，治理和保护好与农民生活生产活动息息相关的村庄及其周边环境是主攻方向。

二、乡村文化振兴是繁荣社会主义文化的重要组成部分

（一）创新发展中华优秀传统文化是新时代中国特色社会主义文化建设的重要内容

中华优秀传统文化是中华民族的"根"和"魂"。习近平总书记高度重视中华优秀传统文化，将其作为治国理政的重要思想文化资源，并要求全国

---

① 习近平：《在云南考察工作时的讲话（2015 年 1 月 19 日—21 日）》，载中共中央文献研究室编《习近平关于社会主义生态文明建设论述摘编》，中央文献出版社，2017，第8 页。
② 魏大伟：《习近平、李克强、王沪宁、赵乐际、韩正分别参加全国人大会议一些代表团审议》，《人民日报》2018 年 3 月 9 日第 1 版。

上下宣扬传承中华优秀传统文化，在社会生产生活过程中做好优秀传统文化的创新性发展及转化，使之与现实文化相融相通，吸取其中的思想精华和道德精髓。贯彻落实习近平总书记的重要论述，需要抓紧梳理传统文化资源，不能让博物馆中的文物、祖国广袤大地上的遗产、古籍中的文字失去发展活力，对乡村古民居、传统民间歌舞、传统农具和乐器等乡村物质文化遗产和非物质文化遗产进行挖掘整理、科学保护、有效开发。

（二）乡村文化蕴藏着中华优秀传统文化的基因

习近平总书记指出，我国农耕文明源远流长、博大精深，是中华优秀传统文化的根。[1] 在我国的广袤大地上，自古就存在着许多村庄，有些村庄甚至有几百年乃至上千年历史，至今也依然保存完整。在发展过程中，这些村庄留存着许多优秀的传统文化，如风俗习惯、村规民约等。这些深植于村庄的文明财富，至今仍在村庄治理中发挥着极其重要的作用。中华文明根植于农耕文化，乡村是中华文明的基本载体。在中华文明五千年历史中，农耕文明璀璨夺目，形成了独具特色的文明发展之路，对社会发展作出了重要贡献。诗经楚辞、唐诗宋词和汉赋中有大量描绘乡村田园生活的作品，中国山水画作对乡野民居也多有展现，民间传说及伦理孝道故事不少发生在乡村，流传久远的地方戏曲、少数民族歌舞以及传统工艺品大多反映古代乡村居民的生产生活情况。中华人民共和国成立后，特别是改革开放以来，随着城镇化不断发展，城市文明的地位越来越重要并逐渐成为现代文明的主流，但不可否认的是，乡村文明依然是中华文明的基础。弘扬中华优秀传统文化，需要乡村文化的振兴。

（三）乡村文化振兴是推动社会主义文化繁荣兴盛的重要路径

习近平总书记指出，要推动乡村文化振兴，加强农村思想道德建设和公共文化建设，以社会主义核心价值观为引领，深入挖掘优秀传统农耕文化蕴含的思想观念、人文精神、道德规范，培育挖掘乡土文化人才，弘扬主旋律

---

① 习近平：《把乡村振兴战略作为新时代"三农"工作总抓手（2018年9月21日）》，载《习近平谈治国理政（第三卷）》，外文出版社，2020，第260页。

和社会正气，培育文明乡风、良好家风、淳朴民风，改善农民精神风貌，提高乡村社会文明程度，焕发乡村文明新气象。[1]新时代中国特色社会主义文化建设的基本任务是推动社会主义文化繁荣兴盛，而作为社会主义文化的重要组成部分，乡村文化振兴需要在广袤的农村土地上传播弘扬优秀传统文化，促进乡村文化繁荣兴盛。习近平总书记的重要论述，指明了乡村文化振兴的方向、目标和路径，强调了培养社会主义核心价值观、抓好农村思想道德建设和公共文化建设的重要性，为实现乡村文化振兴提供了根本遵循。

三、以生态宜居为关键创造乡村经济发展新优势

农村发展的最大优势就是拥有良好的生态环境，这是推动乡村绿色发展的宝贵财富和支撑点。在农村大地上坚持绿色发展，发展绿水青山，造就金山银山。习近平总书记指出，实施乡村振兴战略，一个重要任务就是推行绿色发展方式和生活方式，让生态美起来、环境靓起来，再现山清水秀、天蓝地绿、村美人和的美丽画卷。[2]近年来，我国坚持把绿色发展摆在突出位置，大力推行绿色生产生活模式，农村生态环境有所改善，但农业农村环境污染问题依然突出，粗放经营方式带来的资源约束趋紧形势没有得到根本缓解。在推进乡村振兴战略过程中，必须牢牢树立起"绿水青山就是金山银山"的发展理念，践行绿色发展原则和做法，坚持人与自然和谐共处，坚持尊重自然、顺应自然、保护自然。同时，改变农村生产生活方式，做好山水林田湖草系统治理，建设环境优美、人与自然和谐共生的生态宜居乡村，满足农民对美丽乡村的需求。

良好的生态环境是广大农民的殷切期盼，要以生态宜居为关键，推进乡村绿色发展，打造人与自然和谐共生发展新格局。要在推进农业绿色发展上取得新成效，不仅需要推进宜居乡村建设，更重要的是促进良好生态与健康发展并行，坚持以生态环境友好和资源永续利用作为导向，不断推动农村农

---

①　魏大伟：《习近平、李克强、王沪宁、赵乐际、韩正分别参加全国人大一次会议一些代表团审议》，《人民日报》2018年3月9日第1版。

②　习近平：《走中国特色社会主义乡村振兴道路（2017年12月28日）》，载中共中央党史和文献研究院编《习近平关于"三农"工作论述摘编》，中央文献出版社，2019，第111页。

业生产以绿色健康的模式发展，保证生产符合清洁标准、生产废物有效循环利用，提高农业可持续发展能力。我国在改善农村人居环境上不断获得新成就，美丽宜居乡村建设持续推进，农村垃圾、污水治理颇有成效，村容村貌也得到良好改善，稳步有序推进农村人居环境突出问题治理，努力补齐影响农民群众生活品质的短板。要在加强乡村生态保护与修复上取得新进展，重点是统筹山水林田湖草系统治理，优化生态安全屏障体系，健全耕地草原森林河流湖泊休养生息制度，保护农村重要生态系统，改善农村生产生活环境，全面提升农村生态功能。要在发挥自然资源多重效益上取得新突破，重点是因地制宜发展生态产业、绿色产业、循环经济，推动乡村自然资本加快增值，提升农村产业服务能力，促进产品供给链升级，持续发挥生态经济优势，让老百姓种下的"常青树"真正变成"摇钱树"，让更多的老百姓吃上"生态饭"，走出一条发展"美丽经济"的新路子。

四、以文明乡风为导向推动乡村文化振兴

乡村文明深深根植于中华民族文明史中，在发展壮大农村经济、推动乡村振兴方面起着积极引导作用。做好乡村文化建设工作，促进乡村文化繁荣，不但可以丰富农民群众的文化生活，为乡村振兴提供精神支撑和智力支持，而且对于弘扬优秀传统文化、筑好中华民族精神家园具有不可替代的重要作用。正如习近平总书记指出的，优秀乡村文化能够提振农村精气神，增强农民凝聚力，孕育社会好风尚。①乡村文化繁荣建设需要坚持党的领导，坚持社会主义核心价值观的指引，发挥中华优秀传统文化的核心作用，完善农村公共服务建设，坚持物质文明和精神文明一起抓，既要"富口袋"，又要"富脑袋"，培育文明乡风、良好家风、淳朴民风，推动乡村文化振兴，建设邻里守望、诚信重礼、勤俭节约的文明乡村。

乡村振兴，不只要塑形，更要铸魂。习近平总书记深知文化是决定乡村兴盛的命脉所在，因此不断强调推进乡风文明建设任务之繁重、时间之紧迫，

①习近平：《走中国特色社会主义乡村振兴道路（2017年12月28日）》，载中共中央党史和文献研究院编《习近平关于"三农"工作论述摘编》，中央文献出版社，2019，第123页。

指出要"弘扬新风正气，推进移风易俗，培育文明乡风、良好家风、淳朴民风，焕发乡村文明新气象"。在文化队伍建设方面，要凝聚青年力量。人才是乡村振兴事业的战斗引擎，作为乡村振兴板块之一的乡风文明建设也同样离不开人才，尤其是年轻一代，他们代表着振兴的希望。乡村应该积极发掘当地的特色文化资源并构建凝聚人气的好机制，让更多"新农人"回归乡村、扎根乡村。透过乡村生活的点点滴滴，更多年轻人看到了乡村的深厚文化底蕴和无限可能，并陆续选择留在家乡助力乡村振兴事业发展，实现乡村文化振兴指日可待。

在培育新民风方面，要加快推进农村移风易俗。求治之道，莫先于正风俗。落后的文化风俗不仅污染了乡村风气，更阻碍了乡村的振兴之道。移风易俗既能够摒弃繁规陈俗，还原人际交往真诚本色，又能够厚植崇德向善新风尚，促使村庄精神面貌重塑，保障乡村振兴行稳致远。同时还要严治家风，加大社会主义核心价值观教育普及力度，培养时代新人，为乡村振兴注入文明力量。

建设农村文明乡风，提升农民精神层面的满足感，焕发农民的精气神。要不断强化农村思想道德层面的建设，以社会主义核心价值观为指引，在日常生产生活中宣传弘扬中华优秀传统文化，倡导科学文明生活，提高农村地区精神文明程度。同时，立足本地区实际情况，汲取城市精神文明以及外来优秀文化精华，取长补短，不断推陈出新，创新传承机制和方式，赋予农村文明更多的时代内涵，增强乡村文化自信。农村地区应结合本地优秀的传统文化习俗，开展农民喜闻乐见的文化活动，不断向市场推出更加富有时代内涵、文明精神的优秀传统文化作品，活跃繁荣农村文化市场，推动乡村公共文化服务发展，为广大农民提供高质量的精神营养。

第三节　突出实效改进乡村治理

一、乡村组织振兴是国家治理体系和治理能力现代化的重要组成部分

（一）乡村组织是国家基层治理体系的重要方面

习近平总书记指出，基础不牢，地动山摇。农村工作千头万绪，抓好农村基层组织建设是关键。无论农村社会结构如何变化，无论各类经济社会组织如何发育成长，农村基层党组织的领导地位不能动摇、战斗堡垒作用不能削弱。[①]实现乡村组织振兴，直接关系到国家治理体系和治理能力现代化。2019 年，我国乡村人口超 5.5 亿人，约占总人口的 40%。即使到 2035 年基本实现现代化时，我国估计仍有近 30% 即 4.3 亿左右的人口生活在乡村。如此庞大的乡村人口，必须依靠村党组织、村民委员会、群团组织、社会组织等各类乡村基层组织来治理。习近平总书记的重要论述，进一步强调了农村基层党组织在乡村各类组织中的重要位置，明确了农村基层党组织在农村各类组织中的领导地位。

2018 年修订的《中华人民共和国村民委员会组织法》指出，"村民委员会是村民自我管理、自我教育、自我服务的基层群众性自治组织，实行民主选举、民主决策、民主管理、民主监督""中国共产党在农村的基层组织，按照《中国共产党章程》进行工作，发挥领导核心作用，领导和支持村民委员会行使职权；依照宪法和法律，支持和保障村民开展自治活动、直接行使民主权利"。这一法律条款为《乡村振兴战略规划（2018—2022 年）》提出的"大力推进村党组织书记通过法定程序担任村民委员会主任和集体经济组织、

---

① 习近平：《在中央农村工作会议上的讲话（2013 年 12 月 23 日）》，载中共中央文献研究室编《十八大以来重要文献选编（上）》，中央文献出版社，2014，第 684 页。

农民合作组织负责人"提供了法律依据。在村级组织中推行书记、主任"一肩挑"，将有效扭转基层组织权力淡化、乡贤道德文化式微、集体经济弱化的局面，是党的基层政权在村庄内部延伸以推动村庄转型、推进城镇化发展的重要举措。

（二）推动乡村组织振兴是基层治理体系和治理能力现代化的重要抓手

2013 年，习近平总书记指出，要建立和完善以党的基层组织为核心、村民自治和村务监督组织为基础、集体经济组织和农民合作组织为纽带、各种经济社会服务组织为补充的农村组织体系，使各类组织各有其位、各司其职。①2017 年，习近平总书记强调，健全自治、法治、德治相结合的乡村治理体系，是实现乡村善治的有效途径。要以党的领导统揽全局，创新村民自治的有效实现形式，推动社会治理和服务重心向基层下移。②2018 年 3 月，习近平总书记进一步强调，要推动乡村组织振兴，打造千千万万个坚强的农村基层党组织，培养千千万万名优秀的农村基层党组织书记，深化村民自治实践，发展农民合作经济组织，建立健全党委领导、政府负责、社会协同、公众参与、法治保障的现代乡村社会治理体制，确保乡村社会充满活力、安定有序。③社会治理须坚持全面共建、共治、共享，每个人都是社会治理的主体和受益者。基层治理是整个社会治理的基石，要充分发挥每个地区、每个人的积极性，尤其是农村地区基层组织与农民参与治理的积极性。社会治理的薄弱环节在农村，治理的关键也在农村。加强农村基层治理，完善健全农村基层治理体系，提高农民参与农村治理的积极性，保障农村地区安全稳定秩序，促进农村地区生产生活有序进行，更利于打造共建共治共享的社会治理格局，加快国家治理体系和治理能力现代化进程。习近平总书记的重要

---

① 习近平：《在中央农村工作会议上的讲话（2013 年 12 月 23 日）》，载中共中央文献研究室编《十八大以来重要文献选编（上）》，中央文献出版社，2014，第 685 页。

② 习近平：《走中国特色社会主义乡村振兴道路（2017 年 12 月 28 日）》，载中共中央党史和文献研究院编《习近平关于"三农"工作论述摘编》，中央文献出版社，2019，第135 页。

③ 魏大伟：《习近平、李克强、王沪宁、赵乐际、韩正分别参加全国人大一次会议一些代表团审议》，《人民日报》2018 年 3 月 9 日第 1 版。

论述，从构建现代乡村社会治理体制、实现乡村和谐稳定发展的高度，为现代乡村社会治理体系建设指明了方向。在乡村振兴的过程中，要认真落实习近平总书记的重要论述，加快村党组织、村民委员会、农民合作经济组织、涉农行业协会、村民理事会等各类乡村组织的振兴，构建中国特色乡村治理体系。

二、乡村人才振兴是人才强国战略的重要组成部分

（一）人才是实现中华民族伟大复兴的战略资源

习近平总书记指出，我们要树立强烈的人才意识，寻觅人才求贤若渴，发现人才如获至宝，举荐人才不拘一格，使用人才各尽其能。[①]习近平总书记关于人才强国战略的重要论述在乡村振兴过程中发挥着重要指引作用，为乡村地区吸引了许多的有志之士。人才是实现中华民族伟大复兴、增强我国国际竞争力的重要资源，要认真落实习近平总书记的重要论述，坚持党管人才的原则，聚天下英才而用之，加快建设一支矢志爱国奉献、勇于创新创造的乡村优秀人才队伍。

（二）乡村人才振兴是实现乡村振兴战略目标的重要支撑

习近平总书记指出，乡村振兴要靠人才、靠资源。如果乡村人才、土地、资金等要素一直单向流向城市，长期处于"失血"、"贫血"状态，振兴就是一句空话。[②]习近平总书记的重要论述深刻阐述了人才在实施乡村振兴战略中的重要作用，明确了加快乡村人才振兴、支撑乡村全面振兴的工作要求。从发达国家的城镇化和现代化历程看，乡村人才持续流向城市、乡村人才队伍不断萎缩是普遍现象，欧洲、美国、日本等发达地区或国家大多遭遇过此类难题。我国实施乡村振兴战略、加快农业农村现代化建设，同样面临人才

---

① 习近平：《在全国组织工作会议上的讲话（2013年6月28日）》，载中共中央文献研究室编《习近平总书记重要讲话文章选编》，中央文献出版社、党建读物出版社，2016，第65页。

② 习近平：《走中国特色社会主义乡村振兴道路（2017年12月28日）》，载中共中央党史和文献研究院编《习近平关于"三农"工作论述摘编》，中央文献出版社，2019，第39页。

流失带来的挑战，需要千方百计培养乡村本土人才，吸引和留住外来人才，大力推动人才振兴。

（三）乡村人才振兴是人才强国战略在农村落地生根的具体行动

习近平总书记指出，人才振兴是乡村振兴的基础。[①]农村地区要推动乡村振兴战略的实施，需要不断强化乡村人才建设，将人才置于推行乡村振兴战略发展的首位，吸引更多有能力、有梦想的人才回到乡村这一广阔天地。同时，加强乡村地区新型农业经营主体的培育，让更多愿意留在乡村、建设乡村、发展乡村的人更有信心做出成就，更加安心做好乡村建设。对于留在乡村、发展建设乡村的人，要建立健全激励奖励制度，帮助他们在农村的广阔天地上大施所能、大展才华、大显身手。习近平总书记曾提出，要在乡村地区"打造一支强大的乡村振兴人才队伍，在乡村形成人才、土地、资金、产业汇聚的良性循环"。[②]习近平总书记关于乡村人才振兴的重要论述，无一不在明确乡村振兴战略实施过程中的重点方向和根本遵循，以期乡村地区能打造、锤炼出一支强有力的人才队伍。

三、以治理有效为基石构建乡村治理新体系

乡村振兴战略的实施需不断夯实基层基础，打好基层治理的"基石"，方能筑牢乡村地区和谐稳定的"高楼"。乡村振兴在农村地区能够顺利推进，得益于农村地区良好有效的治理。习近平总书记强调，乡村振兴离不开和谐稳定的社会环境。要加强和创新乡村治理，让农村社会既充满活力又和谐有序。[③]当前，农村正处于社会转型关键期，人口老龄化、村庄"空心化"、家庭离散化态势加剧，农村基层党组织软弱涣散问题还未得到彻底解决，小官

---

① 习近平:《把乡村振兴战略作为新时代"三农"工作总抓手（2018年9月21日）》，载《习近平谈治国理政（第三卷）》，外文出版社，2020，第261页。

② 魏大伟:《习近平、李克强、王沪宁、赵乐际、韩正分别参加全国人大一次会议一些代表团审议》，《人民日报》2018年3月9日第1版。

③ 习近平:《走中国特色社会主义乡村振兴道路（2017年12月28日）》，载中共中央党史和文献研究院编《习近平关于"三农"工作论述摘编》，中央文献出版社，2019，第135页。

巨贪、村霸控制等现象还在一定程度上存在。作为国家治理的基石，乡村治理这一重要环节不容小觑，其在不断推进农村地区治理体系与治理能力现代化方面发挥着不可言喻的重要作用。夯实基层基础，是固本强国之策，是打造良善乡村的治理路径。在乡村地区推行乡村振兴战略，必须建立健全现代乡村社会治理体制，加强党委领导，发挥政府负责作用，强化社会协同机制，坚持引导公众参与，健全法治保障体系，以此不断建设美丽和谐的善治乡村。基层党组织领导作用必须加强，将农村地区基层党组织作为乡村振兴战略实施过程中最坚强的战斗堡垒，组织号召更多人参与基层乡村治理。同时，积极鼓励农村地区村民参与治理，建立健全村民自治制度，开展自治实践，探索村民参与治理的有效形式，充分发挥村民参与基层治理作用，建立德治乡村、法治乡村、平安乡村。对于基层治理管理体制的建设，需要不断创新农村基层服务体系，强化基层政权的管理建设，为农村地区谋求更多发展。

以治理有效为基础，加强农村基层基础工作。构建祥和安定村庄，关键在于抓实建强农村基层党组织，充分发挥党组织领导作用，推动农村基层党组织全面进步、全面过硬；妥善处理农民群众合理诉求，调处化解乡村矛盾纠纷；严厉打击各种违法犯罪行为，深入推进平安乡村建设，全面防范和化解农村不稳定因素。健全乡村治理工作体系，还需准确把握县、乡、村三级干部在"三农"工作中的职能定位。县级是"一线指挥部"，不论是贯彻落实"三农"工作任务，还是化解农村各类矛盾问题，县级都是最关键的环节。乡镇是为农服务中心，是面向农村、服务农民的区域中心。要结合实施乡村振兴战略的需要，充实乡镇在农村人居环境整治、宅基地管理、集体资产管理、民生保障、社会服务等方面的工作力量，为农民提供基本的公共服务和比较完备的生产生活服务。行政村是基本治理单元，是村民自治的主要载体，要注重自我管理、自我监督，在治理过程中健全基层民主制度。村民遵守本地区村规民约，是基层有效治理的重要一环。新时代推进乡村振兴战略的实施，必须重视行政村的治理作用，推进乡村地区村民自治制度化、规范化、程序化，夯实基层治理基础，维护基层和谐稳定。

（一）全面开展乡村治理

作为我国治理体系重要组成部分、实现乡村振兴战略的基石，乡村治理在我国新时代发展进程中画上了浓墨重彩的一笔，绘就了一幅幅和美乡村画卷。改革开放以来，我国农村利益多元化趋势日趋凸显，道德观念从"乡土伦理"向"市场伦理"演变，传统乡村治理理念、治理方式、治理手段不适应形势变化，乡村地区治理弊端凸显，治理工作面临严重挑战。尤其是在减免农村税费后期，农村治理在发展中长期倚重的乡镇基层政府及农村基层党组织作用不断弱化，农村基层组织的动员能力不断下降。党的十八大以来，各地各有关部门持续加强和改进乡村治理，党组织发挥着核心堡垒作用，不断充实乡村治理工作内容，乡村治理工作手段和方式不断推陈出新，促进乡村治理体系进一步完善，农村基本公共服务显著改善，农村社会保持和谐稳定。

（二）加快推进乡村治理体系和治理能力现代化

基层是治理的重点，加强乡村地区治理是确保农村社会稳定有序的重要工作。2017 年，习近平总书记在中央农村工作会议上指出，要加强和创新乡村治理，建立健全党委领导、政府负责、社会协同、公众参与、法治保障的现代乡村社会治理体制，健全自治、法治、德治相结合的乡村治理体系，让农村社会既充满活力又和谐有序。[①]2019 年 3 月，习近平总书记在参加十三届全国人大二次会议河南代表团审议时指出，要夯实乡村治理这个根基。采取切实有效措施，强化农村基层党组织领导作用，选好配强农村党组织书记，整顿软弱涣散村党组织，深化村民自治实践，加强村级权力有效监督。[②]习近平总书记的重要论述，指明了推动乡村治理体系和治理能力现代化的目标方向和方法路径，强调了加强农村党组织建设的重要性，开创性地推动了新时期乡村治理工作，是国家治理体系和治理能力现代化的重要成果。

---

① 习近平:《走中国特色社会主义乡村振兴道路（2017 年 12 月 28 日）》，载中共中央党史和文献研究院编《习近平关于"三农"工作论述摘编》，中央文献出版社，2019，第135 页。

② 李学仁:《习近平、李克强、王沪宁、韩正分别参加全国人大会议一些代表团审议》，《人民日报》2019 年 3 月 9 日第 1 版。

第二章

中国乡村科技创新的发展源流

党的十九大报告明确提出要确保国家粮食安全，把中国人的饭碗牢牢端在自己手中。中国作为一个农业大国，为了保障粮食安全、建设高水平农业结构及夯实农业供给基础、拓宽农民增收渠道、激发农村活力，必须保证农村经济的抓手地位不动摇，进而振兴农村发展、为农民谋幸福。而促进农业农村发展进步的很大动因正是科技力量向现代农业迈进，使粗放型种植养殖方式及资源消耗型农业向生态友好型农业方向调整。科技强农政策的引领与科技强农措施的持续改进，推动着我国农业农村的市场化与多元化发展。其中，促进科技与农业农村更好结合，并使农业科技可以更高效地转化为现实生产力的农业科技创新体系经历了不同的发展构建阶段，包括中华人民共和国成立到改革开放之前的机械化改造期及改革开放以来以多元融合发展为主线的科技创新高速发展期。各个时期因不同的历史背景、国家政策及现实生产状况而逐渐形成了各具特色、重点不同的农业科技创新体系。经过不断探索与实践总结，我国逐渐形成群体性与多元性高度融合的新型农业科技创新体系，这一体系已成为农业农村现代化发展的重要支柱。

第一节　改革开放前的乡村科技创新情况

中华人民共和国成立之初，我国处在改造旧社会、整顿旧秩序、恢复工业建设的浪潮中，在这一阶段，农村进行了土地制度改革，由封建土地所有制转变为农民土地所有制，再由农民土地所有制转变为集体所有制，为农村经济恢复与发展作出了积极贡献。这一时期我国农业科技以提高生产力、促进生产机械化为主，防止农业生产遭受天灾破坏。农业科技创新体系处于曲折的探索发展期，全国各地相继成立了省市级的农业科研院所，多次召开了农业规划发展会议，为刚刚恢复的农业实现增产增量奠定了基础。

毛泽东在我国农业生产极为落后的背景下，提出了农业科技发展的重要论述。他指明，我国农业的出路在于农业机械化，只有实现农业机械化才能实现农业发展，进而改变我国经营生产分散的农业状况。此外，我国农业集体化和机械化两者相辅相成，在农村地区先进行农业合作化，再分阶段进行机械化，促进农村地区农业发展。我国进行三大改造后，全国范围内的农村地区也逐渐开展农村合作化运动，建立起了农业生产资料公有制，为农村地区农业机械化提供了制度保障。毛泽东也提出改造生产农具，实现农业机械化，从而提高农业生产效率。在推进农业机械化过程中，不仅要积极发挥国家的领导、指引作用，也要充分调动农民参与农业生产的积极主动性。此后，毛泽东通过视察全国不同地区的农业生产情况，结合生产经验，号召全国"科学种田"，并根据农业发展要求提出"农业八字宪法"。农业科学研究和技术推广工作也不容忽视，1956年毛泽东主持制定《1956年到1967年全国农业发展纲要（草案）》，表明在全国范围内需要设置、完善与农业技术推广相关的机构。中国农业科学院因此建立，并在后来的国家农业科研和农业技术推广工作中取得重大成绩。毛泽东也十分重视农村人才建设问题，他从革命时期就开始关注农民教育问题，重视农民科学文化素养的提升，积极向农民普及教育和科学技术。为此，毛泽东提出在中小学教育的内容中加入农业科学知识，各地区可以面向农民建立技术培训学校，鼓励农民边学边干，不断提高农民的科学文化素质与农业现代化意识。

毛泽东农业现代化思想是通过创新农业经营组织，实现土地公有代替私有，集体经营代替个体家庭经营，实现农业生产经营组织现代化。在农业集体组织中，实行农村工业化，完成对传统农业的技术改造，实现农业技术现代化；培育农民集体协作精神和提高农民科学文化水平，使农民共同富裕，农业实现现代化。农业集体化是毛泽东农业现代化思想的核心内容，探究其理论渊源和实践基础，廓清其发展轨迹，总结其主要观点和理论逻辑，具体分析实践中的矛盾与成就是我们研究当代中国农业思想演变的重要环节。

一、中华人民共和国成立至土地改革时期的农业科技创新体系

中华人民共和国成立初期，我国的农业生产水平十分落后，不能因地制

宜地耕田与种植，缺乏相应的技术与人力来推动农业机械化生产和应用，无力进行农田基本建设，更无法抵御较大的自然灾害。随着国家各项经济建设的恢复，为解决饭碗问题与基本原材料问题，发展农业科技被提上议程。1949 年 4 月 20 日，华北农业科学研究所组建成立，内设多个农业相关系别，负责农、林、牧、副、渔等各方面的研产与开发，成为中华人民共和国第一个农业科研机构，开启了我国农业科技发展的新征程。[①]当时我国正处于百废待兴的经济发展现状，农业生产困难重重，劳动人民虽然积累了丰富的生产经验，但是缺乏科学的生产规划，更缺少全面而系统的农业生产研究。小农经济生产方式下的闲散农业不仅在管理制度上漏洞百出，而且在农作物的抗灾、抗害、抗病性研究上更是十分不足。华北农业科学研究所的成立，不仅为农村农业科技创新工作汇聚人才、制定方针、组建团队，也为农村农业科技创新工作指明了新的发展方向。1949 年 9 月 29 日，《中国人民政治协商会议共同纲领》（简称《共同纲领》）在中国人民政治协商会议第一届全体会议上通过，其中对农业建设中的农林渔牧业作出了规定，表明了国家对发展农业的信心和决心。《共同纲领》第三十四条提到，在一切已经彻底实现土地改革的地区，地方人民政府应当将当地一切可以从事农业的劳动力组织起来发展农业生产，积极引导农民在自愿互利的原则上进行劳动互助和生产合作。新解放区的土地改革工作需要与农业生产的恢复和发展工作同步结合。地方人民政府应根据当地人民生产生活需要，结合国家发展计划，在短时期内恢复并超越战前粮食、工业原料和外销物资的生产水平。同时，要加强水利、防洪抗旱等工作，对地区农具和种子进行改良，开展移民开垦、救济灾荒等一系列利民活动。[②]这些部署与要求为农业科技工作提供了行动指引，体现了中华人民共和国成立初期国家对农村科技工作的重视与决心，我国农业科技建设的序幕由此拉开。这一时期的农业科技创新工作初具雏形，但尚未形成体系。

农业合作化阶段的农业科技创新自 1949 年 10 月中华人民共和国成立后开始向构建农业科技创新体系的方向前进。为实现初始农业的增产增量，全国农

---

① 陈凤桐：《华北农业科学研究所新的工作方针》，《生物学通报》1953 年第 Z2 期。

② 《中国人民政治协商会议共同纲领》，中国政协网，https：//www.cppc.gov.cn/2011/12/16/ARTl1513309181327976.shtml，访问日期：2023 年 10 月 10 日。

村开始推行农业合作化的互助生产形式来解决粮食的自给自足问题，并为农业的科技化建立了基础。在土地改革时期，农村地区的农业合作化发展有了群众基础和制度保障，为后续推进农业改革奠定了基础。土地改革结束后，农业经济生产方式也有了新的发展趋势和变化，农民土地所有制转变为集体所有制。中国共产党在土地改革后，推进农业合作化运动，促进农村社会政治、经济等发生重大变革。这场重大变革彻底改变了农业生产所有制形式，这一时期也被视作中国由新民主主义社会向社会主义社会过渡的阶段，农村地区农民群体不再是以"个体农民"身份出现，而是逐渐向"国家农民"身份转变，国家也顺利完成了农业的社会主义改造。接下来，农村地区开展农业合作化运动经历的第二个重要环节，即中国共产党要在较短时间内以较小的代价成功促进农业个体经济转变为社会主义集体经济，顺利实现社会主义改造。党和国家领导人对于在新政策背景下推行农村合作化期间所施行的农村政策的考量，需要结合国家实际情况，进一步创新农村政策，以便能够更好地适应农村生产发展。这一时期的农村合作化运动可以分为三个阶段。

第一阶段为 1949 年 10 月至 1953 年，此阶段在创办农业互助组的同时，试办了初级形式的农业合作社。在各级领导的组织与带领下，全国农业互助组发展到万余个，个别地区还试办了农业生产合作社（初级社），促进了农业一体化，推动农业科技创新格局初步形成。而在互助组大生产中，为了改善急躁冒进的生产风气，中共中央在 1953 年发布了《关于春耕生产给各级党委的指示》，并在 4 月召开了第一次全国农村工作会议，阐述了"稳步前进"的农业生产方针，对于盲目的增产增量作出了改进指示。在农业合作社的试办时期，农业科技创新工作也在提高产量的基础上稳步开展。党和政府制定了《1951—1955 年农业科研计划》，在"理论联系实际，科学为生产服务"方针的指导下，以国家为主导，加大组织人力和物力，把培育推广良种与防治病虫害等内容作为农业科技工作的重点任务。[①]1953 年 2 月的农业部部务会议确定了华北农业科学研究所的《1953—1957 的工作计划大纲》，制定出 1953 年农业科技相关工作的具体计划，为农业科技创新工作的持续推进做好引领。这一工作计划大纲在总结教训的基础上，提出了新的理论认识及工作方案，以实现机械

---

① 黄敏前、郑庆昌：《建国以来我国农业科技政策及其特征分析》，《技术经济与管理研究》2014 年第 9 期。

化的农业生产。其一，就农业科技创新方向来看，要在整合人力与物力的基础上，从基础性生产的品种改进、肥料研究、抗病性研究等方面提高耕作的成活率与优良率，而不是单纯靠人力来增产，不断改进耕作方法与栽培技术，在提升产量的基础上配套高质量耕作，并随着这一工作的推进确定针对特定区域良种的种植，防止外来良种混杂。其二，就农业研究方法来看，采取系统的联合研发方法，改善局部与片面的单体科研模式，对农村耕地进行集体作业研究，并对农作物的生长、培育与管理进行全面总结，构建一个系统的农业科技体系，以便为后续改进农业科技做好铺垫性研究。其三，就农业科技规划来看，做好全盘部署与目标制定，切勿忙乱与急躁，稳扎稳打，按照科学的生产模式稳步提高产量，防止因农业互助组在生产中出现急于求成、贪多图大的行为而造成产量与质量倒退等问题。例如，在实地调查、良种选择及繁殖试验等过程中，遵循科学的方法，求量更求质，保证以生产质量为前提增加产量。农村合作互助制度的出发点是促进农民互助互利，体现了集体合作的优越性，但这也仅是一种协助关系，未能形成长久的农业生产合作关系。我国当时的两种经济已经出现了矛盾，即计划经济与小农经济之间出现了发展相互掣肘的矛盾。在这种背景下，农民互助形式已无法满足经济社会发展的速度和要求，因而国家在1953年提出了过渡时期总路线，即"一化三改""一体两翼"。"一体"即主体任务是逐步实现社会主义工业化，"两翼"是对个体农业、手工业的社会主义改造以及对资本主义工商业的社会主义改造。我国在1953年10月召开了第三次农业互助合作会议，这次会议共同商讨并制定了发展农业生产合作社计划，互助合作运动的重心开始由农业生产互助组慢慢朝着农业生产合作社转移，农业社会有了创新性的发展进步。同年12月，我国又颁布《关于发展农业生产合作社的决议》。该决议对我国小规模、分散的农业经济进行分析研判，阐述农业社会主义改造的方针与政策，并提出要在农村地区逐步开展农业社会主义改造，改变当时落后的小规模农业经济，朝着大规模的农业合作经济迈出坚实的步伐。

第二阶段为1954年至1955年上半年，此时初级合作社已经在全国大范围建立起来，普遍得到了良好实践。1954年初，由于在农村地区对过渡时期总路线进行广泛宣传，国家政策文件得到有效落实，农民对开展农业生产合作的热情更为高涨，掀起了兴办农业合作社的热潮。此时，全国范围内的初级农业合作社迅速建立起来，数量持续增加。党和国家不断贯彻落实农业合作社有关政策，截至 1955 年春天，初级农业合作社的数量迅猛增加，比原来足足增长了 7 倍，大大超过了中央下发的任务量。初级农业合作社受到农民的广泛认可，原因不外乎其维护了农民个体权益，提高了他们进行农业生产的积极性。同时初级农业合作社实行集体所有农地产权制度，优化农业生产要素配置，不断提高生产技术水平，为农民增收提供更大保障。但初级农业合作社也存在着激进急躁的工作作风问题，需要加以整改，因此 1955 年中共中央发出《关于整顿和巩固农业生产合作社的通知》，明确要求控制农业合作社的数量，保证农业合作化运动的开展；毛泽东也在此基础上提出了"一曰停，二曰缩，三曰发"的整改方针，[①]要求各地停止发展合作社，对初级合作社实行收缩政策，巩固权力。经过一系列政策制度的落实，农业合作社数量得到了有效控制，合作社也得到了良好整顿和巩固。但没过多久，合作社的发展速度又再次提高，在反复的加速与收缩中，我国的农业科技创新体系进入了缓慢建设状态。农村的工作重心在互助组与合作社，同时农业、手工业与资本主义工商业进行社会主义改造，忽视了当时的合作化实践已与我国工业化发展速度相脱离的国情。1954 年 9 月，周恩来在第一届全国人民代表大会第一次会议上所作的政府工作报告中首次提出了建设"现代化的农业"这个概念，把科学技术与农业生产相结合的理念提升到新高度。[②]1956年底，合作社发展进入了快速增长期，参与农业生产合作社的农户数量占全国总农户数量的 96.3%，而参加高级生产合作社的农户数量占全国总农户数量的 87.8%，完成了由农民个体所有制到社会主义集体所有制的转变。至此，我国高度集中的计划经济模式初步形成。

第三阶段为 1955 年下半年至 1957 年，我国将农业资源及劳动人口资源进行整合，形成农村集体所有制。当初级农业合作社在中国土地上发展得如火如荼的时候，有一部分人就意识到发展高级农业合作社的契机与优势。在一些初级农业合作社发展得比较好的农村地区，其从半社会主义转变为全

---

① 马社香：《毛泽东"停、缩、发"讲话历史真相探源》，《当代中国史研究》2012 年第 4 期。

②《1954 年国务院政府工作报告》，中国政府网，https://www.gov.cn/test/2006-02/23/content_208673.htm，访问日期：2023 年 10 月 11 日。

社会主义已经具有一定规模的群众运动，由初级社升为高级社也是大势所趋。1956 年 6 月，我国颁发《高级农业生产合作社示范章程》，这标志着我国农业合作化运动模式由初级农业合作社形式过渡到高级农业合作社形式。1956 年秋天，全国参加高级农业合作社的农户比例已经达到了 87.8%，全国农业生产合作社数量已经超过 75 万个。我国原计划用 3 个五年的时间，即到 1967 年完成农业社会主义改造，但在 1956 年就已经实现目标。我国农业生产关系发生了重大变革，完成了由农民个体所有制向集体所有制的成功转变。1956 年国务院成立了科学规划委员会，并组织几百位科学界精英共同研究与编制了中国科学技术发展规划，即《1956—1967 年科学技术发展远景规划纲要》，为我国的科技发展做出了全面规划。在这一规划纲要中，确定了5 项农业科学技术任务，即"农业机械化、电气化和农业机械的制造问题""提高农作物单位面积年产量""荒地开发问题""扩大森林资源及森林的合理经营与合理利用""提高畜牧业、水产业和养蚕业的产量和质量问题"。同时提出通过完善农业耕作制度，改良与农业生产相关的机械设备（包括发电设备与电力网络的建立），提升农用物资投入与药剂质量（包括化学肥料、防治病虫药剂、灭草剂等），来提高农业生产与科学技术的有效融合度。此外，该规划纲要还在辅助农业科技发展的诸多方面做出了引导，对科学技术的工作体制、承载科技研发的机构设置以及科技干部的使用与培养等做出了一般性规定，更提出研究人员应重点从事产业的技术研究，要求约 80% 的研究人员应放在产业部门的研究机构内。这一规划纲要对我国农村农业科技生产的研究与创新体系的形成提供了有力的制度支撑。

1957 年 3 月 1 日，国务院批准成立了中国农业科学院。作为一所综合性的国家级农业科研机构，中国农业科学院除做好全国农业重大基础与应用基础的研究工作外，还承担着农业高新技术研究的任务，致力于在我国农业及农村经济发展中基础性、方向性、全面性及关键性的重大科技问题方面实现突破，在推动农业科技创新、服务地方经济、培养高层次科研人才、促进国际科技交流合作等方面发挥引导与助力的重要作用。中国农业科学院始终全面贯彻落实党中央、国务院关于"三农"科技工作的方针政策，是面向"三农"建设的主战场，是农村科技创新方向的引路人，带领全国的农业科技力量，不断提高科研创新能力和科技进步水平，为我国农业科技率先跨入世界先进行列奠定了坚实的基础。

此后，我国陆续成立了林业、农垦与水产等农业方面的国家级科研单位。这些高级别科研单位的成立，使我国的农业科技研究体系更加系统与全面，为我国的农业科技创新体系所涉及的人员、组织、经费、发展模式、体制机制及技术支撑等方面都提供了源源不断的动力与支持，农业科技创新进入全面发展阶段。

我国在全国范围内推动工业化建设，首先需要克服的难题就是规避以土地私有和家庭经营为基础的小农经济。作为发展社会主义的可靠形式，农业合作化运动可以解决小农经济分散经营、规模小、贫富不均的问题，促进国家农业大规模生产发展。在毛泽东等国家领导人看来，中国是落后的农业大国，正在探索社会主义道路，而农业合作化运动与社会主义制度的建立有着密不可分的联系。对中国这一落后的农业大国来说，农业合作化运动直接关系到中国的社会主义民主制度能否顺利建立。于是，国家在制定农业政策时，将农业合作化视作向农业集体化过渡的一种方式，并与当时的重工业发展战略以及社会主义经济体制建设相结合，共同推进农业发展变革。在农业合作化运动初期，在处理互助组与合作社内部所存在的任何问题上虽遵循着自愿、互利原则，但也受到一定市场因素影响。原因在于当时除劳动力与部分的生产资料是集体所有外，农村地区的土地与生活资料仍是牢牢握在农民自己手里，属于农民私有。直到 1956 年，高级农村合作社出现，农村地区才完全实现集体化。当时，党和国家领导人认为小农经济存在诸多不稳定因素，坚持走集体化道路，让农民花最少的钱增加更多的产量，过上丰衣足食的日子。同时，国家注重将农业合作化运动与工业化发展相结合，使农业增产增收，为国家发展重工业提供更充足的物质保障。

二、人民公社时期的农业科技创新体系

在社会主义改造与第一个五年计划胜利完成之后，毛泽东总结出农作物的八项增产措施，即著名的"农业八字宪法"（包括土、肥、水、种、密、保、管、工）。毛泽东深知科学技术是现代农业发展的必备要素，也是加快我国传统农业向现代农业转变的加速器，因此极力提倡科学选种、改进耕作方式，

并根据我国农民群众的实践经验和科学技术成果，提出"农业八字宪法"，对实现科学种田起到了积极的推动作用。因地制宜地采取这些措施，在耕作的全环节实现科学的技术支持，对促进农作物稳产高产十分有效。[①] 同时，这一囊括了土壤规划、施肥、兴修水利、推广良种、合理密植、植物保护、田间管理及工具改革的全方位生产指引，完美体现了现代农业科学理论与传统农业实践经验的有效结合，高度涵括了农业综合技术。从 1958 年起，我国开始建立农业科学研究所（简称"农科所"）。很多省级农科院和地区农科所等单位在全国范围内陆续成立，在格局上初步形成了以国家为主体、省地协同的三级农业科研体系，为我国农业科研事业提供了规范化、科学化的发展平台，我国的农业科技创新体系得到进一步完善。

我国的社会建设与工业化发展都离不开农业的基础支撑，解决全国人民的吃饭问题、原料工业的发展问题及在国际舞台保持独立自主地位、积极赶超欧美资本主义国家的现代化问题等都离不开农业发展。中共中央政治局在 1956 年 1 月公布了《农业发展纲要四十条》，或称为《1956 年到 1967 年全国农业发展纲要（草案）》，这是 1956 年到 1967 年全国农业发展的要点汇总，是 1956 年及之后 12 年内指导全国农业发展方向的主导方针，同时也是一部具有纲领性质的文件。[②] 这一纲要经过几年的修改与实践后，于 1960 年正式通过，涉及全国生产生活、建设发展、教育卫生、科学技术等各方面内容共40 条。其中，为促进我国农业科技研究工作的快速发展并加强农业技术指导，纲要中明确规定了要根据实际情况建立和完善农业科学研究的工作机构，设置区域性、专业性的农业科学研究所等，让农业技术更好地助力农业生产。对农业科学研究和技术指导如何在现实中实践这一问题，纲要也明确提出要与农民群众的生产活动紧密地结合起来，善于总结以往农业增收的经验，同时借鉴其他情况相似地区农业生产的优秀经验。县级农业技术服务站也应当重点选择一些农业合作社、农业场等作为工作研究的场所，参与到农民生产中来。1956 年起，一些生产经验丰富且有一定文化素养的农民成为未来农业合作社进行初级和中级技术人才培养的后备力量，以适应合作经济发展的需

---

① 王兴仁：《农业"八字宪法"新解》，《农民日报》2013 年 5 月 3 日第 7 版。
② 中共中央政治局：《1956 年到 1967 年全国农业发展纲要（草案）》，人民出版社，1956。

要。该纲要的出台大大提高了我国农、林、牧、副、渔生产的各项要求，尤其是在粮食和棉花增产方面，要求粮食和棉花 12 年内的增长指标和 1955 年相比翻一番左右。截至 1959 年底，全国的粮食总产量从 1955 年的 3496 亿斤增加到了 1959 年的 5401 亿斤。同时，《1956 年到 1967 年全国农业发展纲要（草案）》的实施也对农业合作化与农业生产的持续高潮起到了极大的促进作用。

这一时期，我国农业科技工作虽然在逐步推进，但是由于国家的其他各项建设工作也正处于恢复与发展阶段，国家在农村科技创新工作方面的投入仍然不足，许多综合性重大问题的研究实验工作尚未得到有效推进，研究技术的推广与普及工作、各种研究实验基地的建设工作仍亟待加强，并且农业生产实践中的农业科学技术指导仍有较大缺口，无法满足农业生产发展需求。在这种背景下，我国需要考虑农业生产的现实情况，以农业实际生产为基础，把农业科学技术工作提上新的阶段，以更好地匹配合作社开展农业生产。1963 年 2 月，中共中央、国务院联合召开了全国农业科学技术工作会议，深刻影响了我国农业发展的方向与格局。这场会议充分考量了我国农业科技现实情况，对农业科技研究与开发工作进行经验性总结，也对我国未来 10 年的农业科技发展做出规划，提出完成发展目标所需要进行的科研课题。

经过各方专家一年的探讨与研究，我国于 1963 年制订了《1963—1972 年科学技术发展规划纲要》（简称《十年科学规划》）。该项科学技术规划是以《1956—1967 年科学技术发展远景规划》为基础进行完善与改进，并根据我国社会主义建设的任务加以发展而制定的。多年来，专业的科技研究工作队伍对我国自然条件及资源进行了大规模的调查研究，在农业方面总结了群众的生产经验，并开展了广泛的实验工作，同时在农、林、牧、副、渔的生产和农业技术改革方面，做了较多基础性的资料收集与研究工作。[1]该项科学技术规划提出以 6 个部分为重点抓手，以农业、工业、资源调查、医药卫生与技术科学规划及基础科学规划为主要努力方向，尤其要求围绕农业、日常基本生活物资及尖端技术的科学技术研究为中心任务，在夯实基础研究

---

[1]《1963—1972 年科学技术发展规划纲要》，https：//www.most.gov.cn/ztzl/gjzcqgy/zcqgylshg/200508/t20050831_24440.html，访问日期：2023 年 10 月 22 日。

的同时提升高尖端技术研发。在农业科技方面，该规划提出了"三个结合"，旨在提供全方位的科技成果，以实现农业增产、农民增收，系统性解决农业技术改革中的问题。这"三个结合"分别是单科性研究与综合性研究相结合、总结提高农民生产经验和祖国农学遗产与发展现代科学技术相结合、科学研究与推广普及相结合。同时，该规划强调，为了促进农业科技化，未来10年间农业科学技术工作的主要任务就是要为农业技术改革做好技术依托，并展现研究成果，规划好农业科学基础理论研究与农业新技术的实际应用工作，以此来推动全国农业的整体发展。

《十年科学规划》实施期间，政府颁布了一系列具体举措，在加强专业研究机构建设（包括高等院校）、大力培养研究人才、改善科学器材工作、加强计量与标准化工作、健全科学成果鉴定与奖励机制、加强技术推广、大力开展学术活动、加强国际科学技术合作交流工作、强化科学技术普及工作以及加强科学技术的组织合作等12个方面制订了详尽规划，加强统一管理及激励各部门积极投入等措施都对农业科技创新工作的开展起到了积极的助推作用。[1]1964年1月，中共中央、国务院下发《关于动员和组织城市知识青年参加农村社会主义建设的决定（草案）》。其中，毛泽东提出"以农业为基础、以工业为主导"的国民经济发展方针，表明要加强我国农业发展，构建现代化的农业格局，建设社会主义新农村。该文件指出，在今后一个相当长的时期内，有必要动员和组织大批的城市知识青年下乡参加农业生产。在国家政策的引导下，这一时期的农业和农村发展都取得了一定的进步，国家提出了一系列科技生产措施，包括农业的水利化、机械化、良种化、化学化。毛泽东还提出了"水利是农业的命脉""农业的根本出路在于机械化"等思想。[2]此后，全国开始大修水利工程，兴建了很多水库和灌溉工程。这些农业基础设施的建设与完善、农业生产机械设备与技术的推广和普及都为农业生产提供了极大的便利，一大批著名的灌溉工程与治理典型工程都在这一时期涌现出来。这些措施不仅有效填补了我国在农业科学技术上的许多空白，

---

① 《1963—1972年科学技术发展规划纲要》，https：//www.most.gov.cn/ztzl/gjzcqgy/zcqgylshg/200508/t20050831_24440.html，访问日期：2023年10月22日。

② 李萌萌：《毛泽东与新中国农业机械化事业》，http://dangshi.people.com.cn/GB/n1/2020/0925/c85037-31874412.html，访问日期：2023年10月14日。

也从技术上为防御农业所面临的各种自然灾害提供了支持，促进了我国农业生产的稳定发展。尤其是我国的粮食产业，在科学耕种与品种改良的实践中，实现了粮食总产量从 1952 年的 3000 多亿斤跃升为 1978 年的 6000 多亿斤，科技增产效果显著。

第二节　改革开放以来的农业科技创新情况

改革开放 40 余年来，我国在农业技术推广上经历了恢复发展、快速发展、多元发展、融合发展四个阶段，并取得一定成绩，现已踏入农业技术全面多元融合发展阶段。在恢复发展阶段，即 1978—1990 年，我国农业社会在农村家庭联产承包责任制和农村经济恢复发展的背景下，基本形成了中央、省、市、县、乡镇五级农业技术推广的机构、科技示范户以及农村农民技术员体系。在快速发展阶段，即 1991—2000 年，我国农业社会在巩固强化县级农业技术推广中心的背景下，强化乡镇农业技术推广工作，完善县级农业技术推广中心机构、工作人员配置以及落实推广经费，完善了农业技术推广体系，形成一批推广队伍。在多元发展阶段，即 2001—2011 年，在稳定改革农业技术推广体系的背景下，充分发挥农业技术推广机构的主体地位，探索多元主体推广农业技术机制，调动农民合作社、科研机构、专业协会、企业等主体参与技术推广的积极性。在融合发展阶段，即 2012 年之后，在前期恢复发展、快速发展、多元发展成果巩固下，强化农业技术的公益性推广，强调"一主多元"融合发展，建立起新型农业经营主体、科研教学单位、国家农业技术推广机构、经营性服务机构等合理分工、有效合作的农业技术推广格局。

改革开放 40 多年来，我国的农业技术推广工作成绩斐然，许多科研成果应用于农业生产中，提高了农业生产力，实现了农产品增产、农民增收。在中国特色社会主义进入新时代后，乡村振兴战略的提出与实施，更是促进农业技术推广体系建设更上一层楼，也对此提出更高标准的要求。在中国共产党的领导下，我国农业技术推广体系建设将朝着绿色、创新、高效发展，围绕农业产业、产品、产出等内容推动技术、要素、模式革新。

一、恢复发展阶段

邓小平对于农业科技有深入的理解，认为农业科技与解放生产力之间存在紧密联系，两者是相互适应的。随着改革开放的深入推进，他首先指明了国家农业科技在未来的发展目标与方向。邓小平意识到农业技术在未来农业生产发展道路上的重要性方面，尤其需要依靠高尖端技术与生物工程。其次，邓小平也认识到改革开放后国家农业技术虽然发展迅速，但是国家整体农业体制却未有实质性转变，这在一定程度上阻碍了国家农业发展与农业技术进步，导致农业生产效益低下。基于此状况，邓小平认真思考并指明经济与科技具有相互联系、相互促进的关系，两者的良好结合定能促进国家经济体制、科技体制发生重大变化，促进科技进步与经济发展。邓小平指出，我国需要贯彻落实农业科技项目，确保科研成果能够成功转化成生产效益。他积极推动"星火计划"、"863"计划等重大科技项目的实施，让祖国大地上盛开科技之花。对于农业技术与教育发展，邓小平认为两手都要抓，不仅要充分认识科学技术的重要性，不断加大对科学技术的研究与开发投入，还要注重对科技人才的教育，加快两者融合发展，促进农业生产更进一步发展。只有加强科技人才的培养和使用，才能满足改革开放和科技发展的需求。因此他十分爱惜人才、尊重人才，多次指出科技人才在农业发展中的重要性，重视科技人才与农民的相互联系，把科技人才作为农民拥有技术、使用技术进行生产的重要力量。

1978 年，为制定科学技术的发展规划，奖励优秀科技研究成果，充分调动国家广大知识分子的积极性，发挥其创造性，中共中央召开了全国科学大会，并通过了《1978—1985 年全国科学技术发展规划纲要（草案）》。该纲要鲜明地提出"科学技术是生产力""四个现代化，关键是科学技术现代化"的发展理念，还要求集中力量在综合性科学技术领域、重大新兴技术领域与带头学科方面实现重点突破，做出突出成绩。可以肯定的是，国家重新确立了科学技术在农业生产中的重要地位与作用，找到了农业科技的发展目标，做好了基础规划，这对于农业科技创新体系的建设十分重要。《1978—1985

年全国科学技术发展规划纲要（草案）》对农业科学技术的总体要求：按照以粮为纲、全面发展的方针，进行农林牧副渔资源综合考察，为合理区划和开发利用提供科学依据；全面贯彻"农业八字宪法"，保证农业的高产稳产；发展与机械化相适应的耕作制度和栽培技术；全面提高良种的高产、优质和抗逆性能；尽快解决作物病虫害综合防治技术难题；在改良低产土壤和治理水土流失、风沙干旱方面取得重大进展；加强林、牧、渔各业的科学研究；研制农、林、牧、渔业的各种高质量、高效率的机械和机具。

《1978—1985年全国科学技术发展规划纲要（草案）》明确提出了17条有关农业科学技术研究项目方面的内容，并首次对每一个具体项目的实施部门进行了细化与区分，[①]涉及农林部、中国科学院、国家农垦总局等相关农业机构与教育部、商业部等其他协助机构共15个部门，这一举措不仅可以让各个部门更加明确自身职责所在，起到有效的监督作用，而且还能更具针对性地开展科学技术的开放与合作，提高研发创新效率。同时，《1978—1985年全国科学技术发展规划纲要（草案）》也在部署中提出了科学研究队伍和机构的具体设置要求，要求集中各方力量并做好分工与合作，凝聚国家部门、科研机构、高等院校与企事业单位等各方力量，通过调整与改进，使农业生产适应现代科学技术发展的需要；要在这八年内建成门类齐全、相互配套、布局合理、协调发展、专群结合、平战结合、军民结合的全国科学技术研究体系。此外，具体的技术人才培养、科研成果推广应用、奖励制度、仪器生产、物资供应等措施与规划的执行和检查细则也都列入了纲要之中。

为完善农业的科学创新体系，激发农民个体的参与热情，国家改革农业生产制度，突破了人民公社的生产体制，因时制宜地推行与解放劳动生产力配套的家庭联产承包责任制。这个制度使生产经营环节的各个主体都获得了相应的自主权，并使劳动者和经营者的利益能够实现双赢，充分激发了他们参与农业生产的热情，这对科技创新实践起到了很大的助推作用。

在过去遭到破坏的中国农业科学院与迁到外地的各研究所全部迁回北京原址，同时将管理权限全部收回部里统一领导。1978年，中国农业科学院原

---

① 《1978—1985年全国科学技术发展规划纲要（草案）》，https：//www.most.gov.cn/ztzl/gjzcqgy/zcqgylshg/200508/t20050831_24438.html，访问日期：2023年10月22日。

有的 28 个科研机构得以完全恢复，为我国的农业科技工作提供了强有力的团队支撑。之后，中国农业科学院的科研机构由最初的 28 个增加至 1979 年的 32 个，1981 年又增加到 33 个。与此同时，各省、自治区、直辖市的农业相关科研院所及其他专业科研机构，也开始逐步恢复与重新建制。到 1980 年，全国地级以上的农业科研院所已经恢复到 756 个，而到 1985 年前夕，农业科研机构数量几乎又翻了一番。科研院所的大量增加，有力地促进了我国农村科技服务体系的有效形成，为我国农业科技创新工作的恢复夯实了结构性基础。

1980 年，国家农业委员会（简称"国家农委"）和农业部联合印发了《关于加强农业科研工作的意见》，明确指出要统筹规划与调整各个不同级别的农业科研单位的工作重点与研究任务，使各单位根据职责进行有针对性、有侧重点的农业科技研发工作。该意见要求部属级农业科研单位要面向全国开展更具基础性、实践性及综合性的生产研究；省级农业科研单位的科技研究工作重点要以本省的实际生产需求为基础，把普适性应用研究与开发研究作为工作重心；地、市级农业科研单位则需要依照本省的整体规划部署，以开发研究及开展本地特色应用性研究作为主要工作内容；高等农业院校以提升农业基础科研水平、拓宽农业科研应用领域作为教育目标与追求，培育优秀农业技术人才；其他不同级别的农业相关的研究机构，也要根据自身的特点和需要，构建满足本行业生产需求的特色科研体系，形成一个统一协作、各司其职的较为完整的农业科技创新主体研究体系。

1981 年，我国在科学技术与经济相互促进、协调发展的背景下，制定了"发展国民经济必须依靠科学技术，科学技术工作必须为发展国民经济服务"的科技发展方针。同年 3 月，国家农委专门召开了农业技术推广座谈会议，联合多个单位共同发布了《国家农委、国家科委、农业部、林业部、农垦部、水利部、国家水产总局、中国气象局、中国科协、共青团中央、全国妇联、中国农业银行关于切实加强农业科技推广工作加速农业发展的联合通知》，进一步强调了加强农业科技推广工作的重要性。在农业科技创新研发工作持续推进的过程中，中共中央于 1982 年批转了《全国农村工作会议纪要》。《全国农村工作会议纪要》指出，要恢复与健全各级农业技术推广机构，充实加强技术力量；坚持统一领导与分工协作，促使各项农业科学技术能够综合应用于生产，能够更好地提高农业生产效率。自此，农业技术推广体系建设推开了一扇新时期的大门。

1982 年底，国务院批准了国家计划委员会、国家科学技术委员会（简称"国家科委"）的《关于编制十五年（1986—2000 年）科技发展规划的报告》，并成立了"科技长期规划办公室"，在 200 多名专家和领导干部的集中研究探讨与 19 个专业规划组的集体部署下，科技发展规划的研究与编制工作于1983 年正式完成。这个规划在农业科技创新发展中发挥着关键的指导作用，它不仅强调农业科技（理论）与农业经济（生产）的良好结合，还着重指出要将农业科技成果推广、应用到农业的实际生产中去。与此同时，我国实施的第一个面向农村发展、以科学技术推进农村经济发展的"星火计划"，在科技结合经济、科技匹配金融、政府联结农民等方面探索出一条以科技促进农业农村经济发展的现实道路，并基于一批"短、平、快"的科技项目探索与推广我国农业科技研发工作的有效模式，推动了我国农村经济的健康与持续发展。

1984 年，为真正调动科研工作者的积极性，使科研机构的各项目能顺利开展，国务院批准了国家科委《关于当前整顿自然科学研究机构的若干意见》，对科研机构的领导体制、调整建设领导班子、建立科研责任制以及对科研队伍的整顿和建设等方面做出了明确规定。

这一时期的农业科技创新体系建设，在国家政策层面主要是以恢复科学技术在农业生产中的重要地位为导向，提出一系列与农业科技体制改革相关的组织建构、人员构成、资金投入、制度管理等方面的具体要求。在农业生产中，强调以满足地区的实际生产需求为基础目标，把实际生产经验与农业科技相结合，为农业科技创新体系的真正形成奠定基础。

1985 年开始，我国农业科技体制进入深化改革期，在改革开放的背景下开始了以市场化探索改进农业科技体制的路径。1985 年 2 月，全国农业技术市场交流交易会在上海市举办。该会议以市场制助推，开创农业技术市场化新局面，主要是尝试在科学技术的推广过程中将推广与经营相结合，逐步拓宽农业科技的投入主体范围，引入了多元投资来破解因国家经费有限而对科技推广工作造成阻碍的运营困境，让市场为农业技术推广带来新思路、新方法与新动力。①

1985 年 3 月，中共中央颁布《中共中央关于科学技术体制改革的决定》，旨在加快推进国家现代化建设的进程。该决定明确指出我国要在 20 世纪末期实现党的十二大提出的工农业总产值翻两番的目标，进而再以三至五个十年的时间推动我国的经济接近世界发达国家的水平，使人民生活达到比较富裕的程度。这也是我国科学技术体制改革的总体目标。在当时，振兴国家经济，实现工业现代化、农业现代化、国防现代化、科学技术现代化，是全党和全国人民一切工作的中心。科学技术工作必须紧紧地围绕着这个中心开展，并且各项工作要服务于这个中心。与此同时，该决定也对科学技术体制改革的组织框架、人事制度等作出相应的调整，以适应当时的国情。具体内容：在运行机制方面，对国家重点项目实行计划管理，同时运用经济杠杆和市场调节，使科学技术机构具有自我发展和自动为经济建设服务的活力；同时改革拨款制度，对科学技术市场进行拓展，克服单纯使用行政手段管理科学技术工作、国家"包得过多"的弊病。在组织结构方面，建立健全多元主体协作联合机制，使各方面的科学技术力量形成合理的纵深配置；强化科学技术成果转化，改变过多的研究机构与企业相分离的状况，避免在生产、研究、教育等多环节出现脱节。在人事制度方面，克服"左"的影响，营造科技技术人员工作氛围宽松、人才合理流动、尊重智力劳动成果的环境，营造科技人才辈出、人尽其才的良好环境。同时，提出"改革对研究机构的拨款制度，实行经费的分类管理""通过开拓技术市场，促进技术成果应用于生产"等一系列促进科学技术体制改革的新措施。随着改革新措施的贯彻落实，我国科学技术体系发展局面迎来了崭新的变化，科学技术不仅是出现在科学研究中和大学课本上，而且更多的是转化成田间地头实实在在的生产力，国家农业现代化迎来欣欣向荣的发展局面。

1986 年，国家科委发布了我国第一部科学技术白皮书《中国科学技术政策指南》，这是我国第一次以政府部门名义出版科学技术白皮书，用以公布党和政府在科技工作方面制定的方针政策。这部白皮书的出版在科技界及

---

① 扈映:《1983—2005 年我国基层农技推广体制改革的历史考察：以浙江省为例》,《中国经济史研究》2008 年第 3 期。

诸多国家引起了强烈反响，让公众能够及时、便捷地了解我国科技事业的发展方针、政策。同时，国家科委自1986年发布科学技术白皮书后，又相继颁布了《中华人民共和国科学技术进步法》《中华人民共和国专利法》《中华人民共和国技术合同法》《中华人民共和国科学技术普及法》等法律，填补了我国农业科技创新在法律方面的空白，为农业科技创新体系构建了顶层设计。同年，农牧渔业部颁发了农业科技体制改革的三个试行文件，并于1987年8月召开了第二次农业科技体制改革研讨会，进一步改革和创新了我国的农业科技体制。1990年，中国共产党召开第十三届中央委员会第七次全体会议，研究讨论了我国国民经济与社会发展在其后十年和第八个五年计划时期的基本任务与政策规划。其中明确提到，要"发展教育事业，推动科技进步，改善经济管理，调整经济结构，加强重点建设，为下个世纪初叶我国经济和社会的持续发展奠定物质技术基础"。

二、快速发展阶段

江泽民的农业科技观点，是在邓小平"科学技术是第一生产力"和农科教相结合的观点上进一步深化思考形成的。首先，在江泽民的农业科技观念中，不得不提的就是科教兴农战略，该战略的实施对促进农业生产力发展作出了重大贡献。江泽民指出，农村农业经济发展离不开科学技术的进步与劳动者素质的提高，两者相互结合，共同推动农业高质量发展。其次，江泽民提出要在全国范围内全面且有重点地推动农业科技研究工作和农业技术推广工作。他认为现代生物技术等现代农业技术的发展在未来必定是大趋势，我国农业落后的现状必须靠现代农业技术去改变。国家在农业现代化中更要注重科学技术这一重要内容，稳扎稳打地做好常规农业技术研究和推广工作，进而发展现代农业技术，推动常规科学技术和现代生物技术协调发展。江泽民也十分重视农村人才建设工作，不断强调要将农民科学文化素质培养与农业科学技术研究推广工作结合起来，让农业科技在田间地头发挥作用。农民科学文化素质提高，其接受和理解科学技术知识的程度也会有所提升，能更容易理解科学技术新知识，并将其运用于农业生产。

1991年3月，国家科委在结合前期纲要与规划的发展内容及前进方向的基础上，组织制定了《中华人民共和国科学技术发展十年规划和"八五"计划纲要》。同年12月，国务院审议并通过了该纲要，于1992年向全国发布实施。《中华人民共和国科学技术发展十年规划和"八五"计划纲要》主要明确了之后5～10年的农业科技发展任务要求，涵盖了引言、发展目标和指导方针、重点任务、科技体制改革、对外开放和国际科技合作、支撑条件和措施等内容。在农业与农业科技方面的重点发展任务中提出，"加强科技成果的开发和推广，是今后十年尤其是'八五'期间农业科技工作的首要任务。国家将通过实施'星火'计划、'丰收'计划、'燎原'计划、成果推广计划和多种形式的开发推广活动，使现有农业（包括林业、水利）科技成果的推广率达60%以上""着力解决一批促进农业发展的重大科技问题"。

1992年，国务院颁布《国家中长期科学技术发展纲领》(简称《科技发展纲领》)，指出应深化农村科技体制改革。此时，世界正在经历一场大变革，各种新兴科技日新月异，市场竞争日益加剧，而我国正在持续推进市场化进程，也希望借助科技更新来带动社会经济发展。《科技发展纲领》阐明了我国中长期自然科学技术发展的战略、方针、政策和发展重点，用以指导我国2000—2020年科学技术与经济、社会的协调发展。《科技发展纲领》总结了我国在之前40多年的科技工作发展中的经验与教训，指出我国科技工作必须面向现代化、面向世界、面向未来；同时指出，在农业基础科学发展应用中，必须贯彻"科技兴农"的方针，建立健全集约型的现代农业生产技术体系，提高农村地区土地利用率、劳动生产率以及农产品商品率。农业科学技术的发展要处理好应用推广与研究开发的关系，要推广相适用、相配套的先进农业生产技术，大力推进以国内科学技术为支撑的商品，提高农业技术水平，推动农村产业结构、产品结构和就业结构合理调整；同时要切实加强农业科研工作，搞好纵深配置，增强农业发展的后劲，继续实施以发展农业经济为宗旨的"星火""丰收""燎原"等计划。《科技发展纲领》中再次对农业科技体制的改革问题作出指示与强调，明确科学技术体制改革要对农业科技经费与农业科研队伍进行保证，确保经费稳定增长与人才队伍持续发展。国家要积极引导如高等院校、科研机构等科研主体配合地方政府进行农业科学技术研究与开发工作，实现区域经济技术发展。县级以下的农业科研机构需要得到国家的支持与关注，使其发展成为综合性、独立性的科学技术开发、推广、服务经营实体，提供有偿服务工作，刺激农村地区农业技术推广。

长期以来，国内农业技术成果转化率较低，实际开发与运用工作还比较缓慢，难以转化成农村的经济生产力，已然成为制约我国农业科技创新的重要因素。为此，国家亟须颁布具有针对性的科技成果转化工作意见，以对该项工作进行指导。1992 年，《农业部、财政部、国家科委关于加强农业科研单位科技成果转化工作的意见》发布。该意见明确提出，"从总体上讲，农业科学属于应用科学，农业科技成果只有在生产中得到充分应用，才能转化为现实生产力，成为推动农业发展的强大动力。应该进一步发挥农业科研单位在成果转化方面所具有的技术、信息、人才和管理等方面的优势，推广、完善农业科研单位在科技成果推广中积累的宝贵经验。农业科研单位要把科技成果转化作为主要任务之一，采取有效措施，把凡是能转化的新成果、新技术都要尽快、尽早地转化出去，使其在经济建设中尽快发挥作用。在成果转化过程中，农业科研单位要与教育部门、推广单位密切配合、合理分工，发挥整体功能；各级农业、科技、财政部门也要在政策上、资金上、物资上大力支持，积极组织农业科研单位的成果转化工作，促使科技成果在更高层次上、更大范围内、更富有经济实效地转化为现实生产力，争取在'八五'期间，使农业科技成果转化水平有较大的提高，把农业的发展真正转移到依靠科技进步和提高劳动者素质的轨道上来""农业科技成果转化必须在社会主义市场经济规律指导下，充分发挥市场机制的作用，促进农业科研单位从单纯科研型向科研经营型转轨，逐步建立起与市场经济发展相适应的新的运行机制。要积极稳妥地推动农业科研单位和技术人员合理分流。农业科研单位要注意做好结构调整和人才分流工作，按不同工作性质进行系统化和结构性调整。集中力量少而精地办好一批具有较高水平和较大社会效益的机构。加强基础性研究和重大应用研究，解决带全局性、关键性的科学技术问题，确保农业科研工作的后劲。其余大部分单位要直接面向市场需要，通过承担生产者的委托任务，自主研究开发和发展第三产业，在市场竞争中去求效益、求发展"。总之，《农业部、财政部、国家科委关于加强农业科研单位科技成果转化工作的意见》的发布，为农业科技创新工作中最重要的技术与应用的相互转化提供了方向指引。与此同时，我国也加强了农业科技立法的顶层设计，陆续出台一些农业相关法律法规，如 1993 年通过了《中华人民共和国农业技术推广法》《中华人民共和国农业法》，1997 年 10 月 1 日起开始施行《中华人民共和国植物新品种保护条例》。通过此类农业科技立法来保障农业技术的研发推广，在农业生产经营、组织架构、资金投入与权益保护等各方面以法律法规的形式确定下来，这对农业科技创新研发的方向与底线原则设定产生了积极的促进和约束作用。

1994 年，我国制定了《全国科技发展"九五"计划和到 2010 年长期规划纲要》，主要包括我国科技工作的形势和现状、指导思想与基本原则、发展目标和任务、发展重点、科技体制改革、人才培养与科技队伍建设、支撑条件和措施等内容，再次强调了农业发展的根本出路就是科技进步，要确保到 20 世纪末以强大的技术支持实现稳定的主要农副产品供给，促进农村经济全面持续发展等。但由于种种原因，1998 年经国家科技教育领导小组讨论后该规划未对外正式发布。1995 年，党的十四届五中全会胜利召开，会上提出了两个根本性转变，标志着我国经济建设将朝着深化体制改革、提高质量的方向发展，也为农业科技体制改革指明了方向。从国家相继发布的各个阶段性农业科技规划及纲要可以看出，国家虽然在不同的阶段对于农业科技规划的政策指引各有重点，但是农业科技创新在总体发展中主要涉及的都是政策、人、财、物、实践及创新等多方面的匹配与嵌构。相应地说，完善科技创新体系需要在政策规划、组织结构、队伍建设、工具与资源及体制机制等诸多方面做好规划，而国家的各阶段纲要规划就是在不断完善的基础上为农业科技创新与地方实践提供指引，逐渐增强农业科技创新体系的科学性与现代性。

1998 年，中共中央召开十五届三中全会，并在会上通过了《中共中央关于农业和农村工作若干重大问题的决定》。该决定对我国农村改革发展 20 年的基础经验进行总结，指明国家农业改革问题、农村发展问题与国家改革开放、现代化建设有着重要联系。[①]党的十五大提出我国跨世纪发展的宏伟任务，必须坚持巩固加强农业在发展中的基础地位，促进农业与农村进一步发展，提高农民收入，维护农村地区社会稳定秩序。农村科学技术问题在《中

①《中共十五届三中全会审议通过〈中共中央关于农业和农村工作若干重大问题的决定〉》，https://2008.www.cctv.com/special/777/3/52333.html，访问日期：2023 年 10 月 22 日。

共中央关于农业和农村工作若干重大问题的决定》中有重要体现，有了更加具体的要求，即农村地区发展要依靠科学技术的进步，不断优化农村农业的经济格局，实现传统农业向现代农业转化发展、粗放型经营向集约型经营发展转变。同时对农业科学技术体制进行改革，突出发展重点，加强创新改革，联合不同科技发展主体共同攻坚克难。直面农业、农村、农民发展现状，通过建立开放试验示范区，不断将先进科技实用技术应用于农业生产中，不断提升农业产出增长率。对基层农业科学技术推广体系也要重视，要加大对农村专业科技协会等基层科技推广主体的扶持力度，积极鼓励科研、教学单位开发农业技术，发展高技术农业企业。

1998 年 10 月，科技部开始着手准备"十五"发展规划的前期研究工作，在 2000 年成立起草小组，并于 2001 年正式印发《国民经济和社会发展第十个五年计划科技教育发展专项规划（高技术产业发展规划）》，指出要建立现代农业高技术示范工程，重点建设以现代技术为支撑的种业工程、现代种植养殖设施农业示范工程、农产品深加工产业化工程，推动农村经济的快速发展；建设高效节水农业示范工程、生态农业示范工程、精准农业示范工程、高效畜牧业示范工程、干旱半干旱区雨养农业示范工程等。[①]

1999 年，农业部与财政部共同组织实施了农业科技跨越计划，对当年已经启动的 20 个农业科技项目进行总结，于 2000 年对农业科技跨越计划项目中的申报程序进行适当调整，进一步提升管理水平，促进农业成果的商业化和产业化。为此，科技部和财政部共同制定了《农业科技成果转化资金项目管理暂行办法》及《2001 年度农业科技成果转化资金项目指南》，启动了 2001 年农业科技成果转化项目申报工作，从行业制度层面促进农业科技成果应用力度的提升。

三、多元发展阶段

2001 年 1 月 15 日，第二次全国农业科学技术大会召开，会议主题为"大

---

①《国家计委关于印发国民经济和社会发展第十个五年计划科技教育发展专项规划（高技术产业发展规划）的通知》，https://www.gov.cn/gongbao/content/2002/content_61828.htm，访问日期：2023 年 10 月 22 日。

力推进新的农业科技革命，加速农业由主要追求数量向注重质量效益的根本转变，为新阶段农业和农村经济发展提供科技支撑"。会议再次强调，要加快现代科技向农业的全面渗透，提升农业科技发展的整体水平，以促进传统农业向现代农业转变，并围绕这一目标提出了具体的实施意见。会议还围绕此次主题探讨《农业科技发展纲要（2001—2010年）》，并部署"十五"期间的农业科技任务。同时，还对为农业科技作出突出贡献的工作者进行了表彰，授予袁隆平等217人"全国农业科技先进工作者"称号。2002年召开的中共十六大会议也再次提出要加快农业科技进步、大力发展教育和科学事业的要求。①

2004年，作为21世纪以来国家提出的第一个关于"三农"发展的中央一号文件，《中共中央、国务院关于促进农民增加收入若干政策的意见》指出，国家农业发展必须秉持"多予、少取、放活"的发展方针，加速农业技术推广，促进农业科学技术水平进步与发展，增加农村地区农民收入。②2005年，国家发布了《中共中央、国务院关于进一步加强农村工作提高农业综合生产能力若干政策的意见》。在这一份中央一号文件中，国家提出农业科学技术推广体系要创新改革，推进农业基础设施建设工作，夯实发展基础；加强农业创新能力建设工作，提高农业产业竞争力。③2006年，中央一号文件《中共中央、国务院关于推进社会主义新农村建设的若干意见》提出要不断推进现代农业建设，深化农业科研体制改革，扶持农业科技研究发展，改善农业科技创新投资环境等内容。④同时，针对农业生产的迫切需要，加快农作物种植、动植物疫病防控等科学技术的研究、开发与推广；加大农业科研在国家科技整体投资中的比重，优先考虑国家财政公共支出中的农业科学技术研究投入；加强对国内外其他地区先进农业技术的引进，取长补短，扬长避短，提高地区农业生产能力；探索对公益性职能与经营性服务实行分类管理的办

---

① 《江泽民同志在党的十六大上所作报告全文》，https://www.chinadaily.com.cn/dfpd/18da/2012-08/28/content_15820005.htm，访问日期：2023年10月22日。

② 《中共中央、国务院关于促进农民增加收入若干政策的意见》，http://www.moa.gov.cn/ztzl/yhwj2014/wjhg/201301/t20130129_3209956.htm，访问日期：2023年10月22日。

③ 《中共中央、国务院关于进一步加强农村工作提高农业综合生产能力若干政策的意见》，https://www.gov.cn/gongbao/content/2005/content_63347.htm，访问日期：2023年10月22日。

④ 《中共中央、国务院关于推进社会主义新农村建设的若干意见》，https://www.gov.cn/gongbao/content/2006/content_254151.htm，访问日期：2023年10月22日。

法，完善农技推广的社会化服务机制；鼓励各类农科教机构和社会力量参与多元化的农技推广服务。

2004 年，我国开始了《国家中长期科学和技术发展规划纲要（2006—2020 年）》的制定工作。经过两年的讨论与研究，该纲要终于在 2006 年发布，引起社会广泛关注与研究。该纲要在内容上有 10 个部分，其中涉及国家农业科技发展的有 2 个方面的内容。[①] 在农业科技方面，确定了农业精准作业与信息化、农林生物综合开发利用、农产品精深加工与现代储运、现代奶业等 9 个重点优先发展领域。同年制定的《国家"十一五"科学技术发展规划》，确定了"突出企业主体，全面推进中国特色国家创新体系建设"的发展思路，"以建设企业为主体、市场为导向、产学研结合的技术创新体系为突破口，坚持'明确定位，优化结构，完善机制，提升能力'的原则，进一步深化科技体制改革，全面推进国家创新体系建设"。同时，在农业科技创新方面，"以加快社会主义新农村建设为宗旨，充分发挥星火计划的作用，重点支持新产品、新技术、新工艺的开发与推广，促进农业科技成果尽快转化为现实生产力；发挥国家农业科技成果转化资金的引导作用，加快国家农业科技园区建设，建设高水平现代农业技术成果转化和产业化示范基地，继续加大农村先进适用技术的推广和应用，积极培育和扶持有竞争力的科技型龙头企业，促进农村特色和优势产业发展，增加农民收入；大力发展农村信息化，做好农村信息化建设发展工作，健全完善新型农村科技服务体系，加强农村现代化技术集成应用，形成一批优秀的新农村建设科技示范"。

2005 年中央一号文件《中共中央、国务院关于进一步加强农村工作提高农业综合生产能力若干政策的意见》分析了农业、农村改革发展中的艰难困境，指出国家农业基础设施环节薄弱、农村社会事业发展滞后。因此要加大农业科技成果的研发和转化，建设现代农业，同时推进农业科研体制改革向纵深发展，农业科研部门的组织架构、人才选聘及资金来源等向科学化、专业化发展。要强化农业技术推广体系改革，完善其社会化应用与服务机制，凸显出国家对农业科技创新体系的发展建设要求在不断转变与完善。

---

① 《国家中长期科学和技术发展规划纲要（2006—2020 年）》，https://www.gov.cn/gongbao/content/2006/content_240244.htm，访问日期：2023 年 10 月 22 日。

而从每年的中央一号文件来看，1982—2006 年一共颁布了 8 个主题为"三农"的一号文件。其中自 1982 年开始连续 5 年以农村问题为主题，被称为"五个一号文件"，2004—2006 年发布的文件仍然是以解决农村问题为主要指导目标。这些文件都体现了国家对于农村科技创新工作的重视，并指出了国家对于这一问题的具体要求与目标导向，强调了要持续加强我国的农业科技体制改革，为农业科技创新体系的不断完善提供政策保障，同时在具体的内容上作出了具体指示，在各地的创新与实践中逐步调整。①

2001—2007 年，地方政府发布的相关农业科技政策文件数量逐年上升，显示出地方政府对于农业科技的重视程度与扶持力度都在不断加大。2006 年取消农业税后，2007 年农业科技发展相关的政策文件发布量达到最高值，为 47 个。在农业税费改革后的后税费时代，通过不断调整与完善农业科技创新体系框架设计、改进视角等工作，这一时期的农业科技创新推广工作已经相对稳定有序，国家把农业科技创新体系的重点转向"创新"，为在 21 世纪以信息与科技竞争力为主要博弈的市场增加驱动力。

胡锦涛对社会主义新农村建设工作与农业可持续发展问题进行深入研究与思考，形成了一套发展农业科技的创新观点。第一，重视农业科技的创新。胡锦涛认为科技创新对推动我国农业现代化和提升国际竞争力有着重要意义，要通过农业科技进步推动创新型国家建设。胡锦涛认为农业科技创新思想是创新型国家战略思想的必然组成部分。第二，实施科技入户工程。为了提高农业科技的转化能力，让农业科技成果在实际生产中发挥应有的作用，胡锦涛指出要加快建设农业技术推广体系，并在此基础上实施科技入户工程。胡锦涛认为农民是农业发展的主体，而我国有着庞大的农民队伍，"农民的综合素质直接影响着农业农村乃至整个社会的发展"。他指出要以培育"有文化、懂技术、会经营"的新型农民为目标，通过加强农村的基础教育和职业教育以及对农民进行技能培训，培育新型农民。

2007 年农业部出台了《农业科技发展规划（2006—2020 年）》，作为税费改革后的第一个农业科技长期发展规划，该规划点明科技在农业发展中的

---

① 李蓉蓉、罗小峰、余威震：《中国农业科技政策的历史演进及区域政策重点差异分析》，《情报杂志》2018 年第 37 期。

推动作用，即在未来我国农业发展中必然会推动农村社会深刻变革、农村经济转型发展、农业结构发展调整。[①]同时，指明农业科技创新能力的重要性，要求建设创新型农业、现代化农村，将农业发展与科学发展并轨，促进农业可持续发展。文件提出，之后15年农业科技工作的指导方针是"自主创新，加速转化，提升产业，率先跨越"，工作中要把创新作为第一要位，把加快自主创新作为整个农业发展领域的核心环节。同时，规划提出了5个方面的总体目标和8个"十一五"目标，并对农业发展的中长期重点任务和"十一五"期间的重点任务分别作出了具体要求。为保障农业科技发展规划相关任务的有效完成，就要建设新型农业科技创新体系，完善农业技术推广体系，健全农民科技培训体系和完善农业知识产权保护体系。同时，也要创新相应机制，包括完善财政科技经费投入与绩效考评机制，改革立项机制，完善分工协作和联合攻关机制，建立团队与人才队伍培养机制，建立成果分类评价与快速转化机制，探索建立农科教、产学研紧密衔接的新机制。

2008年，中共中央发布《关于推进农村改革发展若干重大问题的决定》，专门提出建立农业科技合作与交流机制。该决定指出农业发展的根本出路是科技进步发展，我国要走现代化农业道路，提升农业生产综合能力，改变农业发展方式，推进农业科学技术创新与进步。同时强调要顺应世界科技发展潮流，强化国家农业科技自主创新能力，加强引进消化再吸收能力，推动农业科学技术集成化发展，加快推进农业机械化，畅通生产经营中信息化渠道；对农业科学技术研究、推广的投入要持续加大，力争促进农业基础性研究、前沿性研究发展，实现农业科技在关键领域和核心技术上的重大突破。在农业发展中，依托重大农业科研项目、重点学科、科研基地等，打造农业科技创新团队，培育农业科技高层次人才队伍。提升农民科技素养，推动农村地区科技推广普及，根据情况对农民进行技术知识、应用学习培训。对于科研成果转化问题，该决定明确指出要促进农科教、产学研的协调发展，大力支持科学研究院与农民、农村合作社、企业等生产经营主体进行技术合作，调动农业生产积极性。该决定提出的新举措具有较强的针对性与指导性，在发

---

①《农业部关于印发〈农业科技发展规划（2006—2020年）〉的通知》，http://www.moa.gov.cn/nybgb/2007/dqq/201806/t20180614_6151989.htm，访问日期：2023年10月22日。

布后的一定时期内成为推动农村改革发展的行动纲领。

在科技创新已经成为我国现代农业发展的主要推动力量的前提下，我国于 2011 年发布了《农业科技发展"十二五"规划（2011—2015 年）》。这一规划旨在提高农业科技创新能力，增强农业科技服务能力的现实需求，并从调整基数路径、完善服务方式、创新组织管理等主要目标上下功夫。该规划提出了 17 项重点任务，涉及农业科技创新、农业科技推广应用、农业人才培养等多个方面，为农业科技创新工作指明了方向，也为其整体创新体系丰富了发展内涵，搭建了更为多元的发展平台。此后，我国对农业科技专项计划项目资金、农业工作部署及农业科技进步与农技推广体系建设等多项工作的展开都做出了具体部署，有力地加速了农业科技创新体系建设进程。2012 年的中央一号文件也再次强调了科教兴农的重要性，指出"实现农业的可持续发展与农产品长期有效供给，根本出路在科技"，农业科技为粮食安全、增产增收及生产模式改进等提供了不竭动力；指出要"依靠科技创新驱动"，在明确农业科技新方向的基础上，着重突出创新重点，健全完善创新机制，有效整合科技资源；同时推进国家农业高新技术产业示范区和国家农业科技园区建设，按照统筹规划、共建共享的要求，增加涉农领域国家工程实验室、国家重点实验室、国家工程技术研究中心、科技资源共享平台的数量，支持相关部门开放实验室和试验示范基地建设。我国要不断加强国内外农业科学技术合作与交流，引进其他国家先进农业科学技术，加强农业气象研究和试验工作，强化人工影响天气基础设施和科技能力建设。同年，农业部印发了《全国农业科技创新能力条件建设规划（2012—2016 年）》。该规划明确提出"创新"二字，强调了创新的重要性，发出了之后四年建设重点导向的文字信号，重点加强农业科技创新的配套条件建设。农业部重点实验室着重加强省级以上农业科研单位仪器设备及配套试验条件建设，以"学科群"为单元建设综合性的重点实验室和农业科学观测实验站；农业应用研究示范基地着力提升重点地市级农业科研院所的设施装备水平，严格按照每类项目的建设布局、建设内容、建设标准、选项条件遴选项目。

四、融合发展阶段

2012 年，国家有关农业科技的发文数量又达到了一个高峰值，比 2007 年的峰值更高。2013 年后，发文数量相对有所下降，但农业科技创新依然是我国"三农"工作的重点。无论是中央还是地方，都在农业科技创新政策导向及具体实践方面不断推陈出新。自 2013 年起，我国发布的关于农业科技创新政策包括《农业部关于促进企业开展农业科技创新的意见》（2013 年 1 月）、《全国农业科技创新能力条件建设规划（2012—2016 年）》（2013 年 5 月）、《中共中央、国务院关于全面深化农村改革加快推进农业现代化的若干意见》（2014 年 1 月）、《农业部关于深化农业科技体制机制改革加快实施创新驱动发展战略的意见》（2015 年 8 月）、《全国农业科技创新能力条件建设规划（2016—2020 年）》（2016 年 11 月）、《"十三五"农业科技发展规划》（2017 年 1 月）、《"十三五"农业农村科技创新专项规划》（2017 年 6 月）、《中共科学技术部党组关于创新驱动乡村振兴发展的意见》（2018 年 8 月）、《乡村振兴科技支撑行动实施方案》（2018 年 9 月）等，各项政策都有较为明确的工作重点与主线，激活了构成农业科技创新体系的各个组成部分，使其体系更加完整与科学。

习近平总书记在福建省宁德市工作时，在充分考虑当地人口较多、自然资源和土地都较为匮乏的情况后，针对性地提出"科技兴农"的思想，并论述科技兴农在促进资源利用、节约生产要素投入等四个方面的重要作用。习近平总书记指出，制约国家经济发展的众多因素中，科技落后已然成为重要的一个因素。面对这种情况，必须重视和依靠农业科技进步，将科技运用到农业发展中，促进农业发展方式的转变，走内涵式发展道路。2013 年 12 月，习近平总书记在中央农村工作会议上的讲话中，明确指出国家粮食安全战略的目标，强调农业技术创新的重要地位，推动国家农业发展，培育适宜国家生产、具有知识产权的优良品种，从源头上将国家粮食安全牢牢握在自己手里。他强调，科技不仅要促进粮食生产，也要种好中国粮食。党的十六届五中全会后，我国一直将培育新型农民队伍作为党和国家农业农村发展工作的重点，提升农民素质，培育打造新型职业农民。习近平总书记对于"新型职业农民"的期待，主要是要求培育富有责任感和优秀经营能力的农民队伍，提高农民对科学技术的学习、应用与创新能力。"新型职业农民"在实践中具体表现为"爱农业、懂技术、善经营"。科技促进农业发展这一项重点工作需要稳扎稳打、稳步推进，避免忽略科技对现有农业生产关系的影响。习近平总书记认为农业农村发展与农业科技进步相互紧密联系，需要深入理解新发展理念，通过深化改革推动农业科技工作，全面协调农业农村发展。习近平总书记指出，农业技术在推动农业发展时不能将分散的小农户遗忘，农业技术在农村地区的推广使用需要因地制宜，根据当地具体情况具体运用，全面促进农业发展；要把握好土地经营权流转、集中和规模经营的度，与农业科技进步和生产手段改进程度相适应，将它们共同纳入农业科技进步发展轨道。

党的十八大报告着重强调城乡一体化思想；党的十九大报告提出乡村振兴战略，推进城乡融合发展；党的二十大报告提出要加快建设农业强国。由此不难发现我国城乡一体化旨在以城市发展带动乡村发展。然而，由于我国城市集聚效应带动了乡村大量人口向城市涌动，城市吸引了多数农村劳动力，导致农业发展缺乏活力，不利于其稳定持续发展。而城乡融合发展，以畅通城乡要素双向互动的方式激发乡村经济内部发展活力，提升农业农村吸引力，推动全民参与、共建共享。此外，互联网技术的迅猛发展为农业共建共享提供平台，其本质是通过互联网技术将农业生产活动所需要的零碎信息收集起来，然后进行有效整理，形成系统化、精确化的分类信息，达到供给端和需求端所需信息的高度匹配。但农村地区受到网络技术发展制约，导致农业的共建共享缺乏网络平台支撑，难以发展。因而在农业发展过程中要借助互联网平台，收集农户的供给与需求信息，同时将其传递给供给方，实现供需信息的精准对接，打破农业发展中普遍存在的供需信息不对称的局面。与此同时，随着我国共享经济的发展，农业发展类型呈现出多样化特征，这就要求农业发展要多方融合、相互促进，同时通过共享经济带动闲置、荒废的土地有偿使用发展，促进人力资源与农业资源的配置优化，提高社会关注度，同时促进农业知识和农业技术共享，推动构建农业发展新格局，带动多元主体共建共享农业。在城乡融合发展大背景下，以城乡生产生活要素双向流动的全新局面带动全民共建共享农业，促进供需两侧信息畅通，提高农业资源的利用率，以多元主体共同参与、共同治理、共同享有不断推动现代农业发展，促使我国由农业大国向农业强国迈进。

后税费时代的农业科技创新体系在不断完善的同时，发展也相对趋于平稳。虽然中华人民共和国成立以来我国农村科技事业发展迅速，取得了一系列农业科技成果，但是由于一些因素制约，我国农业科技创新工作仍存在政策无法真正落地、实践与目标仍然存有差距及农村现代化程度依旧较低等诸多问题。通过梳理中华人民共和国成立以来我国农业科技创新体系的发展及演变历程，尤其是从党中央出台的关于农村及农业科技创新政策可以看出，在不同阶段，国家在农业科技创新工作上的侧重点有很大不同。从中华人民共和国成立初期用农业科学技术来实现粮食增产，满足"人民饭碗"的目标，到在改革开放市场经济影响下开始提升农业科技成果转化率、逐步完善农业科技推广体系、增强农业科学生产的普及性，再到后税费时代以创新推动农业科技体系快速发展，经历了 70 余年的发展历程。纵观我国的农业科技创新工作，无论是总体规划纲要、具体实施意见还是专项法律法规，都在农业农村科技工作的体制机制、科技队伍与人才培养、基础研究、产学研融合、创新配套设施、创新环境等方面作出了具体要求，并随着现实生产状况与实际需求的变化而逐步改进，使我国的农业科技创新工作更具时代性与现实性，农业科技创新体系不断优化，形成产前、产中、产后的全链条创新发展。

我国多年的改革与发展虽取得一定成绩，但同时也存在明显的问题。例如，农业科技创新体系突破不足、创新不足、落实不足，尤其是"实施"二字的真正落实力度不够；在不断推进科学技术成为农业生产与农村发展有力抓手的过程中，对吸引多元主体参与、专业队伍建设、拓展投资渠道、推进制度改革与产学研用高效融合的引导和推动还有待深化。而不断提升农业科技自主创新能力、协同创新能力和转化速率，以科技支撑推动现代农业发展这一发展目标始终是我国解决"三农"问题的重要途径，仍需我们在实践中不断进行检验与完善。

第三章

乡村振兴战略下科技创新赋能的重要性与必要性

第一节 乡村振兴战略下科技创新赋能的重要性

一、彰显"中国之治"制度优势的关键环节

中国的治理方式在面向未来的同时也借鉴了传统。从古至今，中华文明就像璀璨的星河，群里闪耀。无论是《孟子》中的"民为贵，社稷次之，君为轻"的民本哲学，还是《道德经》中的"人法地，地法天，天法道，道法自然"的天人合一观点，又或是《礼记》中的"苟日新，日日新，又日新"的创新精神，都是中华民族智慧的沉淀和独特的文明特质，同时也对世界产生巨大而深远的影响。自中华人民共和国成立以来，现代化进程的逐步推进为中国治理带来了翻天覆地的变化。在中国共产党的带领之下，我国实现了全面小康，实现了中华民族几千年来的宏伟愿景，为人类文明创造了新的面貌，并为全球贡献了中国智慧。① 党的十九大以来，我国经济发展进入到一个全新阶段，社会主要矛盾已经转化为人民日益增长的美好生活需要和不平衡不充分的发展之间的矛盾。中华人民共和国成立后，"中国之治"在中国式现代化背景下，开启了全面建设社会主义现代化国家新征程和全方位推动中华民族的伟大复兴的崇高任务。党的十八大以来，中国共产党领导全国人民成功地完成了全面建成小康社会的重大历史任务，并在历史的交会点上正式进入了全面建设社会主义现代化的新阶段。党的十九届四中全会召开之前，学术界一直将中国的治理模式与"西方之乱""世界之乱"进行对比研究，但大多从政治学角度开展研究，或侧重于理论层面，缺乏系统全面的分析。从制度的角度来探讨世界和时代的问题，展现中国治理的中国政治制度优势的文章并不多见。其中，张维为的《西方之乱与中国之治的制度原因》、袁廷华的《中国政党制度的世界贡献》以及石国亮的《比较视野下的"中国

---

① 于延晓：《中国之治：制度优势转化为治理效能的密码》，《行政与法》2023 年第7 期。

之治"》等文章尤为引人注目，其中主要是关于完善党的领导制度体系、人民当家作主制度、中国特色社会主义法治体系、中国特色社会主义行政体制、社会主义基本经济制度、繁荣发展社会主义先进文化的制度、统筹城乡的民生保障制度、共建共治共享的社会治理制度、生态文明制度体系、党对人民军队的绝对领导制度、"一国两制"制度体系、独立自主的和平外交政策、党和国家的监督体系等 13 个方面的建议。这些建议旨在将我国的制度优势转化为治理效能，从而实现"中国之治"的有效治理。当前，关于"中国之治"的理论研究呈爆发式增长，"中国之治"这一术语也逐渐从历史背景中解脱出来，融入国家治理体系和治理能力现代化的实际话语中。党的二十大报告对"中国之治"在过去十年里取得的成就进行全面总结，并深入探讨了具有中国特色的现代化进程，揭示了中国式现代化的本质要求，强调由"中国之治"引领的现代化模式为人类文明带来了全新的面貌。

综合来看，"中国之治"的内涵更为明确，它蕴含中国基因，并从历史的角度出发，体现出与西方治理方式的不同。通过在实践中不断摸索与改进，中国逐步实现了现代化的转型，为推动中国全面走向现代化和实现中华民族伟大复兴提供了一套包括治理观念、治理模式、治理制度及治理愿景在内的全面治理体系。

科技创新为乡村振兴注入了活力，这也是展现"中国之治"制度优越性的核心部分。科技创新助力乡村振兴需要在顶层设计层面形成系统规划与整体布局，并颁布实施有效政策来保障实现。这一措施不仅有助于提升政府的治理能力和促进国家整体发展，还推动了乡村地区经济增长、基础设施完善以及社会服务水平的提升，从而全方位加速中国现代化的步伐。

首先，从宏观角度看，"中国之治"旨在推动中国全面实现现代化，而实施乡村振兴战略是实现中国式现代化的关键环节。因此，实施乡村振兴战略不仅要从微观层面着手，更要注重宏观层面上政府治理能力的建设与完善。第一，应提高政府的治理效能。国家要想有效实施乡村振兴战略，必须依靠强有力的行政体系来保证其有效性。"中国之治"的核心理念是增强政府的治理能力，提升政府的工作效率和透明度，这对于乡村振兴是至关重要的。因为要实现乡村振兴，政府需要更有效地规划和推动农村的进步，平衡资源配置，并解决农村所面临的各种问题。同时，政府也应通过改革来完善自身的公共服务体系，以保障社会公平公正，为村民提供优质高效的服务。第二，强化决策协同及跨部门合作。乡村振兴离不开有效的制度安排，而这些制度的建立有赖于政府部门间的高效协作与沟通。中国特色的治理模式强调政府各层级部门间的密切协作，这对于解决乡村振兴过程中涉及的多个方面的复杂问题具有积极意义。因此，在国家层面上应该构建多层级的乡村振兴战略规划体系，并通过相关制度促进各职能部门进行有效沟通。各个部门之间的合作能够更有效地整合资源并进行合理调配，从而推进乡村振兴战略的执行。同时，在乡村振兴战略实施过程中还需要建立起一个高效有序的协调机制，以促进各相关主体间的协作与互动。第三，推进数据驱动对政策制定的完善。数据驱动是指在国家层面运用大数据技术来提高决策效率，从而促进经济社会发展。在我国的城市社会治理中，政府运用大数据和人工智能等先进技术来进行深入的数据分析，从而更为科学地制定相关政策。在此过程中，乡村社会治理局面也将发生改变，这有助于政府更深入地掌握和了解农村地区的实际需求和存在的问题，从而更精确地制定乡村振兴的具体策略。在此基础上，大数据技术的运用还可对农村社会发展提供支持。第四，促进基础设施建设与公共服务优化。乡村振兴涉及经济发展、社会稳定以及生态环境的可持续发展。"中国之治"致力于提升基础建设水平和公共服务质量，为了提升农村居民的生活品质，政府有必要加大在农村地区进行基础设施的投资和规划力度，包括但不限于道路建设、水电供应、医疗服务及教育服务。第五，提高对乡村治理的重视程度。在国家政策支持下，农民可以获得更多的社会保障。"中国之治"致力于优化社会治理结构，包括加强社区管理、提高公众安全意识以及加强法律制度建设。对农村而言，重点在于提升农民的素质和能力，加强基层民主政治建设。为了确保农村地区社会的稳定性和安全性，推动乡村振兴走向可持续的发展路径，这一点显得尤为关键。第六，关于科技创新的支撑。创新是引领发展的第一动力，国家实施创新驱动发展战略以来，在科技攻关方面取得了显著成绩，为实现乡村振兴提供了有力支撑。"中国之治"同样重视科技的创新，这对于乡村振兴中的现代农业、农村产业的提升和数字化农村的建设都起到了关键的推进作用。

其次，从微观角度看，"中国之治"极大地丰富了科技创新的制度资源供给。一方面，"中国之治"为科技创新提供了有力的制度支持；另一方面，科技创新也为法治建设提供新的机遇和挑战。习近平总书记深入地阐述了这样一个观点："科技兴则民族兴，科技强则国家强。"因此，如何控制和消弭科技进步可能带来的不良影响，避免科学技术被滥用或失去控制是需要着重考虑的问题。当前我国正在推进创新型国家建设，需要加强科技创新立法。在未来的科技创新法律制定中，国家应遵循创新驱动发展策略，努力在技术进步与社会风险预防之间找到平衡，从而为自主创新提供坚实的法律基础，营造一个尊重人才和尊重创造的社会环境。[①]具体而言，体现在以下两点。第一，应持续完善与科技成果转化相关的法律制度，确保各个环节都有明确的法律依据。在《中华人民共和国促进科技成果转化法》发布之后，科技部、财政部、人社部以及其他相关部门和地方政府纷纷公布了具体的执行细则作为补充措施，但这些细则在实际应用中仍然存在不足，需要进一步的完善和强化。此外，还应进一步提高对成果转化的税收激励，以提高企业的积极性。从当前角度看，完善的科技创新激励法律体系应当构建一个涵盖技术研发、价值评估、资金来源、利益分配、税务支付等各个环节的完整制度框架，以确保科技成果能够顺畅地转化为实际应用。第二，应持续优化科研激励策略，激发科技成果转化动力。一方面，在为科技成果转化的特定领域制定框架性的指导意见时，应对科研机构制定的实施细则进行审查和批准，确保地方性和区域性的实施办法是合法合理的。同时，在当前的法律框架内，应该进一步明确各相关职能部门和机构的职责担当，确定科研单位和科技企业等主体的反馈途径和权益损害的救济途径，建设完善相关的法律制度，为科技成果的健康、有序转化和发展消除障碍。此外，要从完善法律法规入手，建立健全科技成果转化的政策保障机制，并积极推进科技成果评估工作和知识产权保护机制建设，促进科技成果转化过程中各方利益关系的平衡协调。另一方面，为了增强科技成果的转化能力，国家的科研评审机构、高校和科研机构都应该对其考核评价体系进行改革。将科技成果转化设置为考核的重要指标，可以更好地引导科技研究向市场导向发展，提升其实际应用的潜力，从而鼓励科研人员进行既具有科学意义又有实际应用的研究，进一步提高科

---

① 支振锋：《科技创新亟需更高水平法治保障》，《人民论坛·学术前沿》2021年第20期。

研成果的整体质量。此外，评价体系改革也能鼓励科研工作者在科技应用领域内寻找新的职业发展方向，给予他们融入大众创业万众创新社会潮流的勇气。[①]

在我国大力推动供给侧结构性改革的背景下，科技创新赋能成为提升地方政府治理能力的新路径。以制定科技创新赋能政策为例，科技创新迭代提供了大数据、人工智能和数据分析等工具，帮助政府更好地了解社会情况、民生问题和经济趋势，从而更科学地制定政策和进行决策，进而促进科技创新。此外，科技创新在为社会治理带来新活力的同时也对政府的执政能力提出更高要求，新兴的电子政务和数字化治理也是科技创新赋能的重要表现。从实践来看，科技创新对政府转型升级具有推动意义。科技创新推动了电子政务和数字化治理的进步和发展，这不仅显著地提升了政府工作的效率和透明度，还加强了政府与人民的互动，提高了数字化治理的整体效能。

二、回应"以人民为中心"思想的必然举措

习近平总书记明确表示："以人民为中心的发展思想，不是一个抽象的、玄奥的概念，不能只停留在口头上、止步于思想环节，而要体现在经济社会发展各个环节。要坚持人民主体地位，顺应人民群众对美好生活的向往，不断实现好、维护好、发展好最广大人民根本利益，做到发展为了人民、发展依靠人民、发展成果由人民共享。"[②]这一论述指出了"以人民为中心的发展思想"涵盖的三个方面，分别回答了发展的根本目的、根本动力和根本价值问题。

（一）发展为了人民——体现发展的根本目的

发展的核心目标在于提升全体人民的生活质量，并实现社会共同富裕。要实现这个目标，就必须坚持和贯彻"以人民为中心"这一核心思想。"人民至上"的理念首先强调对人民的责任和确保人民权益真正得到保障。"发

① 饶淑慧、翁晓斌：《法制是促进科技成果转化的"开路先锋"》，《科技传播》2022年第12期。
② 习近平：《习近平谈治国理政（第二卷）》，外文出版社，2017，第213—214页。

展为了人民"与"改善民生"有着内在一致性。"以人民为中心的发展思想"将是否给人民带来真正实惠作为发展成效的检验标准。习近平总书记提出，在发展的过程中，一切工作的出发点都要合乎最广大人民群众的利益，为最广大人民群众所拥护。他指出，"检验我们一切工作的成效，最终都要看人民是否真正得到了实惠，人民生活是否真正得到了改善，人民权益是否真正得到了保障"①"改革发展搞得成功不成功，最终的判断标准是人民是不是共同享受到了改革发展成果"②。这就要求把最广大人民的根本利益作为谋划发展的基本准则，出规划、作决策都要首先考虑是否符合人民群众的利益，一切理论和路线方针政策，一切工作部署和工作安排"都应该来自人民，都应该为人民利益而制定和实施"，让人民在各方面拥有获得感。习近平总书记认为，人民对幸福的期盼是多方面的，对物质和精神生活的需求和获得感是具体的、多样的，"期盼有更好的教育、更稳定的工作、更满意的收入、更可靠的社会保障、更高水平的医疗卫生服务、更舒适的居住条件、更优美的环境，期盼孩子们能成长得更好、工作得更好、生活得更好"。③习近平总书记将民生问题，如住房、人身安全、健康、环境等人民生活中一些看似平常的方面，放在发展全局的重要位置，给予高度重视和关注，把"发展为了人民"落到实处。习近平总书记指出："我们的重大工作和重大决策必须识民情、接地气。要以人民群众利益为重、以人民群众期盼为念，真诚倾听群众呼声，真实反映群众愿望，真情关心群众疾苦。要坚持工作重心下移，深入实际、深入基层、深入群众，做到知民情、解民忧、纾民怨、暖民心，多干让人民满意的好事实事。"④强调要不断解决好人民最关心最直接最现实的利益问题，努力让人民过上更好生活。

---

①《时政微观察｜跟着总书记学调查研究·求"效"》，央视网，https：//news.cctv.com/2023/06/22/ARTIC5HfsRCMXugjDtNmiOWF230622.shtml，访问日期：2023年12月10日。

② 孙庆聚：《不断实现人民对美好生活的向往（人民要论）》，人民网，https：//paper.people.com.cn/rmrb/html/2021-04/01/nw.D110000renmrb_20210401_1_09.htm，访问日期：2023年12月10日。

③ 习近平：《必须坚持人民至上》，《求是》2024年第7期。

④《习近平：我们要坚持"以百姓心为心"，倾听人民心声》，中国共产党新闻网，http：//cpc.people.com.cn/xuexi/n1/2018/0125/c385476-29787388.html，访问日期：2023年12月11日。

（二）发展依靠人民——体现发展的核心动力

历史是由人民所创造的。始终坚持人民主体的地位，并最大限度地激发人民群众的积极性，始终是中国共产党在革命、建设和改革过程中保持不败地位的坚实基础。在新时代，面对错综复杂的国际国内形势和艰巨繁重的社会主义现代化建设任务，如何进一步激发全党全国各族人民的创造活力成为首要命题。在过去 40 多年的改革开放中，我们在理论与实践方面所取得的进展和突破，无不源自最广泛地调动广大人民群众的积极性，从人民的实践创造中汲取智慧和力量。近年来，党带领中国人民在中华大地上全面建成了小康社会，历史性地解决了绝对贫困问题，正向着全面建成社会主义现代化强国的第二个百年奋斗目标迈进。这说明人民群众是历史的创造者，是改革与建设的主体。一方面，我们必须尊重人民的首创精神，要在全社会大力弘扬以改革创新为核心的时代精神。习近平总书记明确表示："必须充分尊重人民所表达的意愿、所创造的经验、所拥有的权利、所发挥的作用。"[1] 另一方面，还要充分发挥党的群众路线教育实践活动在解决实际问题上的示范效应，不断增强改革创新的动力，促进经济社会又好又快发展。要通过实施新发展理念来推动"大众创业、万众创新"，以激发人民的活力，更好地利用各种人才，鼓励基层群众走在前列，勇于探索新的发展路径，调动各方的积极性、主动性和创造性，从而加速新技术、新产业、新业态的发展；既要加强顶层设计，又要完善决策机制，形成党委领导、政府负责、社会协同、公众监督的体制机制，让一切权力在阳光下运行，不断推进国家治理体系和治理能力现代化。同时，要从广大人民群众中汲取宝贵的智慧和力量，始终坚持广泛听取群众的意见，从人民的实践中汲取教训，共同肩负起推动社会发展的责任。

（三）发展成果由人民共享——体现发展的根本价值

习近平总书记强调，"国家建设是全体人民共同的事业，国家发展过程

---

① 丁新政、田芝健：《习近平关于坚持人民至上的六个重要论断》，《党的文献》2023年第 5 期。

也是全体人民共享成果的过程"①"生活在我们伟大祖国和伟大时代的中国人民，共同享有人生出彩的机会，共同享有梦想成真的机会，共同享有同祖国和时代一起成长与进步的机会"。②这既是对社会主义制度优越性的深刻阐述，也是对新时期社会主要发展方向的准确把握。习近平总书记强调，全体人民在共同参与建设过程中所取得的成果，应当由全体人民共同分享，而非仅有少数人从中受益。致力于实现全体人民共同富裕，是我国经济社会发展的重要目标。共享发展作为新发展理念之一，旨在确保每个人都能共享发展的成果。这一理念强调全民共享、全面共享、共建共享和渐进共享的共享原则，旨在推动共同富裕和维护公平与正义，这是中国特色社会主义的本质要求，深刻地反映了"以人民为中心的发展思想"。③

　　由人民群众来分享改革发展的果实，既是我国社会主要矛盾转化后对解决民生问题提出的新目标，也是坚持以人为本、构建和谐社会的具体举措。习近平总书记明确表示："我们追求的发展是造福人民的发展，我们追求的富裕是全体人民共同富裕。"④这明确了"共享发展"是对"共同富裕"的丰富和完善。显然，"以人民为中心的发展思想"与"共同富裕"在内涵和要求上有着高度的一致性，都是以实现人民的幸福为发展的最终目标和目的，从而让全体人民在共建共享的过程中得到更多的实惠。为实现这一目标，我们既需要扩大"蛋糕"的规模，同时也要对"蛋糕"进行合理的分配，这就需要深刻把握"共享"的本质涵义和价值取向。要真正实施共享发展的理念，需要关注两个核心问题，首先是激发人民群众的热情、主动性和创造性，全力推动具有中国特色的社会主义事业，不断扩大'蛋糕'的规模；其次是合理分配不断扩大的'蛋糕'，确保社会主义制度的优势得到更好的展现，让人民群众获得更多的利益。这就要求必须统筹协调各方面利益关系，切实维

---

　　①《习近平：完善包括机会公平在内的社会公平保障体系》，人民网，http：//jhsjk.people.cn/article/29794931，访问日期：2023年12月11日。

　　②《五年来，习近平这样多次阐述中国梦》，人民网，http：//cpc.people.com.cn/xuexi/n1/2017/1129/c385474-29673705/.html，访问日期：2023年12月15日。

　　③姜淑萍：《"以人民为中心的发展思想"的深刻内涵和重大意义》，《党的文献》2016年第6期。

　　④张丽君、巩蓉蓉：《不断推进全体人民共同富裕》，人民网，http：//theory.people.com.cn/n1/2022/0516/c40531-32422295.html，访问日期：2023年12月15日。

护广大人民群众利益，努力扩大国内消费需求，促进经济长期稳步增长。尽管我国经济增长的"蛋糕"正在逐渐扩大，但"蛋糕"分配的不公平问题仍然非常明显，这主要体现在城乡之间收入的巨大差异，以及社会保障、教育和就业机会的不均等方面。要解决这些问题，必须从完善分配制度切入，进一步调整国民收入分配制度，促进城乡协调发展，缩小收入差距。因此，在庆祝中国共产党成立95周年的大会上，习近平总书记明确指出："我们要顺应人民群众对美好生活的向往，坚持以人民为中心的发展思想，以保障和改善民生为重点，发展各项社会事业，加大收入分配调节力度，打赢脱贫攻坚战，保证人民平等参与、平等发展权利，使改革发展成果更多更公平惠及全体人民，朝着实现全体人民共同富裕的目标稳步迈进。"[①] 这就要求必须把解决好最广大人民根本利益的问题作为一切工作的出发点和落脚点，让人民共享改革开放伟大实践带来的成果，不断满足人们日益增长的物质文化需求。这是习近平总书记站在党和国家长远发展战略高度所做出的庄严承诺。习近平总书记在对全面小康进行新的解读时，特别强调了全面小康所涵盖的领域必须是全方位的，这也是"五位一体"全面发展的体现。

"十三五"规划纲要明确指出全面建设小康社会的目标，即到2020年，国内生产总值和城乡居民的人均收入应比2010年翻倍，同时人民的生活水平和质量也应普遍提高。此外，该纲要还明确指出，在现有的标准下，农村贫困人口应实现脱贫，贫困县应全部摘帽，以解决区域性的整体贫困问题。"四个统筹"中最重要的就是协调推进各方面工作，尤其是经济建设与民生改善相协调，加快完善社会保障体系。为确保全面建成小康社会的胜利，必须始终将人民的利益放在首位，确保人民的利益是最重要的，努力解决明显的矛盾和问题，确保每一个人都能感受到真正的满足和幸福。"以人民为中心的发展思想"的核心在于，发展为了人民、发展依靠人民、发展成果由人民共享，这是一个相互联系、相互支持、相互促进、环环相扣的有机整体，每个人都参与、努力、享受，共同推动改革和发展，这体现了社会主义发展

---

① 习近平：《在庆祝中国共产党成立95周年大会上的讲话》，人民网，http：//jhsjk.people.cn/article/28517655，访问日期：2023年12月15日。

的目的和手段的高度融合，以及出发点和落脚点的高度统一。[①]

为了贯彻"以人民为中心"的理念，科技创新为乡村振兴战略提供了必要的支撑。科技创新为乡村的振兴注入动力，这不仅是民众的期望，也是发展的必然趋势。科技创新赋能乡村振兴战略是"以人民为中心的发展思想"在战略层面的体现，它体现了我国在乡村振兴工作中对农村居民福祉和权益的关注，同时也促进了社会公平和可持续发展，主要体现在以下几个方面。

第一，科技赋能乡村振兴战略提升了农村居民生活品质。"以人民为中心"强调政府需要关心广大人民的基本生活需求和他们的幸福感受。这不仅是对传统"重城市轻乡村"观念的突破，也有利于缩小城乡之间的差距。科技赋能乡村振兴战略实实在在地提升了农村居民的生活品质，通过改进农村的基础设施、教育、医疗和社会保障等方面的条件，确保农民能够享有与城市居民相同的服务和待遇。同时还增加了对农业生产的财政投入，加大财政转移支付力度，旨在提升农民的实际收益，实现农民增收与乡村振兴相互促进。

第二，科技赋能乡村振兴战略为农村增加更多就业机会。科技赋能乡村振兴战略有利于解决城乡二元经济结构问题，增加农民收入，缩小城乡差距。利用科技创新对农村农业进行现代化改造，通过增加创业渠道等方式，推动农村产业发展结构优化。如采取支持农村电子商务发展和乡村旅游服务业发展等方式，为农民提供更多的就业机会，从而帮助他们增加收入并改善生活条件。

第三，科技赋能乡村振兴战略有效保障农民对土地的权利和权益。乡村振兴战略要求尊重农户意愿、维护农户合法权益。在乡村振兴战略背景下，我国农业现代化进程不断加快，农民生活水平日益提高。在此过程中，政府不仅确保了农民土地权益得到有效的维护，还积极利用科技手段进行更为科学的国土空间统筹规划，推动农村土地制度改革，实现土地资源的合理分配，并建立完善的农村土地流转市场，促进农业现代化发展，加快城乡一体化建设进程。

[①] 姜淑萍：《"以人民为中心的发展思想"的深刻内涵和重大意义》，《党的文献》2016年第6期。

第四，科技赋能乡村振兴战略切实优化了农村社会保障与医疗保障体系。我国存在城乡二元结构问题，影响了农民群众对美好生活的追求，也制约着乡村振兴战略目标的实现。科技赋能乡村振兴战略可以优化农村的社会保障体系，对乡村居民养老、医疗和就业保障等多方面需求进行数字化改造，如对新型农村合作医疗参保的一系列手续进行数字化改造，使农民在家中便可完成参保与查询等一系列操作，更好地保障农民基础生活。

第五，科技赋能乡村振兴战略切实推动农村教育公平。在乡村振兴过程中，教育是一个前置性问题，而"以人民为中心的发展思想"也追求教育的公平性。教育是实现人全面发展的重要途径之一，对推进乡村振兴具有重要意义。许多乡村地处偏远地带，教育资源缺乏，教育水平落后，为确保农村学生能够接触到优质的教育资源，可通过科技赋能乡村教育，对当地中小学的教育配套设施进行数字化升级，使农村学生有机会接触到更多的先进知识，享受更好的教育资源，有助于缩小城乡之间的教育差异。

第六，科技赋能乡村振兴战略有助于优化农村的基础设施。科技创新有助于提升我国的综合实力，优化农村的基础设施，实现农村道路、供水设施、电力供应系统以及通信系统等设施的全面覆盖。这些设施很多都应用了新技术，如无人机航拍和遥感技术等，可以为农业生产提供便利条件。这不仅提升了农村居民的生活水平，还使他们能更方便地接触到基础服务。同时，农村基础设施建设也能为农业现代化提供支持与保障，使农民增收成为可能。

第七，科技赋能乡村振兴战略促进农村产业的快速升级。科技创新是推动农村产业结构优化升级的重要因素，有利于加快农业现代化进程。科技创新助力农村新兴产业的培育和扩展，如农产品加工、农村电子商务及农村旅游业等。借助新技术应用，农业生产也更加智能化，如使用无人机喷药、自动灌溉等。这些新兴行业为农民创造了更多的工作机会，从而提高他们的经济收益。同时，这也可以促进农业产业结构优化和调整，推动传统农业向现代农业转变。

第八，科技赋能乡村振兴战略助力村民技能提升。在农村地区开展科学技术普及活动，不仅能够提升广大农民的科学素质，而且能够有效促进我国新时代"三农"工作的全面推进。科技创新不仅能提供在线教育和培训资源，还能帮助农民培养职业技能，从而增加其就业机会，提高其社会地位。

综上所述，乡村的科技创新不仅对推动农村地区的经济增长起到了积极作用，而且通过改善农民的生活状况、重视农民的需求和福祉、维护他们的权益和提供更多的工作机会，体现了"以人民为中心"思想的本质特征，提高了他们的生活质量和社会参与度。

三、实现多元协同现代治理图景的必由之路

科技赋能乡村振兴战略是实现多元协同现代治理图景的必由之路。社会治理现代化下的多元协同治理具有深厚的理论支撑。协同思想深入阐述了多元协调与合作的基础理念，而治理思想则从多个角度分析了多元合作和协同共治的操作流程，二者共同构建了多元协同推进乡村治理现代化的理论基础。

协同思想为乡村治理的现代化提供了多元合作的理论基础。协同思想具有整体性、开放性和动态性的特征。协同作为一个不断发展的观念，其含义会随着社会和经济状况的变化而有所改变。在不同时期，协同理论所关注的重点问题也有所不同。协同理论强调，在复杂系统的发展过程中，该系统会根据其所处的环境，自然地构建出更加优化的系统结构，从而实现更高级别的发展。协同不仅指主体间的相互作用、相互影响和共同演化，而且包括主体自身不断进行自我更新，以达到更好的状态。协同作为一个不断变化的概念，其核心思想是系统内部的各个要素与系统外部的相关因素之间内在、有机的联系。协同工作的核心理念是确保系统内各元素间的和谐与合作，从哲学角度看，"协同是事物运动变化的根本动力源泉"。从另一个角度看，"协同是指两个或更多的实体通过某种特定的方式或路径进行互动，以实现共同的目标，从而产生协同的效果，并在此过程中互相产生影响"。同时，协同也是一种管理活动，它主要包括信息共享和知识创新两大方面，即在一定程度上是人机互动模式的协调发展。"协同"可以理解为一种自发的集体行动和自我组织的过程，体现了不同主体之间的默契配合和有序的状态，还是一种通过集体行动和关联来实现资源的最大化利用和整体功能的放大效应的方式。

综上，协同是一个复杂的概念体系，它既包括个体之间的相互关系，也

包含群体内部成员之间的协调作用。协同理论在微观层次上深入探讨了人类行为背后的固有规律，为人们在经济、政治等宏观领域的研究开辟了全新的视野。

而社会协同是人类群体内部各种要素与相互关系所形成的一种合力作用于个体的结果，是人类社会存在的基本形式之一。作为一种普遍存在的规律，协同现象在宇宙的多个不同领域都有所体现，并在社会学研究中形成了社会协同的理念。

社会协同被认为是不同组织机构间的相互联系与相互作用。社会协同这一术语是用来描述社会系统在整合和协调各种社会资源方面的具体流程或能力。社会协同具有整体性、动态性、开放性及非均衡性等特征。社会协同的关键在于社会各参与方之间的职责划分和协同合作。在社会协同中，政府发挥着主导作用。通过这样的合作，社会系统的总体资源和能力得到了加强，有效地弥补了市场和政府在单一方面上的不足，从而实现系统的自我完善和持续发展。[1]

因此，在构建和谐社会的进程中，要高度重视社会协同问题，并把它作为一项重要任务来抓。从根本上讲，社会协同是一个不断变化的过程。它不仅取决于社会内部要素间相互关系及其变化，而且还受到外部环境因素的影响与制约。社会系统的自我进化是社会协同进步的结果。当一个单独的实体不能满足其固有的需求，导致其自身系统发展的不平衡时，便需要整合各种不同的主体资源，集结各方的力量，以增强整体的能力，从而更有效地实现预定的目标。在社会合作的过程中，不同的参与者根据特定的准则进行协同工作，共同构建一个有机且统一的整体。它既包括组织、行业间的联合，也包括政府与市场之间的协调。在合作的过程中，所有参与者都严格地遵循了特定的标准，以确保整个系统的有序性和一致性。因此，社会协同是解决复杂的社会关系问题最重要、最直接的方法之一。在当今的市场经济环境中，社会经济的联系变得越来越丰富，在人们的生活品质逐渐提升的同时，也导致了各种利益冲突和社会矛盾加剧。因此，人们需要通过社会协同来解决这

---

① 李志军、何志昂：《多元协同推进乡村治理现代化的生成逻辑及内在机理》，《农业与技术》2023 年第 2 期。

些社会问题。得益于社会协同，社会利益得到重新分配，更为合理、科学，这极大地激发了所有参与方的积极性，为人类社会的进步提供了关键的推动力。

如何构建有效的政府与市场协调机制，实现二者间的良性互动，成为当前亟须研究解决的重大课题之一。乡村作为我国最基础的地域单元，在国家的全面发展中扮演着不可或缺的角色。因此，要实现乡村的可持续发展就必须进行农村地区的治理改革。乡村治理现代化实际上是一个包含多个子系统的综合性系统工程。其中，农村社区自治是整个乡村治理系统的基础环节，对该系统进行有效管理是乡村治理现代化得以顺利进行的前提与保障。在这套系统里，各个子系统、各个要素及系统与其外部环境都在不断地进行互动。这种互动有助于将系统从混乱的状态转化为有序的状态，进而形成一个相对稳定的系统架构，确保乡村治理能够持续地向前发展。

乡村治理现代化不仅指农村经济、政治等领域的改革创新，还包含文化、社会生活及生态环境等各个方面的综合变革。乡村治理的现代化呈现出全面的特点，它涵盖了"组织—制度"的体系构建、"过程—目标"的运作机制以及"人"的价值的实践三大领域。乡村治理现代化既要注重发挥国家权力的主导作用，又要充分发挥社会组织和农民群众等非正式群体的主体作用。

乡村治理的现代化发展依赖于社会各方面的广泛参与。这一进程的核心是多个参与方的合作以及各方力量之间的相互作用，目的是以最高效的方式分配乡村治理所需的人力、财力和物力。其中，国家是整个乡村治理现代化的主导者，而农民则是推动这一历史进程的主力军。乡村治理现代化的关键是通过政府、市场和第三部门的"三位一体"合作，确保农村公共物品的有效供应。在乡村治理中引入多元合作机制可以提升农民的主体性地位，增加他们参与公共事务管理的主动性和积极性，从而更好地满足他们日益增长的多样化需求，促进乡村治理现代化的发展。协同（社会协同）这一理念为乡村治理的现代化和多元化合作提供了坚实的理论基础。

得益于科技创新，农村地区的多元合作治理取得了显著的成效，这不仅促进了政府、社会组织和农民之间的高效协作，也解决了农村面临的复杂问题，进一步推动了乡村复兴和社会进步。同时，科技创新还为农民提供了一个平台，使他们能够更好地行使自己的民主权利。主要体现在以下几个方面。

第一，科技创新提高了信息共享的效率和透明度。科技创新使人们认识到，要想真正解决农村中存在的各种问题，必须依靠科学有效的方法。科技创新不仅彻底改变了传统农业的生产模式，还引入了大量的新元素和新思维，推动了农民的收入增长和财富积累。

第二，科技创新建立了新型的合作关系，提高了社会生产效率。借助科技的力量，政府的各个部门可以更加方便地共享信息、资源并进行合作。对信息技术与农村发展相结合进行研究，可以将各种先进技术融入传统农业中。在乡村地区，利用云计算、物联网等前沿技术，可以实行"智能化"的管理，实现农业生产要素的最优配置和高效利用。在城市地区，则可以通过构建智能交通系统来改善交通问题。这有助于消弭信息的孤立现象，增强各部门之间的协同合作，更为高效地应对农村的跨领域挑战，将有助于提高政府在复杂的社会经济体系中应对公共产品和服务需求的速度。

第三，科技创新为决策和智能分析提供了强大的技术支持。数据分析、人工智能和大数据等前沿技术可以帮助政府更精确地识别问题，预测未来的发展方向并制定合适的策略。此外，这些新技术也会帮助决策者更好地理解用户偏好、改善服务质量、提升管理效率和降低运营成本。在这一过程中，科技创新为政策制定者提供了更为精确、即时和可信赖的建议与观点。

第四，科技创新可以提升公众参与和反馈的能力。在现代社会中，公众在公共政策制定中的参与度越来越高，而政府作为政策制定的主体，其自身的行为往往会影响到公众对公共问题的看法。网络技术的发展使得公众可以从不同角度表达对政策的看法。通过互联网和社交媒体平台，政府能够与公众建立更加紧密的互动关系，从而更加有效地收集他们的意见和反馈。通过这些途径，政策制定者可以更深入地了解公众所面临的各种问题。因此，政府应该尽可能多地向公众提供与他们有关的各类信息，提高公众在治理活动中的参与度，进而使相关政策能更好地满足公众的实际需要。

第五，科技创新可以提升应对危机和紧急响应的能力。科学技术能够有效地减少灾害造成的损失，增强人们抵御风险的意识。在增强公众的紧急响应能力上，科技创新不可或缺。科技进步为人们提供了应对各种突发事件的手段，如自然灾害等突发事件可以通过科技手段加以预防和处理。借助大数据技术，应急预案可变得更为精确和直观。在此基础上，科技创新也能够提高公众对公共突发事件的感知度，从而使其更加积极主动地为预防和处理各类突发公共事件作出贡献，这将有助于政府和社会组织更加迅速和高效地应对各种突发状况。

纵观全局，科技创新在推动乡村多元化协同治理方面发挥了不可替代的作用。这既是对社会主义制度优越性的深刻阐述，又是对新时期社会主要矛盾转化的准确把握。借助信息共享、跨部门合作和数据深度分析，政府将有能力且更加高效地支持各方合作，解决农村所遭遇的多种复杂问题，并进一步推动乡村振兴战略的成功实施。

第二节　乡村振兴战略下科技创新赋能的必要性

一、夯实中国式现代化基础设施建设根基

一个国家的现代化体现了它从传统走向现代、从落后走向繁荣的完整历程。现代化进程具有阶段性特征，内在动力机制与经济社会转型具有一致性。人类社会正经历着从农业社会到工业社会、信息社会、智能社会，再到更高层次社会的转变，其中现代化起到了促进社会形态转变和重塑社会文明结构的关键作用。现代化不仅意味着生产力水平提高、生产方式变革以及生产关系调整，而且体现出一种新的文化价值取向——自由平等、人与自然和谐共处。现代化是人类共同追求的目标，西方的资本主义发达国家经过近 300 年的时间，成功地迈入现代化的进程。然而，现代化不仅仅是资本主义发达国家的专利，发展中国家也有可能通过跨越式的发展来实现现代化。现代化是一种世界性现象，它不仅存在于发达国家之中，也存在于广大的不发达国家与地区之中。在中国共产党的带领下，中国人民根据自己独有的历史背景、文化传统、人口数量以及自然资源条件，做出了具有中国特色的现代化选择，它与传统社会中的农业文明有本质上的不同。近代中国社会的性质是半殖民地半封建社会，由于封建传统思想根深蒂固，社会生产力落后，所以最初只能走一条以农业为主的工业化道路。早在 1947 年 12 月，毛泽东就明确表示：

"中国人民的任务，是要在第二次世界大战结束、日本帝国主义被打倒以后，在政治上、经济上、文化上完成新民主主义的改革，实现国家的统一和独立，由农业国变成工业国。"① 在中华人民共和国即将成立之际，毛泽东在党的七届二中全会上呼吁，要"使中国稳步地由农业国转变为工业国，把中国建设成一个伟大的社会主义国家"。在中华人民共和国成立后的很长一段时间内，我国的社会生产力十分低下，人民生活非常贫困。中华人民共和国是在一穷二白的基础上建立起来的，它面临的一个重大任务是要尽快实现国家的现代化。由于当时国际国内各种历史因素影响，我国只能选择一条适合本国国情的发展道路，即独立自主、自力更生和对外开放的路线。1956 年，在中国共产党的领导下，中国人民完成"三大改造"，建立了社会主义基本制度，这标志着我国在充分考虑现代化建设的实际条件和国情的独特性基础上，选择了一条与西方模式不同的现代化建设之路。从历史经验可知，社会主义现代化建设道路既不是一帆风顺的，也不是毫无希望的，而是一个曲折反复、螺旋上升的过程。在社会主义革命和建设时期，以毛泽东为主要代表的中国共产党人对社会主义现代化建设进行了艰辛探索。首先，建立了一个相对完整的工业和国民经济体系；其次，推进了农业、工业、国防和科技的现代化，使中国经济在全球处于领先地位，这一历史阶段是我国社会发生巨大变革的重要时期。在改革开放和社会主义现代化建设新时期，以邓小平为核心的中国共产党人对社会主义现代化的建设道路进行了深入的研究和探索，最终确定了促使中国加快走向现代化的正确路径，制定了到 21 世纪中叶分三步走、基本实现社会主义现代化的发展战略，推动了社会主义现代化建设的伟大进程。

党的十八大以来，中国特色社会主义步入了一个全新的发展阶段，这是中国共产党站在历史和全局高度上作出的重大决策部署。以习近平同志为核心的党中央，致力于解决农村问题，这也是当代中国现代化道路上必须面对的挑战。

经过 8 年的持续奋斗，在 2020 年底，我国成功地历史性地解决了困扰

---

① 毛泽东:《毛泽东军事文集（第四卷）》，军事科学出版社、中央文献出版社，1993，第 351 页。

中华民族数千年来的绝对贫困问题。在 2021 年 2 月举行的全国脱贫攻坚总结表彰大会上，习近平总书记郑重宣布："我国脱贫攻坚战取得了全面胜利，现行标准下 9899 万农村贫困人口全部脱贫，832 个贫困县全部摘帽，12.8 万个贫困村全部出列，区域性整体贫困得到解决。"这是一个具有里程碑意义的重要成就。为了推动新时代的社会主义现代化，国家制定"两步走"的战略计划：从 2020 年至 2035 年基本实现社会主义现代化，而从 2035 年至本世纪中叶，目标是将我国建设成为富强、民主、文明、和谐、美丽的社会主义现代化强国。这是一个具有里程碑意义的重大历史任务和奋斗目标。要真正实现中华民族伟大复兴，关键在于紧跟时代步伐，推动我国从传统的农业社会向现代化社会转变，并将我国发展成为社会主义的现代化国家。[①]

乡村振兴战略的核心目标是推动农村地区在经济增长、社会发展以及生态文明建设方面取得更大的成就，科学技术是实现这一目标的重要手段。在这一战略指导下，科技创新发挥了至关重要的作用，为巩固现代化基础设施建设提供了强有力的支持。

其一，科技创新为农村地区的产业结构优化升级带来了契机。通过引进和普及尖端的科技工具、先进技术及管理经验，提升农村地区的生产效能和产品质量，从而推动农业的现代化进程和农村产业的转型升级。同时，利用科学技术还能降低劳动力成本和土地流转费用，实现规模效益。例如，利用先进的农业设备、精准的农业方法和远程监控技术，农民能够更为高效地管理农田、进行育种和养殖活动，从而提升农产品的产量和品质。

其二，通过科技创新手段，农村的基础设施建设水平可得到提升。由于我国经济实力有限，在推进新时期社会主义新农村建设过程中必须重视农村基础设施建设问题，加大对农村基础设施建设的投入力度。具体而言，乡村振兴战略着重于推动农村特色产业和旅游业的发展，这需要建立一系列现代化的基础设施，包括但不限于道路、供水系统、电力供应系统和通信设施。政府还应该加大对农村基础设施的投入力度，增加农村地区教育培训项目的资金投入，在新型城镇化进程中促进农村产业结构的调整。借助科技创新手

---

① 宋才发：《中国式现代化的现实逻辑、丰富内涵与世界意义——学习贯彻党的二十大精神》，《党政研究》2022 年第 6 期。

段提升基础设施建设的效率与品质，同时减少建设的总成本。

其三，农业信息化也是实现农业现代化的重要手段，可以有效提升农产品的科技含量，也能够促进农业生产管理信息化。例如，智能化的道路交通管理系统能够优化交通流量，从而提高交通的安全性；高度智能化的水利管理系统能够进行精准的水资源调配，从而提升农田的灌溉效能。另外，在农业生产过程中运用科技创新技术能够减少农药使用量，促进绿色环保理念的贯彻落实。

其四，通过科技创新，农村的社会服务也能得到现代化发展。乡村振兴战略的提出与实施对我国农业生产以及农民生活方式产生重要影响，同时也为解决"三农"问题指明了方向。乡村振兴不只是关注农村经济的增长，它还涵盖农村社会事务治理方式的升级等方面。在信息化时代，信息技术为农民提供了便捷的生活方式，例如互联网技术可为农民提供远程医疗和教育服务，确保他们能够接触到高质量的医疗和教育资源。

综上所述，在乡村振兴战略背景下，一方面，科技创新对于促进中国农村的基础设施现代化建设起到了至关重要的作用；另一方面，科技创新不仅为我国提供了强大的技术后盾，还助力农村社会服务的现代化发展，从而为乡村振兴战略的有效实施注入活力。

二、进一步优化农业绿色发展与产业结构

农业现代化的关键在于产业绿色化发展。在我国，农业发展仍存在着"重效率轻质量"现象。传统的农业发展模式是以资源消耗和环境污染为成本的，在新时代，必须走可持续发展之路，而产业绿色化发展正是践行这一理念的重要途径之一。为了乡村振兴的绿色发展，需要确保产业走向绿色化改革的方向，而推进农业绿色发展也对解决"三农"问题具有重要意义。

从当前的情况来看，我国农业产业在绿色化发展方面存在明显不足，这主要体现在农业的绿色化水平较低和农业生产方法的绿色化程度较低等方面，主要原因在于农业资源利用不合理以及对生态环境不够重视。农业的绿色发展不仅是推动乡村振兴和产业绿色化发展的核心要素，同时也是实现农业现代化的关键要素。一方面，因多年来我国的农业生产方式较为传统，农

业的绿色化水平并不高，导致农村的生态环境污染问题频发；另一方面，随着经济的快速发展和人民生活水平的不断提高，人们对农产品质量安全要求也越来越高。因此，在实施乡村振兴战略背景下，要加快推动我国现代农业建设进程，必须大力推行农业绿色发展。

从以往的数据来看，虽然 2018 年的全国农业绿色发展指数达到了76.12，与 2012 年相比增长了 3.63%，但从整体上看，还有很大的提升空间。在这一背景下，我国加强对主要农作物产地环境的监测与管理显得尤为重要。2018 年，全国绿色食品产地的环境监测面积达到了 1.57 亿亩（一亩约666.7 平方米），与 2017 年相比增长了 3.29%。但值得注意的是，绿色食品产地的环境监测面积在全国总耕种面积中所占的比例不到 8%，因此仍需对农作物产地环境进行监测。

同时，由于农业绿色发展理念尚未完全普及，各地在推进农业绿色发展过程中对环境保护不够重视，导致农业污染防治和环境修复工作开展不顺，环境污染治理效果不佳。2018 年，全国农田灌溉水的有效利用系数仅为0.554，这表明其利用率相对较低，仍存在相当大的发展潜力和空间。在区域上，西部地区农田灌溉水的有效利用程度最高，东部次之，中部和东北部最低。由上述统计数据可知，我国的农业绿色化进程仍处于一个中等的发展水平。在某些领域，如全国的绿色食品产地环境监测面积和农田灌溉水的有效利用系数都处于中低水平，这成为我国农业绿色发展所面临的主要挑战。

此外，农业生产方法的绿色化也存在不足。随着现代农业生产规模不断扩大，传统粗放型生产方式难以满足现代高效生态农业要求，因此必须加快推进新型农业经营主体培育和家庭农场建设，促进农业生产方式转型升级。为实现农业现代化，乡村振兴的绿色发展之路必须遵循总体目标，其中，建立绿色的生产方法尤为关键。因此，在推进现代农业建设过程中要注重发展生态农业和循环农业。

为了使我国的农业生产方式绿色化并确保农业的可持续发展，发展循环农业尤为关键。从实践情况看，循环农业已经成为现代农业发展的新方向，具有广阔前景和巨大潜力。循环农业是一种农业生产经营模式，其核心理念是尊重生态和经济活动的基本原则，以经济回报为动力，并以绿色 GDP 核算和可持续发展评估为导向。这种模式遵循"3R"（减量化、再利用、再循环）

原则，旨在最大程度地减少生产活动对环境的负面影响。[1] 循环农业在发达国家已取得了较为显著的成效，而国内的相关研究也逐渐增多。我国农村的循环农业整体发展水平依然偏低，这主要体现在废弃资源的循环利用效率低及禽畜粪便和尿液的产出量与其合理利用的量不匹配等方面。同时，因大量施用有机肥而导致土壤有机质含量下降，造成土壤肥力降低。据统计，截至2019年底，我国的农作物种植面积达到了 1.65×10^8 公顷，而化肥的使用总量为 5403.6 万吨。随着我国畜牧业的不断发展，大量畜禽粪便被排放，成为农业面源污染治理工作重点之一。在河南、四川、山东、内蒙古、湖南、河北、云南、辽宁等地区，畜禽粪便的年产量超过了 1 亿吨。其中，畜禽粪便产生的养分总量为 2573.1 万吨，占当年化肥使用量的 47.6%。畜禽粪便作为有机化肥的利用率不足一半，废弃资源的循环利用率明显偏低。另外，由于我国在种植和养殖领域存在明显的地域性差异，导致畜禽粪便资源的分布并不均匀，这使得畜禽粪便在替代化肥方面的潜力在不同地区有很大的差异，因此实际利用畜禽粪便资源的比例远低于 47.6%。畜禽粪便作为我国农业的关键有机肥料，资源化利用效率相对较低，这意味着循环农业的发展仍面临较大的困难。[2]

农村产业结构调整也是农村地区实现可持续发展的一个重要内容。因此，考虑到当前农村的发展情况，需要进一步推动农村产业结构朝着更加绿色和高质量的方向发展。近年来，国家出台一系列政策推动农村产业结构优化调整，但因受到基础建设、经济回报、传统思维等多重因素的限制，我国的农村产业依然主要以农业为核心，而工业和服务业的发展水平相对较低。同时，由于盲目追求短期经济收益和缺乏科学规划，导致许多农村的服务业发展呈现出严重的同质化趋势。这些都不利于农村产业结构升级与转型，也阻碍着新农村建设的步伐。

一方面，我国农村地区生产力水平低下，农业生产效益比较低。农业生产不仅是我国物质产品的主要供应源，也是确保人民物质需求得到满足的基

---

[1] 宣亚南、欧名豪、曲福田：《循环型农业的含义、经济学解读及其政策含义》，《中国人口（资源与环境）》2005 年第 2 期。

[2] 王志国、李辉信、岳明灿、李鹏、焦加国：《中国畜禽粪尿资源及其替代化肥潜力分析》，《中国农学通报》2019 年第 26 期。

石。在过去相当长的一段时间内，我国农业以传统生产为主，但随着经济和社会的持续进步，我国社会的主要矛盾已经发生了变化。人们对于物质的需求标准也提高了，这意味着我国的农业发展应当重视生产结构的均衡性，确保农业产出的产品不仅数量充足，而且质量上乘。在经济快速发展的今天，农业的产业结构调整成为必然趋势。通过分析农业从业人员的分布情况，可以了解农业产业的内部结构，并在此基础上运用灰色关联分析方法进行实证研究。据统计，我国农业从业人员中有 92.9% 的人从事种植业，而林业、畜牧业、渔业和农林牧渔服务业的从业人员占比则分别为 2.2%、3.5%、0.8% 和 0.6%。结合我国规模农业经营户经营人员的分布情况来分析农业生产结构，全国规模农业经营户的农业生产经营人员中有 67.7% 从事种植业，畜牧业占比 21.3%，而林业和渔业的从业人员占比较低，分别为 2.7% 和 6.4%。[①]在我国，由于历史原因以及工业化、城镇化等因素，农村地区形成大量以第一产业为主的产业部门。因此，农业产业结构的发展存在明显的不平衡，这种不平衡不仅会引发农产品的供需失衡问题，还可能制约农业的可持续发展，并对农业绿色化进程产生阻碍。在当前工业化、城镇化快速发展阶段，要使农民增收致富，必须大力发展第二、第三产业，尤其是加快第三产业发展。

另一方面，农村的产业发展呈现出严重的同质化趋势。为了促进农村经济的持续增长，党和政府依据我国农村的基础特性和当前发展状况，提出了促进产业多元化发展的具体要求。国内已有许多省、市开始探索"休闲农业 + 旅游业"的融合发展路径，多个地方政府陆续推出了相关政策，以促进当地农村的工业和服务业发展，尤其是推动服务业的进一步发展。在此背景下，近年来乡村旅游成为国内许多地方发展旅游业的重要方向。国内已出现一批具有鲜明地域特色、符合时代要求的特色旅游小镇。休闲农业与乡村旅游都是基于农业的生态、生产和生活环境，并与旅游产业的观光、休闲和养生功能相结合，从而创造出新的生态产品模式。

---

① 国家统计局：《第三次全国农业普查主要数据公报》，https：//www.stats.gov.cn，访问日期：2017 年 12 月 16 日。

三、助力我国实现城乡居民共同富裕目标

随着我国步入老龄化社会，人口红利逐步消失，加快农村劳动力的转移就业变得尤为关键。这不仅是推动城乡就业和产业结构优化的主要动力，更是增强农民致富能力、推动农村经济增长和优化收入分配以实现共同富裕的核心要素。乡村产业振兴可以为农村富余劳动力有效地增加就业机会，同时提高农村人力资本水平，从而使农村地区出现新产业工人阶层。

乡村产业振兴对劳动力流动产生了影响，这种影响主要体现在城乡产业结构的转变。城乡融合能够切实增加农民的福利，包括他们的经济收入和收入结构的变化，从而推动共同富裕目标的实现。乡村振兴战略实质上是对以城市为核心的发展思维的一种修正，而乡村振兴与新型城镇化之间存在相互促进的关系。自乡村振兴战略实施以来，全国各地积极制定并出台了一系列相关政策，鼓励农民工等人员返乡创业，带动农民增收致富，取得了一定成效。在提出乡村振兴战略后，2019 年的中央一号文件再次强调了农业和农村发展应被优先考虑的总体策略。乡村振兴和新型城镇化都离不开农民增收这一基础条件，二者具有内在一致性。在新时代背景下，乡村振兴已经被提升到国家战略的高度，在两个方面对推动共同富裕具有显著优势。

一方面，乡村振兴赋予农村农业发展更多的自主性，有助于农村摆脱被动的角色定位。我国经济高速增长时期是资源从乡村向城市倾斜的阶段，这种偏向使得农村长期处于弱势地位。为了缩小城乡之间的发展差异，需要转变农村资源单一向城市流动的模式，确保资源在城乡之间均衡分配。乡村振兴让农村有更多的空间和活力，以促进其内生式增长。国家提供的战略支持、政策援助和资金援助有助于农村更有效地挖掘内在潜能，并将城市中过度集中且未得到充分利用的资源重新集中到农村。

另一方面，乡村振兴有助于我国发挥农业比较优势，这是实现内外双向开放的关键要素之一。面对世界百年未有之大变局，我国已经提出建立一个结合国际与国内的双重循环策略。在全球经济复苏缓慢，发达国家出现衰退迹象的大背景下，我国经济增速也开始放缓。确保国家粮食安全是构建国内大循环的关键基石，这一核心任务是农村地区工作的重中之重。从当前情况

来看，我国农业发展已经进入了一个全新的阶段，即实现现代化的阶段，这个阶段的重点之一便是解决"三农"问题。将农村发展和生态保护有机结合的生态农业不仅是我国经济的新增长引擎，同时也满足绿色发展的要求，因此，乡村振兴需要重视推动农业现代化。此外，在乡村振兴的过程中，强调农村的自主性并不意味着要与城市分开。从实际出发，基于城乡二元结构造成城乡差异较大的客观事实，乡村振兴作为一项国家级的战略，具有系统性和全面性，因此需要妥善处理乡村振兴与城镇化之间的相互作用，以实现两者之间的有效耦合。乡村振兴的目的不是让农村夺取城市的资源，而是实现乡村与城市的协同发展。因此，乡村振兴需要统筹城乡一体化发展，加快推进新型工业化、农业现代化、信息化、城镇化、农业生态化进程。国家需要加大对农村基础设施和社会保障制度的建设力度，确保城市和农村的居民在城乡发展过程中都能获得平等的待遇。同时，乡村振兴战略的核心也不是把农村建设成低配的城市，而是要逆转农村逐渐衰退的势头，维护农村的地域特色文化，发掘农村的内在魅力与活力。

具体来说，科技赋能有助于我国实现城乡居民共同富裕的目标，这在微观层面表现为农民收入的增加和分配制度的优化。

其一，提高农民收入。在实现共同富裕的道路上，提高农民的收入始终是首要任务。然而，农民在农业生产中的收入增长正面临着巨大的挑战，如何推动农村劳动力的转移就业已经成为促进农民收入增长中的一个显著问题。鉴于我国的农业生产效率仍然远低于第二产业和第三产业，乡村产业振兴的方向应促进劳动力从第一产业向第二、第三产业转移，从而为农村劳动力提供充足的就业机会，并持续地为他们提供兼职或非农业的工作机会，[1] 而转移就业所获得的平均工资明显高于从事农业生产所获得的平均工资，且外出就业的收入也高于本地就业的收入。对于低技能的农村劳动力来说，这种收入增加的效应更为显著，[2] 成为推动农村居民收入持续增长的重要驱动力。根据 2021 年发布的农民工监测报告，我国农民工的总人数呈持续上升趋势，

---

[1] 刘进、赵思诚、许庆：《农民兼业行为对非农工资性收入的影响研究——来自 CFPS 的微观证据》，《财经研究》2017 年第 12 期。

[2] 宁光杰：《自选择与农村剩余劳动力非农就业的地区收入差异——兼论刘易斯转折点是否到来》，《经济研究》2012 年第 S2 期。

与 2020 年相比增长了 691 万人，增长率为 2.4%，达到了 2.9 亿人，占总人口的 20.71%。因此，农民工这一关键群体在城乡劳动力的流动和配置中起到主要的作用，且外出务工的农村劳动者的年平均收入明显超过了农村居民的年平均收入。此外，农村居民的收入与外出务工的农村劳动者的收入呈现出逐年同步增长的趋势。非农就业不仅提高了农村劳动力的相对劳动价格，而且可实现收入分配的优化，成为推动农村居民收入持续增长和减少非农与农业收入差距的重要力量。

乡村产业振兴的推进不仅促进不同人力资本水平的农村劳动力在城乡之间的高效分配，也提高了农村劳动力的平均收入。同时，它还吸引了具有非农就业经验的农村劳动力进入农业生产的分工环节。此外，从微观层面上看，返乡创业也有利于改善农户家庭经营环境。通过提高配置效率，农村产业得以专业化发展，这不仅加强了农业生产的迂回效率，还使农民能够获得更高的工资，从而提高整体农村劳动力的收入水平。随着互联网时代的到来，返乡人员越来越多地开拓电商平台销售农产品、农家乐服务等创新经营模式，带动我国电子商务蓬勃发展，也推动着农村产业结构优化升级。此外，得益于一系列的惠农政策，个人返乡创业和就业的条件逐渐完善。从实际情况来看，全国返乡创业的人数已经超过了 1100 万，其中超过 70% 的人员是返回家乡的农民工，这一回流群体的规模正在不断扩大。更为关键的是，他们的非农工作经历对于中、低收入的新型职业农民具有明显的带动作用，这有助于缩小城乡之间的收入差距。

其二，优化农民收入结构。随着经济发展和城镇化进程加快，我国农村剩余劳动力数量逐渐增加，如何有效解决农民增收问题成为当前亟待解决的重大课题之一。新迁移经济学理论（家庭视角）认为农村的劳动者从事非农工作不仅仅是个人的选择，更是家庭集体决策的产物，其核心不只是追求最大的预期收入，同时也是为了避免生产和收入上的潜在风险。乡村的产业振兴和发展是将农村的劳动力从农业中转移出来的过程，同时也是一个持续优化农村家庭劳动力结构的过程。这主要体现在此举提升了家庭成员中从事非农工作的劳动力比例，从而实现家庭劳动力的雇佣化转变。因此，在当前乡村产业振兴背景下，农村剩余劳动力转移到城市务工的趋势将进一步强化，从而推动农业劳动力向非农产业的流动规模扩大，进而对农民收入的增加产生积极影响。①

乡村产业振兴通过不断完善产业基础设施来催生新型业态，激活农村消费市场，为本地劳动力提供更多非农就业岗位，同时降低了由于自然丰度不同或距离市场远近位置不同带来的社会主义级差地租差异，从而提升农村耕地的经济价值和地租水平。另外，对收入来源进行结构性优化不仅可以增强抵抗因农业生产经营收入不稳定带来风险的能力，而且也有助于提升农民持续致富的能力。特别是对于处于弱势地位的农户，这种优化能显著提高他们的收入，有助于缩小城乡之间的收入差异。因此，这是推动农民实现共同富裕的重要因素。

科技赋能助力我国实现城乡居民共同富裕的目标，这在宏观层面上表现为乡村创富能力的提升和城乡差距的持续弥合。乡村产业振兴有助于劳动力在城乡之间的流动和分配，这不仅促进了城乡劳动生产率差距的减小，还可推动收入结构和收入分配模式的优化。从理论上分析可知，农村人力资本存量水平和农业生产效率的提高是促进劳动力转移及缩小城乡之间收入差距的主要原因。随着城乡劳动力流动和市场价格的均衡增长，城市资本在乡村地区的集聚变得更为明显，这不仅改变了乡村产业的组织结构，还促进了技术创新在整个产业链中的广泛应用。通过空间匹配和空间溢出效应，农民的财富创造能力得到了持续提升，从而在发展的过程中逐步缩小收入差距以实现共同富裕。

其一，乡村财富创造能力提升。农业作为基础产业不仅能够提供丰富的农产品，还可以通过各种途径创造更多的就业机会。农业不仅是国民经济的根基，也是其他产业的主要原材料来源，它直接关系到民生和国家战略。我国现阶段仍处于社会主义初级阶段，农业依然占据着国民经济中的基础地位。早在100多年前，马克思和恩格斯就明确表示，农业劳动的这种自然生产率是一切剩余劳动的基础，因为一切劳动最初都以占有和生产食物为目的。这表明农业劳动是所有其他劳动形式存在和发展的基础与前提，也反映了农业发展在社会分工中的基础性地位。因此，农业始终是人类赖以生存与发展的基本条件之一，也是经济社会稳定、持续、健康发展

---

① 韩宁：《我国乡村振兴绿色发展道路探索研究》，中国地质大学博士学位论文，2022。

的根本保障。工业劳动从农业劳动中独立出来后，其发展规模和速度依然受到农业劳动的影响。从生产关系的根本性质来看，这一基本规律在工业化阶段依然适用。[①] 为此，国家开始重视对农业生产要素尤其是劳动力资源进行优化配置和合理利用，并将之作为促进农业经济增长方式转变的重要途径之一。在社会主要矛盾发生转变之前，国家对农业和农村发展的主要战略依然是提升产量以满足不断增长的文化和物质需求。然而，在社会主要矛盾发生转变之后，提升农业和农村发展的质量已经变成一项关键的发展战略。随着工业化和信息化水平的不断提高，技术革命推动生产方式由传统转向现代，从而推动产业结构升级和劳动生产率的快速提升。相应地，国家所提出的乡村振兴是乡村产业发展的一个核心方向，它赋予"振兴"这一概念深刻的内涵，其中一个显著的特点就是提高工作效率。随着乡村产业生产率的增长，工业劳动与农业劳动分离的速度加快，这为农业、工业和服务业之间更深入的分工创造了更大的机会。城乡关系从原先的分离和对立走向融合，这有助于弥合我国城乡之间发展的不平衡和不充分。在分工和规模化生产的背景下，这种关系为经济增长提供了新的机会，成为区域经济持续发展的关键驱动力，并为农民创造了丰富的创业和就业机会，为实现共同富裕奠定了坚实的基础。

其二，城乡之间的差距将进一步缩小。在乡村振兴的推动下，资本、劳动力以及其他驱动因素在城市和农村之间流通和互动，并产生了空间匹配效应，这促进了农业和非农产业协同发展，并提高了产业要素在时间和空间上的匹配效率。

其三，乡村产业振兴背景下资本进入和退出壁垒降低，有利于推动资金、资源流向具有比较优势的农业产业集群。这有助于推动农村资源的市场化分配和农民资产的增值，从而增加农民的收入，对城乡居民的共同富裕产生正面效果。农村人力资本是一种以获取和使用价值资源为主的特殊形态的社会资本。资本为乡村产业引入了更为先进的技术、生产方法、管理体系和高质量人才等先进的生产要素，以加速产业的融合和发展。通过产业融合的创新和创业示范，以及知识的溢出效应，可以促进农村物质资本的积累，并为农

---

① 徐琼辉：《马克思恩格斯的农业基础地位思想》，《怀化学院学报》2010 年第 1 期。

民参与产业链的增值收益分配提供一个有效的平台。通过农业企业与家庭农场的联合和合作来提高农业现代化程度，使传统农业转型升级为现代农业，从而推进农业产业结构调整与优化升级。通过实践学习，农村的劳动者和新兴的农业经营实体不仅可提高知识水平和技巧，还可优化农村的人力资源配置，从而增强农村集体组织和农民的财富创造能力，确保农民的共同富裕。同时，以土地流转作为联结农户和企业间的纽带，促进了农业产业内部分工深化。

此外，农业资本的集中经营有助于提高产业的组织化水平。通过如"龙头企业＋公司＋农户＋基地"和"龙头企业＋联合社＋合作社＋基地＋农户"等多种组织模式，在农户和农业龙头企业之间构建了一系列模拟市场竞争的制度框架。将小农户的生产活动整合到农业产业化的整体产业链中，可以有效地解决目前限制农户产业发展规模的问题，实现生产分工的内部化。这不仅确保了个体农户能够独立进入市场，降低了进入市场的成本，还为他们提供了一个可以盈利的重要平台，扩大了农民的收入来源，并提升他们的致富能力，使农民能够共同富裕。同时，在资本高度集中的背景下，乡村产业的组织化改革能在某种程度上降低农业市场化的风险，并增强了农业资本的竞争力，使得区域乡村产业从"规模扩展型"转向"质量扩展型"。

综合来看，技术相互链接和产业链的重塑可以产生空间溢出效应，从而推动从小农生产到大农业经营的空间结构转变，促进乡村产业的规模化、产业化，推动加工贸易水平、流通效率和生产率的显著提升。为了持续推动乡村经济复兴，需要降低农户未来收益的不稳定性，提高农民的致富能力，并缩小城乡收入差距。概言之，乡村产业振兴可以有效地激发要素配置效应、人力资本提升效应、规模经济效应、资本回流（下乡）效应等，这不仅有助于推动农村经济的增长，还有助于缩小城乡收入差距，从而实现农民的共同富裕。[1]

---

① 梁盛凯:《乡村产业振兴对农民共同富裕的影响研究》，中南财经政法大学博士论文，2023 年。

第四章

乡村振兴战略下
科技创新目标任务

第一节 乡村振兴科技创新发展战略目标

一、"以人为本"战略

全方位、高质量地推进乡村振兴，应充分发挥"三农"人才的关键支撑作用。在实施乡村振兴战略的大背景下，研究乡村人才振兴问题具有重要的理论意义与实践意义。现阶段，中国正在经历经济增长模式由"重数量"向"重质量"转变的阶段，这也为乡村人才培养体系的建设创造了一个宽广的舞台。在此背景下，全面深化乡村人才振兴显得尤为重要。要真正实现乡村人才振兴，首要任务是准确理解和掌握乡村人才振兴的战略重要性。习近平总书记从战略全局视角提出乡村振兴战略，为乡村人才的培养和建设明确了方向和策略，强调了乡村人才振兴的核心地位，并把人才资源的培养视为最优先的任务，目标是打造一支懂农业、爱农村、爱农民的"三农"人才队伍，这对做好新时期的乡村人才培育工作具有重要的指导意义。习近平总书记在继承中华民族推崇贤能和爱才的传统美德基础上，进一步推广了马克思主义的"人才成长环境影响论"，强调良好环境和健全机制对于促进人才发展的重要作用。因此，必须把培育新型职业农民、提高农民素质作为实施乡村振兴战略的重点任务之一。面对新发展阶段，习近平总书记从历史背景、当前形势以及未来发展三个维度出发，构建了乡村人才振兴的内在逻辑框架，并提出一系列具有重要意义的观点和论述，为新时代"三农"人才队伍建设提供了重要的理论遵循。

全面推进乡村振兴战略对"三农"人才发挥支撑保障作用提出了更高的要求。作为"三农"人才培育中坚力量的高等教育机构，肩负的职责和任务变得更加繁重和复杂。我国的高等教育机构在培育"三农"领域的专业人才时，仍然面临众多挑战和短板，这严重制约了乡村振兴对农村经济增长的正向作用。因此，在全面推进乡村振兴战略的大环境下，高等教育机构必须加强政治意识，承担更大的责任和担当，全面加快构建和完善服务于"三农"人才的高校人才培养体系，从而为乡村人才振兴提供坚实的"三农"人才基础。具体而言，高等教育机构应遵循党中央关于乡村人才振兴的重要指示精神，在培养服务于"三农"的人才时，必须坚持科学性、有效性、适用性、主体性这四大核心原则。其一，科学性原则体现在，当高等教育机构致力于培养服务于"三农"的人才时，有必要确保这些人才的培养模式与现实中农业生产能力和生产关系的实际状况是一致的。为了实现该目标，我们必须考虑到"大国小农"的国情，并以社会主义市场经济背景下的现代农业发展理论和实践作为指导，以习近平总书记关于乡村人才振兴的重要论述为根本遵循。其二，有效性原则明确指出，高等教育机构在培养服务于"三农"的人才时，必须将推动乡村振兴、实现农业农村现代化、建设农业强国作为其核心任务。这就要求高等教育机构深刻理解和掌握乡村振兴战略的总体要求，明确"三农"人才培养的基本方向，并确保在"三农"人才培养方面能够达到预期的效果和效率。其三，适用性原则强调，高等教育机构在培养服务于"三农"的人才时，要以全面推进乡村振兴战略过程中的具体问题和需求为导向，着力健全和优化"三农"人才培养体系和培养模式，以满足乡村全面振兴的多层次、全方位需求。其四，主体性原则意味着高等教育机构在培养服务于"三农"的人才时，应当以坚持亿万农民的主体地位和作用为前提，立足"存量"，不断优化乡村本土人才培育机制，充分挖掘乡村人才潜能，将农民数量转化为乡村人才资源存量。

在乡村振兴全面推进的大环境中，高等教育机构有必要最大限度地发挥教育资源的优越性，尤其是在专业人才培养和乡村本土人才培育这两个关键领域。此外，为了更好地服务于"三农"，还需从乡村产业发展、农业科技创新、乡村治理和公共服务等多个维度出发，加快构建和完善人才培养体系。我国农村经济和社会发展正面临着人才短缺的问题，而高等教育机构在培育"三农"人才时也遭遇了不少挑战，因此要进一步明确高等教育机构对"三农"人才培育工作的定位，以实现真正意义上的乡村振兴。具体而言，应从优化和完善服务于"三农"的人才培养体系入手，并加快新农科的建设进程和高等教育机构在"三农"人才培养模式上的创新探索，同时持续强化高等教育机构与乡村地区本土人才培养之间的长期合作机制。

（一）进一步完善和优化高等教育机构的"三农"人才培养体系

高等教育机构应充分发挥自身积极性，进一步深化与地方"三农"人才的互动和联系，并为乡村振兴专门培养和输送"三农"人才。我国农村地区的经济和社会发展落后成为限制国家经济增长的主要障碍之一，要想妥善解决这个问题，必须培养一批高素质且充满活力的"三农"人才。如何有效地发挥高校人才培养优势，加快培育一大批优秀的"三农"人才，已成为新时期高等教育机构服务"三农"工作中亟待研究和解决的重要课题。

一方面，应在现有的"存量"基础上，深度挖掘乡村本土人才的内在潜能，优化培养机制，着力培育一批高素质的新型职业农民和乡村发展领军人物。同时，要立足长远，统筹城乡人才资源开发与利用，加大对具备乡村实用技能人才的引进力度。

另一方面，也应注重对"增量"的获取，通过各种方式提高乡村本地人才的素质和技能。其中，建立完善的乡村本土人才培养体系，对于促进城乡协调发展具有十分重要的意义。各地区的高等教育机构应当从宏观战略视角出发，加快整合高等教育机构的优质资源，以构建一个适应国家和农业发展需求多元化的乡村本土人才培养体系。例如，充分利用各种教育资源，为不同区域、民族提供差异化的教育服务，形成多层次的办学格局；通过成立特定的教育机构，整合与农业相关的专业教学资源，并加强对各种涉农学院"三农"教师队伍的联合指导，以提升高等教育机构在涉农学科方面的整体教学水平。[①]

此外，还应注重发挥各地方高等教育机构在"三农"方面的研究优势。借助高等教育机构在"三农"领域的教学和科研资源优势，进一步拓展在指定乡村地区建立"理论＋实践"基地的探索，可由政府财政出资建设，并配备相应的教学设施、设备等。基地定期邀请社会各界"三农"领域的权威专

---

① 张琦：《乡村振兴背景下"三农"人才培养体系建构路径》，《国家治理》2023 年第10 期。

家和研究人员到农村地区进行"三农"通识教育和田间实践技能教学活动，帮助乡村地区人才更好地适应农业农村现代化的发展需求。另外，高等教育机构还应积极为大学生搭建"三农"创新平台，为致力于投身乡村建设的创业大学生提供一定的资源帮扶。

（二）强化高等教育机构与农村地区在人才培养方面的长期合作机制

创新乡村振兴用人体制机制，构建乡村人才的委托培养与定向就业体制，制定各种地方性优惠政策，强化高等教育机构的"推力"与地方的"拉力"，形成"合力"吸引人才到乡村就业甚至安家。在乡村振兴的征程中，大学生的参与离不开政府的支持和引导，政府应该积极制定相关政策，鼓励和支持大学生回乡创业就业，提供优惠的创业政策和项目支持。同时，政府也应加强对乡村振兴的规划和管理，为大学生提供更多的创业机会和发展空间。例如，实施大学生农业职业经理人制度，招聘大学生担任农业职业经理人，培养造就一批扎根农村的专业人才，为基层农业生产经营主体和农户提供服务，提升农业生产科技水平，提高农业生产经营效益，探索现代农业发展新机制新路径。为帮助大学生农业职业经理人适应岗位要求，尽快进入角色，应采取理论与实践、集中与分段相结合的方式，分专业对大学生农业职业经理人进行培训，提升大学生能力素质。采取导师帮带的模式，邀请高校农业领域专家教授、农业科技特派员、市县农业农村局业务骨干、农业企业优秀经营管理人员等对本地大学生农业职业经理人进行帮带培养，帮助其尽快熟悉情况、发挥作用。通过建立高校科技人员等各类人才到乡村挂职等制度，推动人才周期化、滚动化服务乡村。

实施乡村振兴战略是全面建设社会主义现代化国家的重大历史任务，是新时代做好"三农"工作的总抓手。充分发挥高等教育机构的人才培养优势，通过学科专业的交叉融合，设置新兴涉农专业；建立校地联盟，引导高等教育机构专家学者进行农业科技创新；创新高校实践教学体系，加快培养乡村振兴创新创业人才；共建劳动教育基地，打造乡村振兴人才蓄水池；实施"三农"人才继续教育计划，提升乡村人才素质与能力；完善乡村用人体制机制改革，打造一支高素质的"三农"工作队伍，以人才振兴带动乡村全面振兴。[1]

二、"产业升级"战略

按照构建现代经济结构的准则，我国有必要构建一个现代化的农业产业体系，从单纯追求产量增长转向提升农业质量，以推动农业的高品质发展，并加快我国从农业大国向农业强国的转型进程。因此，我国当前面临的新阶段的重要任务是加快转变传统农业生产方式，提高农产品的质量和竞争力。[2]为了实现这个目标，我国必须在已有的基础上进一步加强和完善现代农业科技支持体系。那么，如何才能有效地推动我国农业科技事业的进步？确切地讲，我国应当从以下几个方面着手。

（一）以农业产业安全为底线夯实竞争力

产业安全是产业竞争力的核心，保证产业安全就是最大的竞争优势。农业作为我国国民经济的基础性产业，保障粮食安全、提高农民收入、促进农村经济发展在国民经济发展中具有重要地位。我国传统农业面对着众多新形势和新挑战，愈加频繁的自然灾害和环境污染加剧等问题皆成为农业发展的不安全因素。因此，保障国家农业产业安全成为亟须解决的一项重大课题。此外，鉴于国际地缘政治动荡、国际贸易保护主义兴起等外部不利因素，提高农业产业应对各种风险的能力既能确保国家农业安全，又能获取国际竞争优势。为此，我国应进一步加强对现代农业技术的研发投入，提升农业科技创新能力和水平，优化农业产业自主创新的体制机制。我国需要在制度上构筑一个健全的政策框架，并确立一个对我国农业产业发展具有指引和规范作用的保障体系，主要可从以下几个方面着手。其一，坚持"以人民为中心"理念，通过健全相关法律法规来规范农业生产行为，助力农民提升素质，维护农业产业的"安全底线"。其二，在确保农产品数量和质量安全的前提下，

---

① 孙苏：《发挥高校人才优势 赋能乡村振兴发展》，https：//baijiahao.baidu.com/s?id=1776718033360585937&wfr=spider&for=pc，访问日期：2023 年 10 月 20 日。
② 农发行 2018 年赴巴西学习考察课题组、吴飚：《支持现代农业发展的思考》，《农业发展与金融》2018 年第 12 期。

以生态安全为红线，坚决遵循绿色生态原则，高度重视农业资源的可持续利用和生态环境的可持续性。其三，在确保社会安全的前提下，考虑新型农业经营主体和小农户的协同发展，以确保国内农产品市场的稳定供应和农户生计的维持，同时也要重视进口农产品供应链的持续性和稳定性。①

（二）以分类施策为指引探索竞争力提升之道

为增强农业产业的市场竞争能力，我国必须始终遵循按类别制定策略的基本原则，按照"因地制宜、突出重点"的要求，采取有针对性的措施推进我国农业产业的现代化进程。作为现代农业发展的一种模式，农业产业化经营的核心目标是提升农业产业的整体竞争力。当前，我国农业产业的总体竞争力还比较低，在很大程度上受到产业结构不合理等因素的影响。鉴于各种产业和产品都有其特有的属性和表达竞争力的方式，故而提升这些产业竞争力的方法和策略也各不相同。具体而言，在农业产业化过程中，要针对各种农作物的特征及其竞争力表现，选择适合该地区特点的战略举措。对此，必须考虑到产业发展的关键性、功能的独特性和迫切性，同时也要考虑到农业结构调整的真实需求。

我国的农业产业化进程还处于起步阶段。为此，应从以下几个方面分类施策：

首先，针对与粮食安全紧密相关的主要粮食产业（如水稻、小麦、玉米和大豆），我国必须坚持"保一块"的粮食供应稳定策略，遵循以国内供给为主、保证生产能力、适当进口和科技支持的国家粮食安全战略，以确保粮食的基本自给和绝对安全。

其次，针对与国家经济和民众生活紧密相连的核心产业（如棉花、油菜、糖料、生猪等），我国有必要进一步加强农业分工，拓展农业价值链，以便更有效地满足或服务于国内消费水平的提升需求。同时，我国需要积极促进与发达国家在核心产业领域的合作关系，以提升我国在这一行业内的话语权和影响力。

---

① 朱满德、高鸣：《科学把握保障农业安全的内涵与取向》，《金融世界》2019 年第 7 期。

最后，对于那些具有鲜明特色和显著优势的主导产业（如柑橘、苹果、茶叶等），我国应当积极探索贸易机会，鼓励它们"走出去"，以获取更大的国际市场份额。在确保国内供应安全的基础上，也需重视利用比较优势，并积极促进产品出口结构的优化和调整。而对于净进口的农产品和重点敏感农产品（如肉类、奶制品、水产品），则需要实施"防一块"的策略来控制风险，并采取适当的保护措施，以避免进一步的开放和大量进口可能带来的负面影响。

（三）以提质增效为核心构筑产业提升长效机制

以提升质量和效率为核心，走高质量发展道路，不仅是解决农业产业发展问题的关键途径，也是增强农业产业市场竞争力的基本策略。随着时代变迁，产业结构调整和经济全球化进程不断加快，农业现代化已经成为世界各国普遍关注的重要议题。目前，我国存在农村地区经济结构不合理且不协调，农业生产要素投入强度较高但农民增收缓慢，农产品种类众多但品质不达标，农业品牌种类繁多但缺乏吸引力，以及农业产业虽然规模庞大但实力不足等问题，这些问题使我国农业产业难以形成长期的竞争优势。

农业发展面临着缺乏有力的政策支持与制度供给问题，导致农业产业化和组织化水平都相对较低，这些深层次的矛盾迫切需要得到解决。因此，必须加快农业转型升级步伐，走质量优先之路。为从根本上解决农业竞争力不足的问题，应走农产品高品质发展的道路，而不能再依赖过去的数量优势和低价竞争策略。为此，必须在加强产业的基础设施、优化产业链以及提高组织化水平上投入更多努力。具体来说，即要确保农业的生产、经营、基础配置都达到高品质的标准，加强对农业新型经营实体的培训，并推动农业产业的组织模式创新。此外，还要推动重要投入品监测制度化、生产经营管理标准化、农业品牌建设长期化、需求推动生产柔性化，以及第三方监督检查的普及化，促进农业竞争力持有比较优势。

（四）以构建差异化优势为手段持续释放竞争潜力

在提升农业产业竞争力的过程中，差异化竞争力被认为是至关重要的路径和未来发展的必然趋势。在依赖资源和技术优势的产品竞争中，我国因农业状况和小农经济的实际情况而导致提升空间受限，同时也容易受到其他国家农产品竞争力变化的影响。此外，过于依赖规模效应的企业在市场竞争中也很难建立起持久且稳定的核心竞争优势。

因此，如何通过农业产业内部的创新与整合来实现产业间的优势互补，进而增强整个农业产业的竞争力成为关键所在。为此，我国应当避免沉浸在传统的竞赛模式中，而应更多地关注自身的独特优势，并从一个与众不同的角度来看待问题。在农业产业中，差异化的竞争策略将农业发展的重点集中在产品的个性化、特色化和品牌化上，以适应未来中产阶级消费结构升级的需求。同时也要注意到产业间精细分工的重要性，注重对生产过程的管理和控制，使之更符合现代化、专业化要求。基于此，我国应以市场需求为导向，充分利用自身的比较优势，致力于培养具有地域特色的农业品牌，并确保"质量"和"数量"两者并重，这不仅有利于增加农民收入，还能有效推动产业结构优化，促进农村经济持续健康快速发展。通过农业多功能发展，并借助价值链扩展，整合第一产业、第二产业和第三产业，可以更好地释放农业的多功能性，满足多样化的消费需求，从而重新建立起农业竞争优势。

（五）以创新与改革为两翼助力农业产业竞争

科技进步和制度机制的变革不仅是促进农业产业竞争力持续提升的核心要素，也是加强农业产业管理能力的关键所在。近年来，我国农业产业结构发生了很大变化，但仍然存在一些问题，制约着产业的健康稳定发展。纵观全球各国的实践，在经济全球化的大背景下，利用技术创新来推动农业产业的转型和升级，以实现可持续发展，已成为一个普遍的发展趋势。在过去的几年中，随着工业化和城镇化进程的加快，我国农业的生产成本，包括土地和劳动力，都呈现出持续增长的趋势。与此同时，随着国际分工格局的变化，发达国家越来越注重利用国内市场来配置资源，而发展中国家则将注意力转移到了国际贸易领域。这种情况使得主要农产品的相对优势逐渐被削弱甚至完全丧失，农业产业在全球竞争中的劣势地位变得更为突出。

突破传统农业产业竞争力的"天花板"，即"拼成本、拼价格"，并持续提高农业产业的竞争力，需要强化科技对农业产业的支持。我国的现代农业已经进入了由数量型向质量型转型的阶段。鉴于产业发展的关键性和提高竞争力的迫切性，必须聚焦于"节约成本、提高效率、确保质量和生态安全"这三大技术需求，全力支持农业的前沿技术创新、关键核心技术研发以及技术集成研究推广；同时也要重视农业科技成果转化应用能力建设，为农产品加工增值服务提供强有力支撑。应尽快构建一个坚实的技术支持体系，以确保粮食安全、产品质量和品质，以及品牌价值和相对优势，推动实施农业产业与各产业竞争力增长相协调的技术战略。通过加强基础设施的建设，加大现代农业园区基础设施和配套设备的投入，提升生产技术的水平，加快农业产业化的升级，培养和壮大龙头企业和专业合作社，推广规模化种植、标准化养殖、集约化管理，以实现绿色、优质、高效的目标。同时，还应加大对农民科技培训和技术推广的资金投入力度，提升农业劳动者素质，增强我国农业发展后劲和国际市场竞争力。

为充分挖掘体制和机制改革的内在优势，有必要进一步优化农村产权制度，加快农业经营体制和机制的创新步伐，拓宽和完善生产性社会化服务的组织和模式，并对小农户与新型农业经营主体之间的利益分配进行优化；加快建立新型农业支持保护政策体系，深化农产品收储制度和价格形成机制改革。

（六）以多元化农产品进口策略提升风险管控能力

多元化的农产品进口策略不仅是确保国家粮食供应安全的核心手段，也是对全球资源进行高效管理和合理利用的明智之举。近年来，受全球气候变暖以及发达国家对发展中国家实行农业贸易保护政策等因素影响，全球范围内农产品供应总体呈现相对紧张的态势。随着全球经济一体化步伐加速和国际市场竞争日益激烈，我国对传统大宗商品的进口依赖程度持续上升，这给我国的粮食和经济作物供应安全带来了隐患。在这种形势下，我国积极推进以农业为基础的贸易多元化发展，并取得明显成效。从2011年起，中国逐渐成为全球农产品进口量最大的国家。在这些农产品中，大豆、食用植物油、棉花以及食糖的进口量都是全球最高的。然而，由于某些产品在进口、贸易和交易路径上过于集中，供应链面临着相当大的风险。因此，如何有效规避进口风险已成为我国粮食安全需要解决的一个难题。

此外，随着我国经济的持续增长和民众生活品质的提高，人们对食品的消费也从数量需求转向质量追求，因此，多样化的农产品进口将成为未来的发展方向之一。与此同时，国内农业产能过剩、农产品供给不足的问题也越来越严重，而这些问题又直接或间接地影响到了我国农产品进出口结构和贸易方式。展望将来，为降低风险并确保进口供应链的持续性，提高国内农业的生产质量、经济效益和市场竞争力变得尤为重要。

值得注意的是，多元化的农产品进口策略是在明确了进口品种和进口来源国的优先顺序之后，主动探索进口来源地、进口渠道和进口品种的多样性，以保持进口数量的缓慢增长，避免短期内进口数量的急剧增加或下降，其主要目标是要通过多样化进口来提高我国农业综合生产能力、优化出口产品结构、增强国际市场竞争能力。同时，我国也积极地通过多种方式增加进口，以推动国内农业经济与对外贸易的协调和可持续发展。为确保国内农业的持续增长与出口国家生产潜能释放之间的平衡，我国必须建立一个持久、稳健且安全的国际农产品进口供应链，并形成一个持久且稳定的农业战略贸易伙伴关系，以防止对国内农业生产者和国际农产品市场产生过大或过快的影响。①

三、"动力培育"战略

进一步强化"政产学研金服用"（涵盖政府、企业、高等教育机构、科研机构、金融机构、服务业、市场及创业者）之间的协同创新机制，助力打造乡村振兴利益共同体。

乡村振兴战略为我国经济增长注入了新动能，也给区域经济发展带来巨大挑战。乡村振兴战略的主要目标是促进农村第一、第二和第三产业的深度融合与发展。要实现这一目标，就必须发挥各主体之间的协同效应，通过政策支持、产业支撑等方式形成合力。在乡村振兴战略中，政府起到了不可或缺的作用，但若其介入不充分或过度介入，都可能与战略不匹配。从我国目前的实际情况看，各级政府在推动乡村振兴过程中均存在着角色冲突的现

---

① 吴孔明、毛世平、谢玲红、张琳、孙炜琳、张俊飚、王国刚、陈秧分、王晓君：《新阶段农业产业竞争力提升战略研究——基于产业安全视角》，《中国工程科学》2022年第1期。

象，并由此造成政策执行偏差及效果不佳等问题。因此，有必要明确各级政府在推动乡村振兴过程中应该扮演的角色和自我职责定位。

遵循"确保市场在资源配置中起到中心角色，同时更加高效地运用政府资源"的改革方针，政府在乡村振兴进程中的角色和职责主要聚焦引领、服务、监督、推动这四个方面。乡村振兴的核心是各类相关社会主体（大学、研究机构、金融行业、市场、企业和创业者），而不是政府。政府的职能包括提供资金支持、政策制定和实施以及监管等。政府的主要任务是作为宏观经济的规划者、规章制度的制定者以及监督者和管理者，通过协调这些职能，实现国家目标和公民需求之间的平衡，从而推动农村经济发展和农民生活水平的提高。

为了确保乡村振兴战略的成功实施，必须最大限度地调用所有与之相关的社会实体，并确保他们能够最大限度地参与进来。在制定政策时应该将经济发展与农民增收相结合，并把农民增收放在首要位置。政府的主要焦点是研究创新领域，包括农业、生态产业、乡村文化产业的减贫。应该充分发挥地方政府的领导作用，构建一个以市场为核心，企业、高等教育机构和科研机构共同创新，服务乡村振兴的"产学研合作"机制，完善政府、企业、高校、科研院所、金融机构、服务业、市场和创业者共同服务乡村振兴的途径。

科技与人才是乡村振兴的核心支撑。遵循三大战略方针，致力于打造一个创新的农业科技体系，加快完善农村人才培养机制，以确保智力、技术、资金和管理资源能够顺畅地进入农村，进而激发农业和农村地区的创业创新活力。国家对"三农"发展越来越重视，也带来了前所未有的新机遇与新挑战。科技赋能乡村振兴，应加强对顶层的设计以及规划的指导。这是一种全新的产业组织形式，它将打破传统农业发展模式的桎梏。借助科技，积极推进农业产业化的联合体以及农旅一体化的综合开发项目的构建及实施。在这个过程中，充分利用科学技术来解决农民增收问题，扩展产业链条，提升价值链，形成现代化的农业产业结构。

以科技为支撑推动生产、生活、生态深度融合，将现代农业与旅游休闲紧密结合起来，为广大农民提供更加便捷舒适的服务。借助科技，能够实现生产、生活和生态的深度融合，全面提升农村的生态宜居环境，打造具有独特风格的现代新乡村，使美丽的乡村成为"乡村大花园"的示范和美丽中国的根基。除此之外，也要专注于运用科技手段来促进农村厕所、废水和废物的全面改革，以彻底根除恶劣的环境状况和被污染的水资源。在此基础上，还要专注于解决"谁将负责耕种""如何进行种植""种植效果如何"这三个核心问题，进一步提升农民的文化素养，增强他们对社会主义核心价值观的认同感，让农民有幸福感与归属感，真正感受到自己是国家发展的主人。

同时，要积极发挥农村基层党组织的引领作用，为乡村文明发展提供坚实保障。在现有基础之上，应当最大限度地发挥农村基层党组织在精神文明建设中的领导和团结作用，以推动乡村文化的全面振兴。为了实现"农业强、农村美、农民富"的愿景，必须加快构建一个自治、法治和德治融合的乡村治理结构，并致力于创建一个充满活力、稳定有序的普治乡村，从而促进乡村的全面振兴。

第二节　乡村振兴科技创新发展任务

一、提升面向乡村振兴的科技供给能力

（一）建成高效顺畅的农业农村科技创新体系

乡村振兴科技创新旨在构建一个农业科技创新和农村社会发展相互促进的国家农业农村现代化科技创新体系，该体系应具备完整的结构、完善的功能，可流畅地运行和高效地产出，从而形成乡村振兴创新驱动的实践平台和环境保障机制的闭环。

一是培育符合乡村振兴要求的创新主体。明确乡村振兴事业中新型经营实体、企业、科研机构、高等教育院所和社会组织等各类创新实体的功能和定位。以农民专业合作社为基础，建设现代农业产业园区，并培养具有创新能力的农业企业。加强政府对涉农企业发展的政策支持，引导其做大做强。最大限度地发挥与农业相关的高等教育院所和科研机构在基础知识创新和农业科技创新人才培养方面的核心作用。加快发展农产品加工业、现代物流业、休闲旅游业和现代农业服务业，为农民增收致富提供有力支撑。还应充分利

用各种社会组织在农业科技推广、普及服务和教育等多个方面的潜能，以促进农业科技与农村经济的深度融合。

二是建设跨区域全链条协同的创新中心。针对国家的粮食安全、食品安全和可持续发展等核心发展议题，围绕区域内的优势产业和制约农业发展的关键科技问题，建立农业科技区域的协同创新联盟和创新中心，推动这些优势区域成为具有显著引领作用的创新高地，从而实现农业科技在区域内的协同发展。

三是推进科技成果转化落地的应用体系。完善以"一主多元"为特点的农业技术推广体系，对公益性农业技术推广体系进行改革和完善，确立科学和规范的运营管理机制以及利益分配机制，以促进"农科教"的有效融合。加大对社会化创新和创业服务主体的支持，形成农业科技成果转化的强大推动力。

（二）加速突破现代农业产业的关键技术难题

针对涉及现代农业产业核心竞争力的战略性、前瞻性和瓶颈技术问题，应围绕着生产标准化、过程绿色化、装备智能化和管理智慧化的方向，全面开展高效育种、农业生物制造、农业标准化、农业大数据与信息化、智能农机设备和食品制造等现代农业产业链的技术创新。这样做旨在提升关键核心技术的创新能力，并为现代农业的高质量发展提供强有力的科技力量支撑。

一是高效育种方法。着重于突破杂种优势遗传、复杂性耦合与分子模块的设计、高通量的精确表型鉴定、基因编辑与全基因组选择、合成生物、体外胚胎高效生产、遗传发育评估、繁殖调控以及性别控制等技术领域的限制，开发出优质、多抗、高效、高产的主要农作物、畜禽水产品、林果花草以及微生物新品种。

二是农业生物制造技术。主要集中在精准标记、靶向筛选、细胞与代谢工程、发酵及酶工程、动植物重大疫病的绿色安全防控及生物质的规模化生产、收集、储运等技术领域，致力于研发新型的生物农药、植物生长调节剂，以及高效利用生物制品、疫苗、生物肥料、生物饲料、生物基材料、生物能源和生物化工产品等。

三是农业标准化生产技术。重点突破光温水气系统控制、种子鉴定与分选、产地环境构建与调整、高效施用水肥药、农产品减损与品质管控等技术。目标是构建包括粮棉油糖和果蔬茶药在内的农业投入品、产地环境、农产品流通、质量监控与检测、疾病预防、生物安全和生态保护等标准化技术体系。

四是农业大数据与信息化技术。重点突破农业多源信息获取、跨媒体信息解析、表征识别与表达、大数据与智能决策等技术，开发农业资源与农情监测、农用物资调度与运输、主要投入品精准施用等信息化系统。构建以现代信息技术为支撑的智慧农业体系，实现农业生产经营智能化和管理服务精细化，推动农村的"互联网+"创新技术模式发展。

五是农业机械设备智能化技术。重点攻坚农机装备的数字化设计、可靠性验证、作业环境，机械的传感与控制，自走式农机的无级变速传动、自主作业以及多机协同等技术。研发高端农机装备及用于丘陵果菜茶生产、林草花卉中药材生产、畜禽水产养殖与捕捞、农产品产地商品化等领域的自主可控装备。

六是农产品加工与食品制造技术。主要集中在高效的萃取分离、物性的重构、食品营养组学的靶向设计、新型的杀菌和保质储运技术、品质风险评估和溯源等领域。致力于开发健康粮油、高品质"果蔬肉蛋奶"、新型调理剂等产品，研发农产品保鲜加工、智能化中央厨房、健康食品的精准制造和品质检测、食品绿色干燥和包装物流等设备。

（三）积极推进现代农业产业的科技支撑体系建设

全面推进山水林田湖草项目，针对关系国家经济和民众生活的主要农作物，以及现代化的畜牧业、渔业、园艺、林业、草业以及地区特色农产品的质量提升需求，通过关键技术的集成创新形成系统化的科技支撑体系。

一是关于大宗农作物的科技架构。重点推进高效、标准化、机械化、智能化的现代农作物品种配置、种植模式、土壤管理、水肥一体化、有害生物防控以及农机农艺结合等关键技术的研究和集成创新，构建主要的"粮油经饲"等大宗农作物主产区的现代化生产技术新体系。

二是现代化的畜牧业科技架构。重点推进畜牧业关键技术的研究和集成创新，包括主要畜禽疫病监测与防控、营养代谢与营养调控、饲料精细加工与精准饲喂、健康养殖工艺与环境调控、自动化屠宰加工、养殖废弃物无害化处理与资源化利用及养殖成套设备等，以构建一个现代化的畜牧业科技支撑体系。

三是当代渔业的科技架构。致力于渔业良种筛选、智能设备研发、健康养殖方法、资源维护和渔场建设、友好捕捞方式、高质量储存和运输、绿色加工技术以及环境调节等关键技术的研究和集成创新，创建一系列支持现代淡水渔业和海洋渔业发展的新品种、新设备、新技术和新模式。

四是当代园艺的科技架构。重点开展蔬菜、果树、花卉等主要园艺作物新品种的筛选工作和病虫草害的绿色防控技术，小型化、电动化和智能化的全程作业技术，以及资源高效利用、能源智慧管理、水肥一体化和便捷高效采收等多方面的技术和装备创新，以构建一个现代化的园艺科技支撑体系。

五是现代化的林业科技架构。重点开展林业基础数据库、资源管理体系和新型林区公共服务系统的开发。同时也在林木种苗生产、林木种植与维护、林业简化装备制造、林产品采集与高品质加工及森林数字化监测、生态恢复与保护和林业机械化等技术领域进行深入研究和集成创新，以构建一个绿色生态的现代林业科技支撑体系。

六是草原与草业的科技架构。重点开展草业资源和关键饲料作物品种的利用、人工草地建设、大规模牧草高产、高质量安全草产品加工、草畜一体化以及草原生态保护和修复等方面的关键技术研究和集成创新，研发全程机械化作业、草种加工和草原修复等一系列配套装备与设施，以构建一个现代化、高品质的草业生产和草原生态保护技术体系。

七是具有区域特色的农产品科技架构。重点开展区域性特色优质蔬菜、果树、食用菌、茶树、青稞、天然芳香植物、道地中药材等特色作物，以及奶山羊、鸭、鹅、小龙虾、大闸蟹等特色畜禽水产品的产业化技术研究，以建立一个包括品种、种苗、栽培、机械、加工和物流在内的完整产业链技术体系。

二、强化科技引领产业兴旺的能力

自党的十八大以来，我国在处理工农关系和统筹协调城乡发展方面已经取得显著成就。我国城乡发展仍然存在不平衡和不充分的问题，这是社会主要矛盾的主要表现，而农业和农村仍然是社会主义现代化建设的显著短板。在推进新型城镇化进程中，要坚持以工业化为引领，推动农业转移人口市民化，提高农民生活水平，增强城市辐射带动能力。同时，我国的农业农村现代化进程已经步入了一个新的发展阶段，这要求更加重视乡村产业的繁荣，并更多地依赖科技来推动创新和内部增长。乡村产业的繁荣代表着乡村产业的整体进步和乡村社会的全面提升。为实现这一目标，迫切需要在质量、效益和竞争力的提升方面进行深耕，加快推动乡村产业的融合发展，扩展产业链，拓宽产业领域，提高产业层次，并对乡村的三大产业进行优化和重组，以促进主体、业态和利益融合。尤其需要加速乡村新产业和新业态的发展，以稳固"稳就业"和"保民生"的根基。

（一）精准把握乡村产业兴旺的科技需求

乡村产业繁荣是乡村产业向更高层次转型和升级的目标，要在多个方向和全时段内将创新元素融入农业和农村的发展计划中。科技创新在推动乡村产业振兴中发挥着至关重要的作用，成为乡村产业兴旺最有效的动力源泉和根本引擎。为确保乡村产业繁荣，迫切需要通过科技创新来推动产业链、创新链和价值链的有机结合，同时也要提高农业全产业链的质量和效益，这样才能为乡村产业竞争力的大幅提升和向价值链的中高端迈进提供坚实的支持。我国乡村产业振兴面临着"三化"（工业化、城镇化、农业现代化）脱节问题突出、技术创新动力不足、科技成果转化率低等困境，而这正是制约乡村产业振兴战略顺利实施的瓶颈。科技创新体系被视为一个复杂的系统，其中人才和资金投入是其体系构建的核心。企业、高等教育机构和科研单位等创新实体为创新提供了基础平台，政策和法规为创新活动提供了关键支持，而创新成果的实际应用则是创新过程中的关键环节。这些元素共同构成了支撑乡村产业繁荣的科技创新基础框架。我国乡村产业发展过程中存在着诸多问题与不足，为了促进乡村产业繁荣，迫切需要建立一个新的科技支撑体系。这需要从资源投入、平台建设、成果转化和人才激励等多个方面出发，整合政府、科教单位、推广机构和企业等多个主体，整合现代农业产业技术体系、现代农业技术推广体系、现代农业产业科技创新中心、现代农业科技创新联盟等多个系统与平台，有序引导各种资源要素快速流向乡村产业兴旺的重点领域和方向。

乡村产业的繁荣涵盖了高品质发展的核心理念、第三产业整合的内在需求以及实现生活水平提升的关键目标,其中科技创新具有巨大的潜力和作用。我国正处于工业化中期阶段,必须以推进农业现代化为根本动力来推动经济结构优化升级和社会全面协调可持续发展。实现农业高质量发展的关键在于从重数量转向重质量,这需要增加科技投资,不断采纳新的技术,因此迫切需要将生物技术、信息技术、工程技术等先进技术与现代农业进行嵌套融合。在推动农村经济转型升级方面,要加快培育具有比较优势的优势产业集群和特色产业基地,形成产业链条长、效益好、竞争力强的产业集群或产业基地,为推进"四化同步"提供强大支撑。在推动农村第三产业整合的过程中,迫切地需要培育适应休闲农业和乡村旅游等行业需求的高品质农作物品种、新畜禽水产品种,以及相关的种植与养殖结合的新技术。此外,还需要研发新型的设备和技术,以满足农产品深加工和民俗手工艺品制作的需求,并为小农户、家庭农场和农民合作社等不同的主体提供农林废弃物无害化处理设备。这些都是当前推进我国传统农业转型升级的重要内容。为提高农民的生活水平,亟需开发低成本且操作简便的小型农业机械并广泛应用,以解决农业生产中由于劳动力成本持续上升而导致的生产成本增加问题。在推进城乡统筹发展方面,迫切需要构建与社会主义新农村建设相适应的现代农业产业体系。此外,还需要针对田园综合体、休闲农业和观光农业等新兴农业模式的布局、规划、运营、示范和推广等核心问题提出解决方案,为农业功能的拓展和农民收入的增加两大问题提供可靠的解决途径。

(二)深度推进科技赋能乡村振兴改造

一是做好科技宏观布局。其一,构建政府、科研机构、企业、金融机构和社会各方共同参与、共享利益并高效协作的农业科技创新体系,建立多元化投入机制,完善财政转移支付制度,加快科技成果转化应用,加大对重大关键技术研发与产业化的支持力度;通过建立国家农业科技产业示范基地,引导龙头企业、科研机构及高校院所与地方合作共建,形成产学研结合的良性机制。其二,强化核心关键技术的创新集成攻坚,持续推进现代农业产业技术体系、现代农业技术推广体系、现代农业产业科技创新中心和现代农业科技创新联盟的建设与更新迭代；在绿色投入品试制、资源高效利用和智能农机装备创制等多个领域同步推进，以促进集成创新的发展。其三，扎实推进科技基础性、长期性产业工作，围绕农作物、畜禽、水产和农业微生物等种质资源的收集、保存、评估和共享等方面，建立一系列的基础资源收集和保存库，并对农业生产中的水、土、气、投入品和生物灾害等农业相关的数据信息进行动态监测，充分发挥农业科技研究工作站和野外观测站对推动科技基础性和长期性研究工作的作用。

二是加强科技政策扶持。为实现乡村产业繁荣、优化科技资源分配，重点关注科技创新在乡村产业发展中的关键作用，增加科技研发的资金投入以更为充分地释放科技创新在乡村振兴中的潜能，通过重大科研专项、国家自然科学基金、重点研发计划和技术创新引导专项等多种手段，加强对科研机构和企业在乡村产业发展上的研发和创新支持，推广助力产业升级的核心技术、特色产业的致富方法等；同时，积极鼓励地方政府建立乡村产业发展基金，并从多维度增加对乡村产业技术创新的资金支持。此外，加大科技金融支持力度，打造多样化融资途径，推动建立具有区域和行业特色的产业科技创新中心，并鼓励金融资本提前参与科技创新，全面布局科技创新，从而为科技创新提供更充足的资金支持。

三是改革科技体制机制。深化科技体制改革，完善科技产业的融合策略，重点关注"三区三园"的建设目标，对现代农业产业技术体系进行优化和调整，强化现代农业科技创新联盟，推进农业科技现代化试验县（农场）的"先行先试"实验机制，以促进科技成果从科学研究向实验开发和推广应用迅速转变；实行分类评价机制改革，推动农业科研机构和农业科技人员的绩效评价改革，重点评估科技活动的创新度、与产业的关联度和对乡村产业发展的贡献度，努力将评价结果与绩效激励联系起来，优先考虑关键岗位、业务骨干和作出突出贡献的人员。此外，为进一步推进成果权益的分配改革，还应重点研究如何通过多种方式最大限度地调动农业科技人员的工作积极性，如探索兼职薪酬和股权期权、为市场参与者提供付费技术服务等形式，真正激发他们面向市场的创新和创造能力。

三、夯实科技支撑乡村全面振兴的能力

（一）建立和完善农业绿色发展科技支撑体系

以农业资源节约、空间优化、环境友好和乡村生态宜居为目标，进行耕地质量提高、土地全面整治、农业水资源高效利用、化肥和农药减少与增效、农业污染预防与治理、循环农业以及农业对气候变化的影响的技术研究；通过对农林生态系统的保护和修复等科技支撑体系的研究，推动农业生产、农业生态和农村生活三者之间的有机结合。

（二）构建并优化宜居村镇的科技支撑体系

为满足宜居村镇在住宅建设和环境综合管理等领域对科技的要求，需充分开展村镇的规划评估、住宅建设、环境治理与新能源应用、传统村落与传统建筑的保护与利用等技术研究。此外，还需建立一系列具有地域特色和高技术针对性的示范项目，探索适合我国各种区域和类型的新型农村建设模式，确保科技在支持宜居村镇建设中发挥关键作用。

（三）建立和完善农村现代化科技支撑体系

农村现代化目标的实现，需要集中在乡村人居环境建设、分布式农村能源、数字乡村建设和乡村科普等领域进行关键技术研究，以及集成应用示范和新模式的开发，促进乡村人居生活环境与自然生态的有机结合与和谐共生，助力农村现代化科技支撑体系的完善。

第三节　乡村振兴科技创新重大工程

一、乡村产业提升科技工程

（一）提高农业主导产业的竞争力

粮食安全和农产品有效供给是保障国家安全的首要战略。随着人口红

利逐渐消失以及经济增速放缓，我国粮食安全面临着严峻挑战。到 2035 年，我国对粮食的刚性需求将大幅增加，消费模式也会变得更为多样化，这要求农产品要质量安全、营养丰富、种类多样，生产流程更为简洁、效率更高、更为智能，并且对环境更为友好。

通过加快现代农业体系建设，提高粮食综合生产能力，优化品种布局，创新生产方式，完善政策机制，满足粮食安全和食品安全的战略需求，将提高粮食、经济作物、畜禽水产品等与国家经济和人民生活息息相关的主要农产品产业竞争力作为发展的核心目标。

重点围绕确保我国主要农产品的稳定供应和质量提升，推动农业朝着高质量和绿色的方向发展。加快建设现代农业科技创新平台。主要聚焦于构建现代生物种业的分子育种技术框架，并致力于培育高产、高品质且具有抗逆性的新型农业品种。为满足生态种植和健康养殖需求，进行关键环节科技攻关，整合和优化技术体系，推动农业生产质量和效率的提升；完善特色农牧业生产服务体系，加强产前产后服务支持，推动特色农牧业产业化经营。借助科技创新驱动，扩展特色农牧产业的整体产业链，从而不断提升其生产的品质和经济效益，进一步推动特色农牧产业转型和升级。加强对主要粮食农作物、经济农作物、家畜家禽和特色食品等农业副产品深度加工的关键技术攻坚。

围绕农产品高效优质加工关键技术进行深耕，研究新型肥料、农药、饲料添加剂、动物保健品及其他功能性产品。突破绿色设计、绿色工艺的关键技术瓶颈，普及通用技术。提升农业机械化水平，推动农业机械结构优化调整。在合理分析当前各种农业装备使用状况的基础上，加强科研机构与设备制造企业之间的合作，推动农机装备产业的转型和升级。利用现代信息技术创新农业科技服务体系和发展模式，构建具有区域特色的农产品和农资电子商务服务体系。建立农产品质量溯源体系，完善农产品产后分级、包装和营销机制，突破生鲜农产品的冷链物流和仓储关键技术，加速农产品流通的现代化进程。

（二）乡村新型业态的培养和发展

一是农业生产性服务行业。围绕农业生产中的信息、物流、市场、品质和品牌等多方面需求，采用先进信息技术推动农业信息服务、电子商务和品牌服务产业的发展。推进"互联网＋"现代农业信息化建设。积极推进新一代的信息网络通农村、进家庭，建立低成本、快速和便捷的信息服务高速通道。通过智能传感器、射频识别、物联网和云服务等现代信息技术与农村产业的深度融合，提供乡村信息服务资源。加快推进农业信息化建设步伐，建立基层的信息服务站点，为乡村信息服务产业提供科技支撑。

针对农产品溯源滞后问题，深入研究射频识别、区块链、仓储物流环境监控等技术。发展现代物流技术，构建基于大数据和区块链技术的农产品电子商务平台。研发提供农产品物流、展销、生产、加工、储运和检验等多方面的信息追溯服务，以促进农商之间的互联互通，为农村居民提供一体化的农村电商和物流服务，从而提高农村物流效率，降低社会物流成本。

二是农业生物制造产业制程技术。农业生物制造行业利用农林废弃物等生物质作为基础原料，致力于生产可再生能源和材料，这不仅是推动农业产业链延伸和增值的有效措施，同时也是增加就业岗位和丰富农业及农村服务功能的重要手段。我国"十二五"规划纲要中明确提出要大力发展农业生物制造，并将其作为战略性新兴产业来培育。[①] 建立以农林生物质的梯级高效利用为核心的多联产示范工程，构建国家农业生物制造产业体系，以实现"到2025 年，生物天然气具备一定规模，形成绿色低碳清洁可再生燃气新兴产业，生物天然气年产量超过 100 亿立方米。到 2030 年，生物天然气实现稳步发展。规模位居世界前列，生物天然气年产量超过 200 亿立方米，占国内天然气产量一定比重"的目标，[②] 从而为国家的能源安全、环境改善和乡村振兴提供重要的科技支持。在此背景下，研究开发新型生物质能源关键技术具有十分重大而深远的意义。通过集中研究生物质原料规模化高效供应技术、生物质高效绿色转化技术、生物质多元产品联合生产技术，以及先进的生物燃料、可降解材料、功能性材料和精细化学品等新产品的创新技术，为社会的

---

① 《国务院关于印发"十二五"国家战略性新兴产业发展规划的通知》，中国政府网，https：//www.gov.cn/zwgk/2012-07/20/content_2187770.htm?from=timeline&isappinstalled=0，访问日期：2023 年 10 月 23 日。

② 国家发展和改革委员会：《关于促进生物天然气产业化发展的指导意见》，https：//zfxxgk.ndrc.gov.cn/web/iteminfo.jsp?id=19649，访问日期：2023 年 10 月 23 日。

可持续发展提供可再生的物质和能源基础，从而全面提升农业和农村的品质及价值。

三是乡村休闲行业。随着城镇化的快速发展，城市居民对农村休闲度假、观光旅游以及农业体验等方面的需求逐渐增加。农村地区的自然景观以及优秀传统文化资源丰富，要着重研究数字化模型的构建、互动体验、共享服务以及数字科普作品的快速开发等核心技术，创建一系列具有鲜明地域特色、良好数字化体验和文化传承的乡村区域，并构建一个包括我国各区域乡村特色和不同农业主题的乡村生活、农耕文化、民俗文化和民间艺术文化的资源库，充分展现科技在增强乡村地区休闲度假、旅游观光和农耕体验等方面的推进作用。

四是乡村人力资源行业。为满足国家对人力资源的开发需求以及农村地区农民的教育和培训需求，响应国家主要产业人才培养的号召，必须整合用人企业的标准和资源，探索适应不同乡村类型的"互联网＋教育培训"模式。要推进研发增强现实（AR）、虚拟现实（VR）、混合现实（MR）等交互式培训关键技术，拓宽乡村农民共享教育资源的渠道，强化科学文化技术下乡的产业链条，构建一个面向不同文化层次的新型农民的"智慧课堂"。此外，还要着力实现城乡职业技术教师的同步教研、同步备课、同步评价，为农民提供远程学习、在线考核、能力认证等服务，从而整体提高乡村地区职业人才的培养质量，提高乡村适龄劳动人口的专业素养，充分发挥国家乡村人口红利。

五是乡村总部经济产业。为解决城市的"城市病"和乡村的"乡村荒"问题，应在交通发达、环境宜人且资源丰富的乡村地区，探索建立与产业相匹配的乡村总部经济产业。依托现有基础设施，打造集农业、休闲旅游业和商贸流通业于一体的乡村总部经济产业园区。乡村总部经济产业基地主要由几家至数十家相关行业的龙头企业组成，并以这些行业、人群和条件为资源支持。在信息、生产和物流条件方面，该基地与城市保持同步，其生活、交通、教育、医疗和环境条件都优于城市，可视为未来高水平综合发展的乡镇原型。通过对规划方案、环境管理、发展路径、运营机制以及管理模式等多个软硬件方面的深入研究，尝试探索建立乡村总部经济产业的示范项目。

（三）推动乡土特色产业繁荣发展

随着人们消费模式的快速迭代与转变，中高端、多样化和个性化的消费需求预计会迅速上升，因此，迅速将农业从提高产量向提高质量转变是迫切的需求。为此，必须立足本地实际，大力实施乡村振兴战略，积极推动农业供给侧结构性改革，着力打造优质特色农产品品牌，促进农民增收致富。基于各地区的资源特点和其独有的历史文化背景，开发具有优势的特色资源，并致力于发展和扩大本地的特色产业。按照"立足本土资源，突出地方特点，打造区域品牌"的原则，因地制宜发展一批有市场竞争力的具有本地代表性、较高知名度、较强辐射力的乡土特色农产品产业集群。从健康、养生、生态和创意的角度出发，通过对乡土特色农产品及其营养成分的研究和挖掘，研究集成专用动植物品种的选育应用和加工技术、风味保存和开发技术及标准化生产和监测技术，以实现产品原汁原味和原生态的目标。这不仅满足了消费者的多样化需求，还提高了乡土特色农产品的整体品质，发挥产业集聚效应，促进农民增收。在乡土特色农产品的优势区域，需要加强标准化生产基地、加工基地和仓储物流基地的建设，同时完善科技支撑体系、品牌和市场营销体系、质量控制体系，并建立一个利益紧密相连的利益共同体机制，以形成具有乡土特色的农业产业集群；形成乡土特色农业产业集群，致力于培养具有乡土特色的农业产业强镇，并构建以"一乡一业、一村一品"为核心的发展模式；传承和培养具有特色的优秀传统文化产业，通过深度挖掘乡村的独特文化标志，激活地方和民族的特色文化资源，形成独特的文化产业。同时，还应结合特色小镇和美丽乡村建设，走特色化和差异化的发展路径。

二、乡村环境的科技改进项目

（一）乡村科学规划与建设

按照将乡村的生产和居住区域分开的准则，制定人与自然、资源与生态以及发展与环境之间的区域综合规划。结合我国农村实际情况，从自然因素和社会经济因素两个角度对乡村进行分类，提出适合不同类型地区的规划设计方法。在诸如生产和生活规划、供水排水、废物处理、交通便捷性、水土保持以及人居环境设计等方面，需要根据不同的地域、产业和文化特点来确定乡村规划和建设的原则与模式，并研究适合乡村建设的环保材料和设备。

（二）乡村能源动力工程

乡村能源动力缺乏是改善农村环境的主要障碍。冬天的供暖困难和夏天的降温困难是影响农村生活品质的重要因素之一，另外还有炊事用具现代化以及洗浴用热水的便利性等生活问题。为适应我国农村可持续发展战略要求，需要对乡村能源动力供给体系进行全面的优化设计，以满足农村农民对于能源的迫切需求。重点集中在风能、光能、生物质能和电能相结合的清洁、可再生和经济高效的能源耦合供应技术和关键设备，炊事、洗浴、供热和制冷等方面的节能、便捷、高能效和经济实惠的家具和家电设备，以及适用于乡村和家庭规模的多功能管理软件系统等设备研发。

（三）乡村废弃物处理与利用

乡村的固体和液体废弃物不仅是造成乡村环境污染的主要因素，同时也是导致乡村环境脏乱和居住环境恶化的核心因素。结合我国城乡接合部地区农村固体废弃物及污染物排放现状，应在乡村生产和生活垃圾的污染减量与分类技术，乡村污水的收集和处理方式与设备，乡村固体垃圾的收集和处理设备、技术和方法，以及乡村有机废物的资源化利用设备、技术和模式等方面重点研究。

三、乡村居民服务科技工程

（一）农业文化传承与发掘工程

我国农村经济正处于转型升级期，在推进新时代美丽乡村建设过程中应高度重视农业文化传承与保护问题。将农业文化的传承视为乡村复兴的"软实力"和"助推器"，充分利用科技手段，对农耕文化、乡村文物古迹以及农业文化遗产进行深入的挖掘、整理和传播；鼓励开展村志和村史的编纂研究活动，同时也支持各种非物质文化遗产项目的文字、录音和录像等数字化多媒体技术的研发，以服务和推动乡村特色文化产业的发展，从而促进文化普及与精神生活共同富裕的实现。

（二）乡村振兴人才培育工程

培育和塑造一批助力乡村振兴的科技专家和科技先锋人才，完善国家层面的农村人才队伍建设政策体系和工作机制。鼓励成立涉及乡村振兴等领域的跨学科、多元化的创新研发团队，并持续加大对从事乡村振兴理论研究和实践研究的顶尖人才和杰出创新团队的资金支持。加快高层次农村实用人才队伍纵深建设进程，建立农业类专业技术人员职业资格制度，加快推进农业科研事业单位人员分类管理改革。鼓励企业和事业单位的专家深入基层，为乡村提供高质量专业服务。实施农村青年带头人工程，建立完善的激励政策体系，激发广大优秀人才投身社会主义新农村建设的热情和活力。推动"农科教"相结合和"产教"相结合的教育模式创新，同时加强对乡村短缺人才的培养和新型农民的职业培训工作。激励高等教育机构和院校开设与乡村规划建设、乡村住宅设计等相关的专业和课程，培养一批专业人才，着重培养具有乡村技能的工匠。发挥企业在推进科技与金融深度融合方面的主体作用，加大对涉农中小企业技术创新和技术进步的资金扶持力度，为科技型小微企业提供信贷担保或贴息优惠，促进科技型小微企业发展。加快推出鼓励各种人才返乡创业的政策，如针对高校毕业生、企业家、农业科技工作者、留学回国人员、退休归乡人员和进城农民工等的激励政策。这些政策旨在将现代科技、生产方法和经营策略引入农村，从而推动现代农业和农村新产业发展。

（三）公共服务与平台建设工程

针对农业和农村领域的基础理论、关键的共性技术以及公共支持平台的需求，加速建立一系列乡村振兴的前沿科学中心、重点实验室、创新（工程）中心和创新联盟等创新基地；为满足国家和区域的发展等核心需求，鼓励高等教育机构、科研机构和企业等创新实体之间进行合作与互动，共同打造一个协同创新中心；完善科技创新政策体系，加大对科研的投入力度。积极推动新型乡村振兴研发机构的建设，并进行跨学科的深入研究。着重推进科技资源开放共享体系建设，助力"产学研"结合的"政校企"合作模式更快、更好地落地。依托高等教育机构和科研院所的地理位置和农业特色，建立乡村振兴实践基地。引导地方政府建立农村科技资源统筹协调机制，加大对促进乡村振兴的国际合作研发平台与基地的财政资金支持。

（四）示范性的成果转化项目

依托农业科技孵化平台、技术转移中心（包括国际技术转移中心）、创新创业基地以及科研单位的"产学研"基地等多个平台，促进科技、人才、平台和成果等多种资源向乡村地区集中。通过整合现有农村要素资源、发挥市场作用，建立完善的政策扶持机制与服务体系。遵循"城乡融合、一体设计、多规合一"发展理念，针对区域发展的独特性，创新设计并实践具有中国特色、区域特色和地方特色的乡村振兴发展模式，设立乡村振兴示范县、示范镇和示范村，以形成一个示范样板。计划建立一系列乡村振兴"技术转移转化中心"、科教兴村和数字乡村示范项目，旨在构建一个融合科技服务、科技孵化和专利运营的综合成果转移和转化体系；强化相关行业部门之间的合作，特别是在节约成本、提高效益、生态环境保护、农田培肥和修复、食品加工、疾病预防和控制、空间布局、农业设施、灾害预防和减轻、节能和环境保护等方面的新型实用技术研究和应用。在乡村产业、教育、文化、医疗、建筑、交通、生态和安全等多个领域，努力形成新的产业和业态，孵化出一系列乡村振兴的领军企业，并推动形成多个产业集群。[1]

---

① 康绍忠、杨富裕：《科技创新支撑乡村振兴战略研究》，科学出版社，2022，第48—52页。

第五章

科技创新赋能乡村
振兴的基本逻辑与路径

第一节　科技创新赋能乡村振兴的目标定位

一、脱贫攻坚成果同乡村振兴有效衔接

（一）脱贫攻坚与乡村振兴有机衔接的逻辑

第一，乡村振兴是脱贫攻坚的必然延伸。脱贫攻坚旨在通过减少贫困人口和贫困地区的数量，实现贫困人口的稳定脱贫和贫困地区的整体脱贫。而乡村振兴是贫困地区在脱贫后的必然选择，旨在推动农村经济发展、改善农民生活水平、促进农村社会进步。因此，乡村振兴是脱贫攻坚的自然延伸和深化。第二，脱贫攻坚成果为乡村振兴提供了基础条件。脱贫攻坚的核心是通过扶持贫困地区发展产业、提高农民收入、改善基础设施等手段，满足贫困人口的基本生活需求。这些成果为乡村振兴提供了基础条件。例如，提高农民收入为农村经济发展提供了资金来源，改善基础设施为农村产业发展提供了便利条件，等等。第三，脱贫攻坚是乡村振兴的重要前提。在贫困地区脱贫之前，很难实现乡村振兴的目标。脱贫攻坚为乡村振兴创造了良好的社会环境和人力资源基础。通过解决贫困问题，能够提高农民的生产力和素质水平，为乡村振兴提供人力资源和社会基础。第四，脱贫攻坚与乡村振兴的目标一致。脱贫攻坚和乡村振兴的目标都是改善农民生活水平、推动农村经济发展、促进农村社会进步。两者都以农村为重点，致力实现农村的全面发展，让农民过上幸福的生活。因此，脱贫攻坚和乡村振兴具有相同的愿景和使命，通过相互衔接和协同推进，可以实现农村的全面振兴。综上所述，脱贫攻坚与乡村振兴之间存在有机的衔接逻辑。脱贫攻坚成果为乡村振兴提供基础条件，脱贫攻坚是乡村振兴的重要前提，两者的目标一致。因此，在实施乡村振兴战略的过程中，要充分发挥脱贫攻坚的积极作用，确保脱贫攻坚

成果能够持续巩固和发展，实现乡村的全面振兴。[①]

（二）科技创新促进脱贫攻坚与乡村振兴衔接

脱贫攻坚与乡村振兴的衔接是全方位的、有机的。一方面，需要实现脱贫攻坚阶段有益经验的自然延续，将已经取得的成果和经验应用到乡村振兴中。另一方面，不能全盘照搬脱贫攻坚时期的政策措施，因为乡村振兴的要求和挑战可能与脱贫攻坚阶段有所不同，需要根据新的情况和需求进行调整和改进，以避免出现错位对接的问题。在推动实现脱贫攻坚与乡村振兴有机衔接的实践中，确实存在一些问题。其中包括：产业升级困难，即如何推动农村产业结构的升级和转型；市场分割仍然较为突出，即如何解决农产品销售渠道不畅、价格不稳定等问题；体制机制衔接不畅，即如何协调各级政府和相关部门的职责分工与合作；内生动力不足，即如何激发农村居民的创业意愿和发展动力。针对这些问题，需要进一步深化改革，加强政策协调和创新，鼓励农村居民积极参与乡村振兴的实践，提高他们的发展动力和创业能力。因此，需要借助科技创新的力量，从经济社会发展的客观规律出发，紧密关注实际需求，兼顾脱贫攻坚政策的延续性与乡村振兴战略的独特性，以灵活和因地制宜的方式，真正实现两大战略的有机衔接。此外，科技创新还可以提供解决体制机制衔接不畅和内生动力不足等问题的方案。通过推动数字化农业建设和智慧农村建设，可以提高农村居民的生产效率和生活品质，激发他们的发展动力。同时，科技创新也可以为政府和相关部门提供决策支持和管理工具，提升体制机制的衔接效果。

在脱贫攻坚与乡村振兴的衔接过程中，需要注重构建产业升级机制、建立统一市场机制、完善乡村治理现代化机制、激发农民主体作用机制，以最大程度发挥政策的叠加效应。[②]首先，要构建产业升级机制。通过引导和支持农村产业结构的升级和转型，可以提高农产品的附加值和竞争力，实现农村经济的可持续发展。这包括推动农业科技创新、加强农业生产组织和合作、

---

① 王素娟：《脱贫攻坚与乡村振兴有效衔接中企业帮扶的对策研究——以万达集团帮扶丹寨县为例》，贵州大学硕士学位论文，2022年。

② 胡德宝、翟晨喆：《脱贫攻坚与乡村振兴有机衔接：逻辑、机制与路径》，《政治经济学评论》2022年第6期。

培育农村新兴产业等方面。其次，要建立统一市场机制。通过打破地域壁垒、优化农产品流通渠道、构建统一的市场体系，可以促进农产品的流通和销售，提高农民的收入水平。这需要加强农产品质量安全监管，推动电商和物流网络在农村地区的发展，提高农产品的品牌影响力和营销能力。再次，要完善乡村治理现代化机制。通过推动农村治理的现代化，可以提高政府和相关部门的能力和效率，更好地协调和推动脱贫攻坚和乡村振兴工作。这包括加强农村基层组织建设、提升政府服务水平、推动农村社会管理和法治建设等方面的努力。最后，要完善激发农民主体作用机制。通过鼓励农民积极参与乡村振兴的实践，提高他们的主体意识和能动性，以推动乡村振兴工作的深入开展。这包括加强农民培训和技能提升、提供创业支持和金融服务、推动农民专业合作社和农业合作社的发展等方面。通过构建产业升级机制、建立统一的市场机制、完善乡村治理现代化机制、激发农民主体作用机制，可以实现政策的叠加效应，最大程度地促进脱贫攻坚与乡村振兴的有机衔接。这将为乡村地区的可持续发展和全面建设提供强大动力和支持。[1]

二、谋求新时代经济高质量发展

党的二十大报告中明确指出，"高质量发展是全面建设社会主义现代化国家的首要任务""要坚持以推动高质量发展为主题""加快建设现代化经济体系""着力推进城乡融合和区域协调发展"。[2]当前中国经济已进入高质量发展阶段，然而"三农"问题依然突出，因此有必要实施乡村振兴战略，进一步助推中国经济高质量全面发展。推进乡村振兴离不开农村金融的有效支持，这在本质上对农村金融高质量发展提出了要求。所谓农村金融高质量发展是指在中国农村金融处于抑制状态的情况下不断优化金融服务路径，在保证金融服务效率的同时提高金融服务质量，将有限的资金应用到农村发展核心领域，进一步从乡村振兴的角度促进农村金融高质量发展。这既包括赋能农村金融机构，大幅提升其服务乡村振兴的能力，也包括优化农村金融生态

① 汪三贵、冯紫曦：《脱贫攻坚与乡村振兴有机衔接：逻辑关系、内涵与重点内容》，《南京农业大学学报（社会科学版）》2019年第5期。

② 刘新智、朱思越、周韩梅：《长江经济带数字经济发展能否促进区域绿色创新》，《学习与实践》2022年第10期。

环境以适应乡村振兴和农村金融高质量发展的需求。[①]

从理论层面来看，金融科技赋能农村金融高质量发展的作用机制在于其具备"金融+技术"的双重属性，利用数字技术可从以下四个方面进行赋能，从而有效推动农村金融高质量发展。

第一，缓解信息不对称，降低业务风险。信息不对称是造成农村信贷配给不均衡的主要原因，而金融科技通过人工智能、区块链、大数据、云计算等技术，增加了信息的透明度，为缓解信息不对称、降低业务风险提供了新的解决方案。例如，区块链基于分布式记账方法、数据不可篡改性和开放性等特点，能使农村产业主体在农业种植养殖、物流仓储、销售监管等环节中及时储存真实信息，以解决信息不对称、利益分配难等问题。具体来看，金融科技赋能农村金融机构，有效降低了贷前征信成本，提高了贷中金融服务效率，加强了贷后风险控制。首先，金融科技对农户贷前的信用进行评估，降低农户与农村金融机构之间的信息不对称程度，通过大数据技术辅助农村金融机构获得农户信息，并基于高频海量的交易数据对农户进行精准画像，将不易衡量的信息数字化，将分散的信息集中化，从而对农户进行信用评级、授信决策，进而缓解信息不对称，降低业务风险。其次，可应用金融科技对农户贷实行动态监测，在实现风险可控的前提下提升金融服务效率。例如，利用遥感影像数据可以对农村地区农作物的长势、产量等信息进行预测分析，以评估贷款农户的资产情况及还款能力。最后，金融科技可应用于增强对贷后风险信息的全面性、可靠性的把控及提升贷后管理水平等方面。例如，农村金融机构可以利用金融科技对农户存贷款、理财情况、资金账户流水等数据进行分析，剔除可疑、虚假信息，以降低农村金融机构的业务风险。可见，金融科技可运用于贷前、贷中、贷后的各个环节，相当程度地缓解信息不对称，提高风控能力，降低农村金融机构业务风险，从而实现农村金融高质量发展。[②]

第二，降低交易成本，提升盈利能力。农村金融机构利用金融科技对农

---

① 张林、温涛：《农村金融高质量服务乡村振兴的现实问题与破解路径》，《现代经济探讨》2021年第5期。

② 马柔：《金融科技在商业银行信用风险智能化管理中的应用研究》，《农村金融研究》，2019年第4期。

户信誉进行评估，拓展了农户的融资渠道，降低了交易成本，提升了其盈利能力。首先，金融科技赋能农村金融的小额贷款流程化、批量化、标准化，帮助农户实现小额贷款全流程手机端线上自助办理，减少了农村金融机构的柜面人员数量，降低了人工成本。例如，网商银行为农户提供了"三分钟在线申请、一秒钟审核放款、零人工干预"的"310"信贷服务，通过对借款人实行动态监控，降低了人工干预成本、交易成本与监督成本，提升了银行的盈利能力。其次，金融科技的应用解决了传统银行网点服务半径覆盖率低的难题，降低了物理网点的建设成本，提升了服务效率。在农村偏远地区，物理网点的设立回报率低，在金融科技的支持下，农村金融机构能够降低传统"一对一"模式的服务成本，使各种基于金融科技场景的产品和服务更直接地触达农村居民。例如，运用图像识别、生物检测等技术实现农户非柜面式身份认证，保障了线上确认农户身份的安全性，进而降低了农村地区物理网点的建设成本。最后，数字化技术的应用降低了信息处理成本。例如，农村金融机构通过采用云计算和电子签名技术，构建基于手持 PAD 的移动端无纸化生产经营信息采集体系，实现了尽职调查、征信授权书、电子合同等签约信息无纸化办理，从而降低了信息处理成本。[①]

第三，创新抵押担保流程，提升抵押担保效能。金融科技在破解农村地区抵押担保难题中发挥了重要作用，不仅可以优化抵押担保贷款业务流程，还能有效拓展抵押担保品范围，更加精准地识别抵押担保价值，提供更加快捷高效的服务，促进农村金融高质量发展。首先，金融科技可实现对活体（牛、羊等）的抵押担保，拓展了抵押担保范围，激活农村的"沉睡资产"。在物联网等金融科技的帮助下，农村金融机构能够以活体牲畜为抵押物，将牲畜活体转化成数字化资产，通过智能耳标为每个活畜资产提供唯一数字身份识别码，实现一物一码、一物一档，使活畜资产可视、可控，帮助养殖户在申请贷款、办理抵押等环节中"减材料、减环节、减时间"，推动金融机构对养殖户进行授信和贷款。活体抵押担保是区块链溯源技术在农村金融服务领域的有益尝试。例如，2020 年 12 月，广东省农村信用社创设生猪活体

---

① 付琼、郭嘉禹：《金融科技助力农村普惠金融发展的内在机理与现实困境》，《管理学刊》，2021 年第 3 期。

抵押贷款产品"真猪贷"，实现全辖生猪产业贷款投放达79亿元。其次，利用金融科技可以使抵押物的担保价值得到最大程度的发挥，夯实抵押担保基础。例如，借助物联网产生的货物信息数据，农村金融机构的抵质押物管理人员可通过智能手机或其他物联网终端远程实时监控仓储货物情况，实时显示、监控货物进出情况，还能提高货物进出效率、扩大存储容量、减少人工成本及劳动力强度。最后，利用金融科技优化抵押担保机制，强化抵押担保功能，发挥云计算、大数据等技术的作用，通过对政策性农担体系业务数据、场景数据和征信数据的连续采集和动态分析，担保机构建立了数字化平台和项目数据库、客户数据库，不仅提升了业务审批效率，还创新了农担产品，推动简化担保流程、降低担保费率、提升担保倍数。例如，山东农担开发了"农耕贷"方案和全线上产品，研发出足不出户的业务办理模式，截至2022年9月，累保金额已超过1000亿元，在保金额近600亿元。①

第四，改善风险定价，提升风控能力。随着大数据、人工智能等技术的快速发展，金融科技在农村金融风险定价中也得到了广泛的应用，提升了金融机构信息收集与处理的能力，提高了风险识别的精准度，促进了智能风控模型的建立，提升了机构的风控能力。首先，金融科技的应用大幅提升了农村金融机构收集与处理信息的能力，助力实现更有效的风险定价和风险控制。一方面，农村金融机构可通过大数据等技术获取更多维度的客户信息，更精准地测算客户的还款能力并预测客户违约概率，从而更好地根据客户风险进行利率定价和风险防范；另一方面，基于金融科技的"智能风控"体系通过闭环式管理能实现信息处理的高效化。例如，利用大数据技术可更低成本地获取客户更多维度的信息，实现在贷前对借款人风险特征的精准画像，有效识别潜在风险对象，进而实施反欺诈。其次，金融科技的应用有效提高了农村金融机构风险识别的精准度。相较于传统的评分卡模型和规则引擎等风险评判方法，金融科技提升了农村金融机构风险定价、违约计算、风险监测的成效，逐步建立起新的信用风险打分系统和信贷审核机制，帮助机构进行差异化风险定价，实现对风险的精细化管理，提升其风险治理能力。最后，

---

① 吴慧玲：《湖北省政策性农业信贷担保体系的数字化战略研究》，武汉轻工大学硕士学位论文，2023年。

通过运用云计算、大数据等技术，农村金融机构探索建立了智能风险定价模型。一方面，金融科技为智能风控提供了多种技术手段，例如，基于实际算法、人工智能中的深度学习、无监督学习等技术的支持，农村金融机构可自动获得客户更加精准的贷款利率，有助于降低其信贷风险和定价成本。另一方面，金融科技提升了机构的风险管控能力，使风险定价模型实现了从"已发生信用损失模型"向"预期信用损失模型"转换，助力农村金融机构的高质量发展。一些农村金融机构基于"智能风控模型"形成了各具特色的贷款产品和业务，如湖南常德农村商业银行的"常德快贷"、浙江农村信用社的"浙里贷"、安徽亳州药都农村商业银行的"信用卡快申"业务等。

三、推动共同富裕取得实质性进展

科技创新促进共同富裕既是扎实推动共同富裕的内在要求，也是在高质量发展过程中促进共同富裕的必由之路。当前学界就利用科技创新促进共同富裕已达成宏观上的共识，但对其实际效应的研究还较为缺乏。从现有研究来看，科技创新促进共同富裕的实际效应较为复杂。就个体层面而言，新技术的应用和扩散能够促进个体物质收入的提升和共同富裕。就企业层面而言，行业或企业间的研发能力差异将导致企业间员工收入的不平等，企业层面的科技创新能力对区域差距、收入差距、行业差距具有重要影响，一定程度上导致了区域间的不平衡与不协调，这都是影响共同富裕发展水平的重要因素。就国家层面而言，整体上的技术进步将拉大收入差距，科技创新的空间集聚特征将导致地区经济增长产生差距，地区经济增长差距主要取决于与前沿科技水平的差距，科技创新的城乡二元结构导致的创新强度的差异是城乡收入差距产生的重要原因。

（一）马克思主义政治经济学视域下科技创新促进共同富裕的理论机制

马克思主义政治经济学视域下科技创新促进共同富裕的理论研究建立在对西方经济学视域下科技差异化和资本主导进行批判的基础上，其以劳动价值论为基础，按照劳动主线演化出了科技创新促进共同富裕的理论机制，提出了协调经济增长与财富分配关系的理论设想。马克思从历史唯物主义视角指出生产力是人类社会发展的根本基础，并表示共同富裕是人类的共同追求，指出"人们奋斗所争取的一切，都同他们的利益有关"。更为重要的是，马克思高度重视科技对生产力的促进作用，提出了"科学技术是生产力"的鲜明论断，将科技视为一种推动人类社会发展和人的自由全面发展的、进步的、革命的力量，先后作出了"自然科学通过工业进入人的生活，改造人的生活，并为人的解放做准备""劳动生产力是随着科学和技术的不断进步而不断发展的"等理论判断。马克思主义认为，科学技术的应用使人类的一切劳动变成简单劳动，提高了劳动生产率，推动生产力的进步和发展，进而促进经济增长和社会财富总量增加。而且，在马克思、恩格斯看来，科技创新在提高劳动生产率的同时能够减少社会必要劳动时间，将工人从繁重的劳动中解放出来，获得更多的闲暇时间，进而有时间去发展科学技术、艺术等，从而过上更有质量、真正自由的生活，这也是共同富裕的应有之义。

（二）中国特色社会主义政治经济学视域下科技创新促进共同富裕的理论机制

中国特色社会主义政治经济学遵循马克思主义政治经济学的基本原理，是马克思主义基本原理与中国实际相结合的产物，是中国化的马克思主义政治经济学。在中国特色社会主义政治经济学视域下，科技创新促进共同富裕，走出了一条中国特色之路。社会主义以解放和发展生产力、消灭剥削、消除两极分化，最终实现共同富裕为根本目的。在解放和发展生产力的过程中，党和国家高度重视科技创新对生产力的促进作用，先后提出了"向科学进军""科学技术是第一生产力""创新是引领发展的第一动力"等论断，先后确立了科教兴国、创新驱动发展等国家战略，促进我国科技实力实现历史性跨越，与西方国家相比实现了从跟跑、并跑到在5G、人工智能等领域处于领跑态势，极大地促进了生产力发展和经济增长，使国家逐步富强起来。在消灭剥削、消除两极分化，最终实现共同富裕的进程中，我国成功建立了以公有制为主体、多种所有制经济共同发展以及以按劳分配为主体、多种分配方式并存的基本经济制度，^①历史性地消除了绝对贫困，步入了扎实推动共同富裕阶段。在消除绝对贫困、逐步实现共同富裕的进程中，在新发展理念指引下的科技创新发挥了越来越重要的作用，具体体现在科技创新从以物为本的惯性思维转向以人为本，调动人民自我发展的主观能动性，助力人民通过科技致富。同时，科技创新促进共同富裕的分配机制更加健全和科学。党的十九届四中全会提出"健全劳动、资本、土地、知识、技术、管理、数据等生产要素由市场评价贡献、按贡献决定报酬的机制"^②，这就形成了按劳分配与按要素分配相结合的分配机制，促进科技在财富分配中占有更大比重。按劳分配是社会主义分配的主要原则，是在劳动者公平参与基础上的凭劳动获取公平报酬的机制，这保证了财富分配的基础公平。按要素分配是按劳分配的有效补充，是凭借社会生产的各类要素获取更高报酬的分配机制。科技创新在按要素分配中的作用就是要提高知识、技术等要素参与生产的比重，促进科技为劳动者参与分配提高话语权和分量。^③

科技创新对共同富裕具有显著促进作用，城市化对共同富裕也具有显著促进效应，而政府投入资源与调整产业结构对共同富裕的影响作用较弱。另外，科技创新对共同富裕的促进作用存在区域异质性和地理差异性。为进一步发挥科技创新对共同富裕的正向促进作用，扎实推动共同富裕，应当深化科技创新驱动共同富裕发展。一是要加大科技投入，保障科技创新服务驱动共同富裕活动开展。要加大政府财政投入，形成政府支持科技创新促进共同富裕的政策导向。二是要加强产学研协同，共同开展重大、核心、关键技术的研究与攻关，充分利用不同科研机构的科研优势，实现协同作战；要加强科技成果的转化与运用，提升科技创新对共同富裕的贡献度。三是要深化体制改革，做好统筹协调，整合科技资源，对接共同富裕发展目标，促进科技创新在共同富裕全领域应用及扩散。四是积极完善基于共同富裕的科技创新路径。要搭建基于共同富裕的组织共建、市场共富、社会共享科技创新路径；

① 高海波：《消除贫困和促进共同富裕的中国智慧——基于〈资本论〉反贫困理论的经济哲学解读》，《大连理工大学学报（社会科学版）》2022年第1期。
② 张建军：《我国农地征收增值收益分配研究》，华中科技大学博士学位论文，2022年。
③ 赫名超：《新中国成立以来收入分配制度的演变及创新研究》，吉林大学博士学位论文，2020年。

要建立和创新科技组织共建范式，形成政府主导、市场协同、社会参与、人民发力等多元主体共建组织范式，搭建政府、企业、科研机构、用户等共同参与的多主体科技创新组织共同体，推进一体化科技创新平台搭建；要充分发挥市场在科技创新资源配置中的决定性作用，健全知识、技术等生产要素由市场评价贡献、按贡献决定报酬的机制，促进科技创新赋能人民发展能力的提升，使全社会能通过劳动和技术逐步实现共同富裕。

四、开启全面建成社会主义国家新征程

科技兴则民族兴，科技强则国家强。在当前全球竞争日益激烈的背景下，科技创新已成为推动国家发展的核心动力。

第一，高水平科技自立自强对于推动科技强国建设具有重大意义。一是能提升国家创新能力。要实现高水平科技自主自强，国家需在关键领域进行自立创新，减少对外依赖，从而提高科技创新能力。这将为国家带来更多的科技突破和创新成果，推动科技强国建设。二是能保障国家安全。高水平科技自立自强有助于保障国家的科技安全。依赖他国技术可能带来信息泄露和技术封锁的风险，而自主研发和掌握核心技术能够提高国家的科技安全水平，确保国家的核心利益和发展空间。三是能提升国家竞争力。在全球化时代，科技创新是推动经济发展和提升国家竞争力的关键因素。通过自主创新和掌握核心技术，国家能够在全球科技竞争中获得更大的话语权和影响力。四是能推动产业升级和转型。通过自主创新和掌握核心技术，国家能够引领产业的发展方向，推动传统产业向高端化、智能化方向转型，提高产业的附加值和竞争力。五是能增强国家软实力。科技创新成果的积累和应用能够提高国家的声誉和影响力，增强国际合作和交流的能力，为国家赢得更多的合作伙伴和国际资源。综上所述，高水平科技自立自强对于推动科技强国建设具有重大意义。它不仅能提升国家的创新能力、保障国家安全，还能提升国家的竞争力、推动产业升级和转型，增强国家的软实力。因此，在推进科技强国建设的过程中，科技自立自强是一个重要的战略选择。

第二，强化科技创新对国家重大区域发展战略的支撑引领。一是促进区域经济发展。科技创新可以成为区域经济发展的重要引擎。通过加强科

技创新，培育和吸引高新技术企业、科研机构落户，集聚人才，可以推动区域经济结构升级、产业转型和创新链条的形成，促进区域经济的长期可持续发展。二是增强区域竞争力。科技创新是提升区域竞争力的重要驱动力。通过加强科技创新，提升区域的创新能力和核心竞争力，可以吸引更多的投资和人才，促进区域产业的集聚和创新链条的形成，提高区域的综合竞争力。三是推动区域协同发展。通过促进不同地区在科技创新领域的优势互补和合作共赢，可以实现资源优化配置、产业协同创新和共同发展。而建立科技创新合作平台和机制、加强区域间的合作交流，可以推动区域间的协同发展和整体实力的提升。四是解决区域发展不平衡问题。通过加强科技创新，特别是面向欠发达地区和农村地区的科技创新，可以促进资源优势的转化和平衡发展，缩小区域间的差距，实现全面发展。五是增强区域自主创新能力。通过加强科技创新基础设施建设、人才培养和政策支持，可以提高区域的科技创新能力和自主创新能力，推动区域从依赖性创新转向自主创新，实现科技创新的可持续发展。综上所述，强化科技创新对国家重大区域发展战略的支撑引领具有重要意义。它可以促进区域经济发展、增强区域竞争力、推动区域协同发展、解决区域发展不平衡问题，同时也能增强区域的自主创新能力。因此，在制定和实施国家重大区域发展战略时，应充分重视和支持科技创新，将其作为引领和支撑区域发展的重要因素。

第三，在"大科学"时代的背景下，作为一个创新型国家，我国必须积极主动地融入全球创新网络。一是要共享创新资源。积极融入全球创新网络可以帮助我国与其他国家和地区共享创新资源，包括科研成果、技术专利、创新经验等。通过共享创新资源，我国可以借鉴他国的成功经验，加速科技创新的进程，提高创新效率和质量。二是要加强国际合作。通过与其他国家和地区的科研机构、高校和企业建立合作关系，可以开展共同研究项目、共享研发成果，加强人才交流和技术转移，推动跨国创新合作，实现优势互补和共同发展。三是要推动技术创新应用。通过与其他国家和地区的科技企业和创新创业者合作，可以将科技成果转化为实际应用，推动技术创新的商业化和产业化，带动经济增长和就业岗位的增加，为构建科技创新共同体和人类命运共同体作出贡献。四是要共同应对全球挑战。通过与其他国家和地区的科研机构及企业合作，共同研究和解决重大全球问题，如气候变化、能源短缺、环境污染等，最终推动可持续发展和绿色创新。综上所述，积极主动融入全球创新网络对于推动构建科技创新共同体和人类命运共同体具有重要意义，它可以帮助我国共享创新资源、加强国际合作、推动技术创新应用，共同应对全球挑战。因此，在推动科技创新和实现可持续发展的过程中，我国应积极寻求与其他国家和地区的合作与交流，为构建科技创新共同体和人类命运共同体作出更大的贡献。[①]

第二节　科技创新赋能乡村振兴的双重逻辑

在我国现代社会主义建设的过程中，乡村振兴战略的提出，旨在推动农村经济发展、改善农民生活水平，科技创新成为实现这一目标的关键力量。

一、数字经济对乡村振兴的正向引领

数字经济对农村产业融合和农业转型具有重要的影响和推动作用。通过数字化和信息化的发展，数字经济打破传统的供需模式，为农村产业创新提供了新的动力和可能性，同时也为农村经济的可持续发展提供了新的机遇和挑战。数字经济对生产、流通、分配和消费这四个社会生产环节的数字化改革具有重要意义。通过对数字技术的应用，数字经济可以推进农村的数字化改造，缩小城乡之间的数字鸿沟，为涉农产业的发展提供支持，并促进产业链的优化，还有助于缩小城乡发展差距和城乡居民收入差距，推动实现共同富裕和乡村振兴的目标。

[①]《科技导报》编辑部：《奋进自立自强新征程　建功科技强国新时代》，《科技导报》2022 年第 11 期。

（一）缓解市场信息不对称

数字经济在缓解市场信息不对称方面发挥着重要作用。市场信息不对称指的是买卖双方在交易过程中拥有的信息水平不对等，导致交易中的一方处于劣势地位。数字经济能提供更加透明和可靠的信息渠道，有助于平衡市场信息的不对称性。第一，数字经济为消费者提供了更多的产品信息。通过电子商务平台和在线购物平台，消费者可以轻松获取商品的详细信息、用户评价以及价格比较等情况，使消费者能够更加全面地了解产品的特点和性能，从而做出更加明智的购买决策。第二，数字经济为企业提供了更多的市场信息。通过大数据分析和市场调研，企业可以深入了解消费者需求、竞争对手情报及市场趋势等信息。这使企业能够更有针对性地制定市场策略、优化产品设计，从而更好地满足消费者的需求。第三，数字经济还促进了供应链的信息流通。通过数字化的供应链管理系统，企业可以实时了解原材料的供应情况、生产进度及物流配送等信息。这有助于提高供应链的响应速度和效率，减少库存积压和物流成本，从而提高企业的竞争力。第四，数字经济在农业生产经营管理中的应用可以显著提高效率。在数字经济时代，可以借助先进的信息技术，并结合大数据应用来推动农业生产经营的管理，从而促进农业经济的增长。总而言之，数字技术的广泛应用可以提高信息平台的透明度，提升信息使用效率。更加充分完备的农业信息化数据平台有利于降低农业生产和销售环节的交易成本，从而有效调整企业内部经营和市场交易的边界，扩大农业投入要素的市场交易规模，最终促进农业产业化。

（二）降低交易成本

数字经济的发展能降低交易成本，主要有以下原因。

首先，数字经济的重要特征就是将信息作为重要生产要素，降低经济活动的交易成本，提高生产效率。数字经济主要是指以使用数字化的知识和信息作为关键生产要素、以现代信息网络作为重要载体、以信息通信技术的有效使用作为效率提升和经济结构优化的重要推动力的一系列经济活动。从农业生产活动来看，数字经济发展会带动农业智能设备的研发和生产，如在农业播种、灌溉、喷药、收割等生产环节，使用智能化农业机械可以降低生产成本。生产成本的降低有助于农业社会化服务机构发展，专门提供某一生产环节的生产性服务，可以提高生产效率，使小农户得以与现代农业相衔接。同时，服务于农药、良种等重要农业生产物资交易的专业电子商务平台的出现，将降低产品交易时的搜寻、匹配、签约以及交易运输成本，同样有利于农业经营主体进行专业化的采购和销售。总而言之，数字经济分别从降低生产成本、提高生产效率、促进农业生产资料交易达成等方面对农业生产发挥积极作用。农村产业融合模式中的高科技渗透模式在数字技术与农业产业融合发展中得到体现。例如，使用智能化农业机械能提高农业生产效率，反映高科技渗透模式下的农村产业融合，具体为"信息服务业＋农业机械化"产业的结合。农业社会服务机构的快速发展，有利于促进农业内部产业融合。以种植业和养殖业融合发展为例，无论是播种、收割还是田间或养殖场日常照管等环节，种养大户都可以购买农业生产社会化服务；第三方服务业机构依托信息化和机械化的农业机械或传感设备，可为种养大户提供专业服务，间接促进了农业内部产业融合。类似的，将数字技术应用于农产品加工企业的深加工环节，也会促进农业价值链延伸，从而促进农产品生产加工、销售环节的产业融合，这体现为农业价值链延伸模式的产业融合。因此，数字经济发展为高科技渗透融合模式、农业内部的产业融合以及农业价值链延伸模式的产业融合发展提供了有利条件，为数字乡村建设创造了条件。[①]

其次，数字经济可以有效地降低交易达成的搜寻成本、议价成本及签约成本，从而解决受交易成本过高导致的农产品销售渠道不畅等问题。具体而言，销售方在互联网平台上展示有关商品信息和交易对象信息，而潜在需求者可以通过网络平台高效、快捷地搜寻到与自身需求相匹配的产品，还能十分便捷地进行"货比三家"。交易过程中双方信息相对透明，有助于交易磋商，降低谈判时长和次数，以便提高交易效率。由于第三方平台有交易资金临时监管、售后评价打分等功能，有助于约束买卖双方在交易中的不道德行为，对双方都会形成有效监督。因此，随着数字经济的兴起，互联网平台上销售农产品及花卉绿植的店铺大量出现，网络零售交易规模不断增长。农家

[①] 张雯婷：《数字经济产业网络特征及影响分析》，中南财经政法大学博士学位论文，2021年。

乐、民宿等也借助互联网平台快速发展。由此可见，数字经济可以降低交易成本，促进农产品销售和休闲农业旅游服务业融合发展。众所周知，商品的包装和营销环节是价值链中增值较高的环节。以往农产品销售环节被零售渠道把持，而农业经营主体从农业价值链中获利较少。通过发展数字经济，开展电商直播，农业经营主体可以延伸农业产业链，将农业和工商业进行产业融合发展。此外，新型农业经营主体借助网络平台开设民宿能够吸引周边城市的游客来乡村开展休闲旅游、研学体验、土特产采购等活动，丰富乡村产业新业态，促进农业、餐饮住宿业、旅游业等多业态复合的产业融合发展，形成延伸农业产业链、多业态复合的产业融合模式，推动数字乡村建设。

最后，数字普惠金融是数字经济在金融服务业发展的具体表现形式。过去金融服务机构面临的信息不充分的问题在数字经济时代得到缓解。金融科技通过利用大数据等现代化的信息技术，呈现出其普惠性、共享性及低成本的特征，可使乡村产业"融资难"问题得到有效解决。大数据技术的应用降低了交易成本，使金融机构在农村地区的移动支付业务量大幅提升。许多银行推出针对农户的小额信贷，提升为农户办理贷款的效率。例如，由蚂蚁集团联合政府牵头成立的包括信贷、保险以及移动支付在内的数字化服务平台，为农民提供小额度的无抵押贷款。返乡创业农民获得贷款后，能够建设农家乐等休闲农业项目，从而实现在家门口挣钱。数字经济通过大数据技术应用，降低了农民等农业经营主体对金融服务的获取门槛。

（三）推进乡村治理能力现代化

数字时代让我们处在被数据包裹的社会环境中，数字技术与基层治理的融合会释放出巨大的能量。数字技术革新打破了基层治理的常规运作模式，通过探寻基层治理的新技术、新手段和新模式，提升基层数字治理的深度和广度，推动基层治理从传统的以管理为主转变为以数据为基础、以算法为核心、以算力为支撑的新型基层治理形态，为乡村基层治理现代化提供了新引擎。第一，数字化赋予基层治理现代化新的治理内涵。基层治理理念是引领基层治理实践的先决条件，而信息技术驱动基层治理现代化不仅丰富了基层治理的内涵，而且为基层善治注入了新的元素，促使基层治理理念实现从机械性到智慧性的飞跃。首先，基层治理图景更加清晰。数字技术嵌入基层治理，可以将复杂的社会事实呈现在"云图"上，清晰地勾勒基层事务处理过程。其次，基层治理更加精准化。基层治理的突出特点是公众利益诉求多元、复杂，利用大数据可精准识别公众个性化、差异化的需求。最后，基层治理更具敏捷性。基层数字治理吸收了敏捷治理理念，使基层治理空间更加灵活，具有弹性。第二，数字化赋予基层治理现代化新的治理动能，"信息化已经成为实现我国治理现代化的关键驱动力"。基层组织是国家治理和社会治理的基本单元，"数字技术的驱动通过目标耦合和机制耦合使得治理结构对技术实现了更高程度的吸纳，共同达到较高程度的耦合质量以及促进耦合后的制度创新能力提升"。一方面，数字技术驱动基层治理重塑新的价值，作为价值标准的数字技术在治理逻辑上体现为'去中心化'程度加深，推动数字空间从信息互联逐步走向价值互联。另一方面，数字技术推动基层治理制度再生产。数字技术"能够窥探制度内部缺陷并进行修正"，"其运行逻辑中蕴含着重要的制度创新意义，必然会对既有的治理体系产生挑战并推动变革"。[①] 数字技术的应用通过"提高制度变革的潜在收益、降低制度变革的相对成本等"，[②] 为制度的变革提供了驱动力。第三，数字化赋予基层治理现代化新的治理优势。基层治理现代化的创新正在向"整体智治"方向转变，这也是数字技术赋能社会治理机制创新、推动公共管理与信息技术融合的必经之路。"将技术逻辑深度嵌入到政府与社会的制度结构，通过治理主体之间的有效互动，以及权力转移、数据共享、流程优化、场景设置和资源配置等方面的系统性重塑，提升公共治理的有效性。"[③] 例如，浙江嘉兴市平湖市以基层治理的难点、堵点、卡点、痛点为突破口，首创物联感知数据融合服务平台"感智汇"，全面开启县域"物联、数联、智联"三位一体全域智治基层治理能力建设，打造县域集约化基层治理服务体系。[④]

---

① 关婷、薛澜、赵静：《技术赋能的治理创新：基于中国环境领域的实践案例》，《中国行政管理》2019 年第 4 期。

② 唐亚林、王小芳：《网络化治理范式建构论纲》，《行政论坛》2020 年第 3 期。

③ 汪青松：《区块链作为治理机制的优劣分析与法律挑战》，《社会科学研究》2019 年第 4 期。

④ 关爽：《数字技术驱动社会治理共同体建构的逻辑机理与风险治理》，《浙江工商大学学报》2021 年第 4 期。

二、乡村振兴对数字经济创新的反向驱动

（一）革新生产技术与生产方式

乡村振兴战略与现代农业的发展确实存在着密不可分的联系。传统的农业生产方式在生产效率和环境保护方面存在一系列问题，不能满足人们对健康、安全和环保的要求。因此，革新生产技术与生产方式是实施乡村振兴战略的必然选择。

在乡村振兴的过程中，出现了生产全程机械化的趋势。生产全程机械化是指利用机械代替人力完成农业生产的全过程，包括耕种、播种、施肥、除草、收割、烘干等环节。我国农业生产全程机械化的应用已经取得了包括以下三个方面的成果。一是耕种机械化。耕种机械化是农业生产全程机械化的基础。我国耕种机械化已经得到了广泛应用，能够完成土地的翻耕、整地、播种等作业。二是收割机械化。收割机械化是农业生产全程机械化的重要环节之一。我国已经研发出多种收割机械，能够完成小麦、水稻、玉米等作物的收割作业。三是烘干机械化。烘干机械化也是农业生产全程机械化的重要环节之一。我国已经研发出多种烘干机械，能够完成农作物的烘干作业，有效减少了农民的损失。生产全程机械化的运用有助于促进乡村振兴战略的实施。首先，提高了生产效率。机械化的操作能够大大提高农业生产效率，减少人力成本，提高农业生产效益。其次，促进农业现代化。机械化是农业现代化的重要标志之一，推进生产全程机械化能够促进农业现代化进程。再次，增加农民收入。通过机械化操作，农民可以增加农业产量，提高农产品质量，从而增加收入。最后，推动农村经济发展。生产全程机械化能够推动农村经济发展，促进农业产业升级和结构调整。机械化依赖于科学技术的发展，生产技术的机械化为科技创新发展提供了巨大空间。

乡村振兴战略在赋予解决"三农"难题新机遇的同时，也对变革农业生产方式提出了新要求，农业生产方式的革新与乡村振兴战略息息相关。一方面，农业生产方式的变革决定着乡村振兴战略能否实现。[①] 首先，在经济发

---

① 郝耕、孙维佳：《农业生产方式变革是乡村振兴的根本出路》，《西安财经大学学报》2020 年第 6 期。

展方面，农业生产方式的变革可以提高农业生产的效率和产量，促进农村经济的发展。通过引入现代化的农业技术和设备，提高农产品的品质和附加值，发展农产品加工业等，可以创造更多的就业机会，增加农民的收入，推动乡村经济的繁荣。其次，在产业升级方面，农业生产方式的变革可以推动农村产业的升级和转型。通过发展现代农业产业园区、农村电商、农村旅游等新兴产业，吸引更多的资本和技术进入农村，提高农村产业的规模和效益。这将为乡村振兴提供新的动力和增长点。最后，农业生产方式的变革有助于改善农民生活质量。通过提高农产品的品质和附加值，增加农民的收入，改善农村基础设施，提供良好的公共服务等，可以提高农民的生活水平，增加他们对乡村振兴战略的支持和参与度。另一方面，农业生产方式变革决定乡村振兴的成效。首先，通过推动农业生产方式的变革，可以引入先进的农业技术和设备，提高农业生产的效率。例如，利用精准农业技术，可以实现对农田的精确施肥、浇水等，减少资源浪费和环境污染，提高农产品的产量和质量。这能够促进农业的可持续发展，并为乡村振兴提供更多的农产品供给。其次，通过农业生产方式的变革，可以调整农产品的结构，提高农产品的附加值和市场竞争力。例如，发展高品质、有机、绿色农产品，满足消费者对健康和安全的需求；发展农产品加工业，延长农产品的产业链，提高产品的附加值；发展农村旅游业，将农产品与旅游体验相结合，创造更多的经济价值。这将为农民增加收入，提高农村的经济发展水平。再次，通过农业生产方式的变革，可以推动农村产业的升级和转型。例如，发展现代农业产业园区，集聚农业企业和农产品加工企业，形成农业产业集群，提高农业产业的规模效益和市场竞争力。同时，可以培育农村新兴产业，如农村电商、农村金融等，引导农民就业创业，促进乡村经济的多元发展。最后，保护生态环境。农业生产方式的变革还应注重保护生态环境，实现农业的可持续发展。例如，推广生态农业和有机农业，减少化学农药和化肥的使用，提高土壤质量和生态系统的稳定性；发展农田水利工程，提高水资源的利用效率；加强农村环境污染治理，防止农业活动对环境造成的负面影响。这将为乡村振兴提供良好的生态环境和可持续发展基础。综上所述，农业生产方式的变革对乡村振兴的成效至关重要。通过提高农业生产效率、优化农产品结构、促进农村产业升级和保护生态环境，可以实现农村经济的转型升级，提高农民收入和生活水平，推动乡村振兴的可持续发展。[①]

（二）推动新兴消费市场变革

农业作为国民经济的基础，扮演着重要的角色。农业、农村和农民是我国经济社会发展的"压舱石"和"稳定器"。首先，农业的发展直接关系到国家的粮食安全和农产品供给。保障粮食安全是国家的重要任务，而农业是实现这一目标的基础。农业的稳定发展不仅能够满足国内市场需求，农产品的出口还能够为国家创造贸易顺差，提高国际竞争力。其次，农村地区是国家经济社会发展中不可忽视的重要组成部分。农村地区有着广阔的土地资源和丰富的人力资源，发展农村经济可以促进农民增收和农村居民消费，拉动内需，实现经济的稳定增长。最后，农民是农业和农村发展的中坚力量，农民的生产劳动和创造活动对于农业生产和农村经济的发展起着至关重要的作用。稳定农民的收入、改善农民的生活条件，不仅是社会公平正义的要求，也是维护社会稳定和谐的需要。因此，"三农"作为我国经济社会发展的"压舱石"和"稳定器"，需要重视全面推进农业发展、农村振兴和农民福祉三大工作。

全面推进乡村振兴战略，可有效盘活农村地区的巨大消费潜力，刺激国内市场需求，从而为加快构建"双循环"新发展格局提供重要保障。随着我国经济发展进入新时代，"双循环"新发展格局和乡村振兴战略的实施相互促进，需要进一步挖掘乡村的价值，培育乡村发展的特色优势。在政策目标和政策实践等方面，这两个战略相辅相成，特别是在消费环节上。首先，在政策目标方面，乡村振兴战略重点在于提升农民收入和改善农村居民生活水平，通过增加农村消费需求来推动经济发展，而"双循环"新发展格局也强调扩大内需，特别是通过发展农村消费市场来实现内需的释放。这两个战略的目标都要求充分挖掘农村消费市场潜力，使其成为经济增长的重要动力。其次，在政策实践方面，乡村振兴战略的实施注重培育乡村特色产业和发展乡村旅游，通过提供多样化的产品和服务来吸引更多的消费者。而"双循环"

---

① 高强：《脱贫攻坚与乡村振兴有机衔接的逻辑关系及政策安排》，《南京农业大学学报》（社会科学版）2019年第5期。

新发展格局的实施则强调优化消费结构，鼓励居民增加消费，特别是在农村地区。这两个战略的实践都致力激发农村居民的消费潜力，推动乡村消费市场的繁荣。因此，可以说"双循环"新发展格局和乡村振兴战略在促进农村居民消费环节上相辅相成。二者均重视充分挖掘农村消费市场潜力，通过培育乡村发展的特色优势，推动农村经济的发展，为我国经济的可持续发展提供了重要的支撑。同时，这也为农村居民提供了更多的消费选择和提高生活质量的机会，促进了城乡居民的互动和共同发展。

（三）科技溢出效应实现三产融合

产业间的技术溢出是对产业融合产生重要影响的因素之一。尤其是跨产业的技术创新和技术渗透，对农村三产融合的发展起到了决定性的作用，成为推动农村三产融合发展的新动能。特别是21世纪以来，随着信息技术的不断发展，各类新技术不断涌现，对电子商务、物流、现代农业等产业的发展起到了巨大推动作用。与农业相关的新技术在农业产业链的各个环节得到广泛应用，对农业产业产生了直接而积极的影响，有效提高了农业生产效率。这些新技术的应用不仅可以优化农业生产过程，还可以提高产品质量和增加产量。另外，除了在农业产业链中的应用，新技术的溢出效应在农村地区的社会经济发展中也具有广泛的影响。技术溢出对农村三产融合的影响主要体现在以下三个方面。第一，技术溢出是农村三产融合的动力来源。农业供给侧结构性改革的提出，标志着发展的动力发生了根本的变化，意味着农村三产融合不再只依赖于传统的生产方式和营销模式，而是开始借助技术溢出的力量来实现更高效、更智能的发展。在生产方式方面，技术溢出推动了农业生产的现代化和智能化。通过应用生物、新材料、新能源等新兴事物，农村三产融合得到了有效发展。例如，利用生物技术可以提高农作物的抗病虫害能力，减少对化学农药的依赖；利用新材料技术可以改善农业设施的质量和提升使用效果，提高农产品的品质和产量；利用新能源技术可以降低农业生产过程中的能耗，减少对传统能源的依赖。在营销与服务模式方面，技术溢出也带来了巨大的变革。新兴事物如"互联网+""农村淘宝""农业物联网"等成为农村三产融合发展的动力来源。通过这些新兴事物，农产品的销售渠道得到了拓展，农民可以更便捷地将产品推向市场，实现销售的多元化和灵活性。同时，通过对互联网和物联网技术的应用，农产品的质量溯源和信息化管理水平得到了提升，消费者可以更加放心地购买农产品。第二，技术溢出带来的信息深度融合保证了农村三产融合的效率。首先，信息深度融合提供了农村三产融合所需的全面信息支持。通过信息技术，农民可以及时获取到市场需求、生产技术、政策法规等各方面的信息，为农业生产、农产品销售和农村服务提供精准的决策依据。这有助于农村三产融合的规划和发展，提高生产效率和竞争力。其次，信息深度融合促进了农村三产融合的协同发展。通过信息技术的应用，不同产业之间的信息可以进行互通互联，实现资源共享、信息共享和协同创新。例如，农业生产和农产品加工可以通过信息技术实现生产链的协同，提高生产效率和产品质量；农产品销售和物流可以通过信息技术实现供应链的协同，提高市场反应速度和销售效果。这种协同发展可以促进农村三产融合的整体效益和综合竞争力的提升。最后，技术信息深度融合提升了农村三产融合的管理效率。通过信息技术的应用，农村的生产、销售和服务过程可以实现数字化、网络化和智能化管理。例如，利用大数据分析和人工智能技术，可以对农业生产进行精准监测和预测，提高资源利用效率和产出质量；利用电子商务和移动支付技术，可以实现农产品的线上线下销售和交易，提高销售效率和用户体验。这样的管理方式可以提高农村三产融合的运营效率和管理效果。第三，创新的发展模式增强了农村三产融合的效果。技术溢出效果模糊了产业间的边界，在降低交易成本的共同目标作用下，具有创新性的发展模式不断涌现，增强了农村三产融合的效果。技术溢出在农村三产融合中起到了重要作用。它使新技术能够进入新的产业，以各种形式的创新影响农村三产融合。在发展模式上，由于技术溢出的作用，产业间的互动和融合发展形成了新的经营模式。这些创新包括创新的产品流通、新型的市场营销，以及具有新型组织架构的经营主体等形式。这些创新推动了农村三产融合经营主体的发展，形成了技术和创新驱动的发展模式。①

---

① 陈曦：《农村三产融合发展评价研究》，吉林大学博士学位论文，2022 年。

第三节　科技创新赋能乡村振兴的实现路径

乡村振兴主要包括乡村产业振兴、乡村人才振兴、乡村文化振兴、乡村生态振兴和乡村组织振兴五个方面，每个方面的振兴都需要借助科技的力量。乡村振兴必须以科技创新作为驱动力，使上述五个方面真正得到振兴，这就要求从理论上充分认识和构建科技创新高质量赋能乡村振兴的内在机理。科技创新对乡村振兴具有重要的驱动作用，这不仅是实践使然，也是理论逻辑使然。

一、科技创新赋能乡村产业振兴

科技创新能带来规模效应，优化产业结构，赋能乡村产业振兴。首先，科技创新的技术外溢带来正外部效应和规模效应，促进乡村产业振兴。阿尔弗雷德·马歇尔在《经济学原理》一书中提出，技术溢出产生的正外部效应促成产业集聚和规模效应。企业能通过技术创新提高劳动生产率、降低生产成本、增加利润，但这种技术创新必然带来不同行业企业的利润差异，利润差异加速了"羊群效应"的发生，即生产要素向高收益的产业集中，产业集聚和规模效应由此产生。在乡村振兴过程中，要突破农村长期存在的小农意识和自然经济模式的影响，通过科技创新带来的正外部效应，促使乡村产业集聚并产生规模效应，形成乡村特色的产业集群，促进乡村产业振兴。应充分利用科技创新的正外部效应，产生示范效果，带动更多乡村实现产业集聚，发展符合本地实际的特色产业；实现规模化经营，走出农村小作坊经营模式和家庭小规模经营模式，集聚生产要素，通过规模化生产带来高效益，实现高附加值。其次，科技创新的配置功能能优化产业结构，实现乡村产业由量到质的内涵发展。一般说来，在经济发展初期，由于科技创新能力不足，往往采用高发展、低利用、高污染的粗放型经济发展模式。但粗放型经济发展模式不可持续，因此必须通过科技创新，在产业转型升级中淘汰落后产能，淘汰高能耗、高污染、低附加值的产业，实施循环经济模式。在乡村产业振兴过程中，应通过科技创新的配置功能调整和优化产业结构，实现乡村产业由量的扩张到质的提升，走内涵式发展道路。在乡村产业发展过程中，一度存在设备、技术和管理落后的问题，导致资源配置不合理、产出效率不高、生产要素无序流动，以及产业发展只注重量的扩张、不注重质的提升等现象出现。这些问题必须通过科技创新来解决，要充分发挥科技创新的配置功能，优化产业结构，促进乡村振兴中产业结构的调整和优化，充分释放技术优化促进结构优化的效力，通过结构的优化，生产符合市场需求的产品。要实施乡村产业集约化发展，产业发展过程中要由注重数量向注重质量转变，最终实现乡村产业的发展由量到质的转型。

推动农村一二三产业深度融合，是构建现代乡村产业体系，促进农业高质高效的一个重要措施，这包括粮食产业、蔬菜产业、水果产业、畜牧业、养殖业、渔业等产业。此外，乡村也可以发展工业和旅游业。因此，如何整合多个产业，推动农村一二三产业融合发展，实现产业集聚效应，是乡村全面振兴的重要前提。通过科技赋能，打通各产业之间的连接，整合各个产业之间的优势，实现产业间的耦合与融合，能够有力推动乡村的全面振兴。例如，山东临沂市兰陵县的代村根据当地土质地形、气候条件、交通环境等因素进行合理规划，配型种植，通过科技赋能实现蔬菜无土栽培，把菜园打造成公园和生活体验基地，形成了集科技展示、产业孵化、组培研发、物流配送、农业旅游等于一体的园区，从而形成多产业的集聚效应，实现规模效益提升和可持续发展。

二、科技创新赋能乡村人才振兴

人才是乡村振兴的关键。长期以来，乡村地区的青年和优秀人才持续流失，导致乡村人才总量不足、结构失衡、素质偏低、老龄化严重等问题日益突出，与乡村振兴的要求之间存在较大差距。2021年2月，中共中央办公厅、国务院办公厅印发《关于加快推进乡村人才振兴的意见》，明确到2025年，乡村人才振兴制度框架和政策体系基本形成，乡村振兴各领域人才规模不断壮大、素质稳步提升、结构持续优化，各类人才支持服务乡村振兴格局基本形成，乡村人才初步满足实施乡村振兴战略基本需要。乡村人才振兴的关键，一方面是如何留住和吸引优秀人才，另一方面是如何培养和训练现有人才队伍。市场经济条件下，人才和资金往往流向利润率高的行业，只有通过科技赋能，提升乡村产业的利润率，大力发展高附加值的产业和产品，才能吸引和留住优秀人才。对于第二个问题，则要通过科技赋能打造新型人才培养平台，如推动乡村与高等院校和科研院所等合作，针对乡村地区的特点，开放高等院校的在线课程等，为乡村人才建设创造良好的互动平台。

乡村振兴的各类人才需要掌握科技创新本领，赋能乡村人才振兴。要通过各种途径开发好乡村人力资本，培养乡村产业、组织、文化、生态振兴各方面的人才，并让各类人才掌握科技创新的本领，真正赋能乡村人才振兴；重点抓好农民的培训工作，通过培训使农民掌握一定的技能，成为现代化的新型职业农民，为农业现代化打下坚实的人才基础；要加强农村各类人才队伍建设，选拔和培养好乡村治理的党政人才，尤其是要培育好适应农村新型治理体系的"一肩挑"干部，使其成为农村基层的领路人、群众的贴心人和致富带头人；要进行农村教育、卫生和农技人才队伍的建设，通过"三支一扶"等政策引进优秀的大学毕业生到农村工作和创业，充实农村教育、卫生和农技人才队伍；要充分发挥农村科技特派员的作用，为其服务农村提供各方面的保障；要健全各类人才培养机制，激发农村各类人才队伍的创新力，通过健全科学的人才激励机制、务实的人才培训机制和灵活的人才管理机制，使乡村振兴的各类人才充分发挥活力。

三、科技创新赋能乡村文化振兴

科技创新是文化发展的主要驱动力。当今，大数据技术正深刻影响着文化产业的发展，数字技术的发展改变着文化的传播形式和传播载体。科技创新在乡村文化振兴方面同样发挥着巨大的作用，为农村优秀传统文化的传承、保护和发展提供重要动力，如通过大数据技术的切入，让农村优秀传统文化"活"起来；借助数字技术使传统文化内容拥有智能性、交互性、虚拟性和个性化的特征，增强传统文化产品的传播力、感染力和表现力，使传统文化在新技术应用下得到激活，以乡村新型文化业态呈现。通过科技创新让基于数字技术的文化业态在农村发展和繁荣起来，对于扩大农民就业渠道和信息获取渠道、增加农民收入、实现乡村治理转型、发展农村新兴业态都具有重要意义。这是未来乡村文化振兴的着力点，必将极大赋能乡村文化产业振兴。中国是农业大国，许多农村地区都有悠久的历史文化积淀，具有深厚的文化底蕴，是中国传统文化的宝贵财富。要推动乡村文化振兴，必须加强农村思想道德建设和公共文化建设，以社会主义核心价值观为引领，提高乡村社会文明程度，焕发乡村文明新气象。如何在发展中保护、传承和发扬乡村的传统文化是乡村文化振兴的重要命题。一方面，可以通过 VR 等技术将文化元素电子化，实现乡村文化的远程虚拟体验，让乡土文化温润乡村"精气神"，同时让远离故乡的游子可以找到纾解乡愁和体验乡味的方式；另一方面，可以通过网络直播、短视频传播等路径，发展乡村主播业务，通过数字技术传播乡村的文化元素和自然资源，让广大观众感受到平原的田园景色、山区的自然风光、古老的民间传说、遗留的传统建筑等，激发他们的消费欲望，从而促进乡村文化振兴，为乡村振兴持续提供强大精神动力。

此外，还应在农村建立一批文化产业聚集区，组建一批区域特色文化产业集团，培育一批具有特色且富有创新能力的农村文化企业。要充分发挥现代科技对传统手工艺品的改造创新作用，为少数民族传统手工艺品增添现代元素，增加产品的吸引力，使之更符合现代市场需求。通过科技创新增强农村文化产品的表现力和吸引力，充分利用数字网络、高清影视、激光显示等新型技术，使农村传统文化和文化遗产呈现出独特魅力。尤其要充分借助现代高科技的展示手段，使农村的非物质文化遗产得到全方位的立体再现。要注意处理好文化遗产保护和开发的关系，发展乡村文化旅游，助力乡村文化振兴。

四、科技创新赋能乡村生态振兴

科技创新具有多样性、普及性等特点，通过遵循推进科技创新的技术发展路径，能够使科技创新赋能生态振兴实践成为现实。促使科技创新赋能生态振兴，需要遵循科技创新的持续性、公平性、共同性、协调性等原则，充分发挥绿色生态技术的作用，通过科技创新，能够最大程度地提高资源的利用率，开发新能源，从而更好地保护资源、开发资源，实现生态优先的绿色发展之路，进而赋能乡村生态振兴。

首先，科技创新能推动农村污染从源头到终点的防治，实现环境保护。应采取清洁生产和循环管理的方式，从源头上防治污染，尽可能消除生产过程中的污染，做好废品回收利用，保护好农村的生态环境。应积极将科技创新产品用于环境保护方面，做好农村水源污染、空气污染、土壤污染的防治工作，确保农产品生产安全可靠，为我国食品从田野到餐桌的全流程安全提供有力保障。要借助科技创新的力量，进行乡村绿化与生态景观营造、畜禽粪便无害化处理、秸秆综合利用、清洁能源开发等方面的建设。依托技术手段，加强山水林田湖草沙系统治理，还原乡村自然、和谐、绿色的面貌，改善农村人居环境，留住乡愁，促进乡村可持续发展。其次，科技创新能促进能源和资源的节约，提高资源的使用效率。应通过科技创新和新技术、新工艺的引进，大幅降低资源使用成本，提高资源利用效率，提高产品质量。通过新技术引进找到新的或可替代的资源，如开发核能、风能、太阳能等新能源，扩大资源的利用空间。要通过科技创新改变自然经济状态下农业靠天吃饭的状况，解决投入大产出小的问题，用科技保证农业增产增收，提高农业的劳动生产率。依托科技创新和技术投入，促进农业由保量增产逐步转向提质增效，依靠绿色技术加速构建资源节约型、环境友好型农业体系，改善农业环境、提升农产品品质和解决食品安全等突出问题。加强科技创新在培育新产品与新动能、探索新模式与新业态中的核心作用，满足人民对绿色、健康、高品质、多样化农产品的需求。

五、科技创新赋能乡村组织振兴

科技赋能推动乡村组织振兴，成为乡村全面振兴的关键因素和保障力量。一般来讲，乡村组织建设是乡村全面振兴的重要部分，主要包括农村基层党组织、农村专业合作经济组织、社会组织和村民自治组织。农村基层党组织是其中的核心，是党在农村工作的基础，扮演党员与农民群众联系的桥梁和纽带的角色。在实现乡村全面振兴的过程中，党建引领至关重要。乡村全面振兴的关键包括推动乡村组织的振兴，建设强大的农村基层党组织，发挥基层党组织的战斗堡垒作用和党员先锋模范作用，以党建引领乡村振兴，确保乡村振兴战略的实施。通过科技赋能，可以打造乡村沟通平台，通过数字化平台把分散在各地的人员组织起来，共同谋划乡村发展事业。同时，通过数字化平台打造乡村人才数据库、产业数据库、市场信息数据库、交易数字平台等，为农民提供精准化、精细化的服务，探索数字乡村治理新模式。

科技创新能够促进乡村治理现代化和提升乡村治理能力，赋能乡村组织振兴。当今社会信息化高度发展，尤其是互联网的使用极大地改变了人类社会的组织和行为模式，对政府治理也提出了新的要求，也为政府实施治理带来了新的机遇。例如，政府可通过构建政务信息平台，建立基于大数据技术的治理模式，实现协同治理，避免行政分割引起的治理不统一现象。在乡村组织振兴过程中，要充分借助大数据技术，发挥互联网的作用，依托乡村政务信息服务平台，实现农村基层党组织、村民委员会、专业合作经济组织、社会组织及村民之间的信息共享，提升农村基层党组织和村民自治组织在乡村振兴中的治理能力，完善乡村治理体系。利用乡村政务信息服务平台，将科技专家切入到平台中，真正实现为农民和农业服务的目的。科技专家可通过平台的地理信息系统实时把握农地的自然数据，为农民的农业活动提供指导方案；通过平台实现政府对农业的管理，使乡村政务信息服务平台成为农村的"网上政府"，平台提供的数据成为政府的可溯源数据，确保农产品的绿色、安全。总而言之，要充分依托大数据技术，建设好农村基层党组织、村民自治组织服务农村的信息平台，提升乡村治理能力，发挥农村各类组织的治理效能，强化服务理念，实现乡村治理转型，赋能乡村组织振兴。

第六章

乡村科技创新支撑
体系现状检视及困境梳理

第一节　乡村科技创新支撑体系现状

一、农业科技创新能力显著增强

我国现阶段农业科技创新存在以下三个特点。

第一，农业科技创新水平大幅提升。其一，新品种农产品得以研发和推广。农业科技创新水平的提升可以使科技人员更好地研发适应不同地区和气候条件的新品种。这些新品种具有更高的产量、更强的抗性和更好的适应性，可以帮助农民提高农作物的产量和质量，并减少对农药和化肥的依赖。其二，农业科技创新水平提升后，可以引入先进的农业生产技术，如遥感技术、无人机和人工智能等。这些技术可以帮助农民更好地监测和管理农田，优化农作物的种植和养殖过程，提高生产效率和资源利用率。其三，农业科技创新水平提升后，可以实施精准农业。通过利用传感器、物联网和大数据分析等，可以实现对农作物的精细化管理。农民可以根据土壤、气候和植物的实时数据，精确做好施肥、浇水和病虫害防治等工作，最大限度地提高农作物的产量和质量。其四，农业科技创新水平提升后，可以引进更先进的农业机械设备，提高农业生产的机械化水平，从而提高农作物的种植和收割效率，减少人力成本和劳动强度。

第二，农业科技创新人才队伍不断壮大。其一，人才培养机制的完善。政府和教育机构通过设立专业的农业科技创新培训项目和奖学金制度，吸引了更多的人才从事农业科技研究与创新。此外，建立与农业科技创新相关的学科专业和研究机构，为人才提供更多的学术支持和研究资源。其二，科研团队的建设。政府和企业通过加大对农业科研团队的资金投入和支持，使更多高水平的科研人员加入农业科技创新领域。同时，通过建立国际合作交流平台，引进国内外优秀的科研人才，农业科技创新的国际化水平得到提升。其三，创新创业支持政策的制定。政府通过出台税收优惠政策、创新创业基金和科技成果转化支持政策等，鼓励农业科技创新人才从事创新创业活动。这些政策的出台可以提供更多的机会和支持，激发人才的创新潜力。其四，农业科技创新人才队伍壮大的另一个表现是人才培养与产业需求的对接。教育机构可以与农业企业和科研机构建立合作关系，将人才培养与实际农业生产相结合，通过开展实践教学、产学研合作等形式，培养具备实践能力和创新能力的农业科技人才。

第三，基础平台建设日臻完善。其一，信息技术的应用。通过建立农村信息网络和智能化管理系统，可以实现农村科技信息的共享和传播。农民可以通过互联网获取最新的农业科技知识和技术指导，提高农业生产的科学性和效益。其二，农业技术推广服务的提升。通过建立农业技术推广中心和农业技术培训基地，可以提供更专业、更实用的农业技术培训和咨询服务。农民能通过参加培训班和技术交流会等形式，学习和掌握最新的农业科技知识和技术应用。其三，科技示范基地的建设。通过建立农业科技示范基地，可以展示和推广先进的农业科技成果和技术应用。农民可以在基地了解和学习知识和技术，提高自身的科学种植素养和管理能力。其四，农业科技合作与创新平台的建立。通过与农业科研机构、高校和企业的合作，可以促进农业科技的交流与合作，推动农业科技的创新与应用。这些合作与创新平台为乡村地区提供了更多的科技支持和资源，推动了农业现代化的发展。

二、科技人才服务乡村产业振兴

乡村振兴战略实施以来，科技人才服务乡村产业振兴取得了一定的成效，在增加科技人才的总量、提高农业经营主体意识等方面都取得了进步，科技人才在乡村越来越被重视，技术助力乡村产业发展的成效逐渐显现，大大加速了乡村产业发展的步伐。

第一，乡村科技人才的总量达到一定规模。根据《农村实用人才和农业科技人才队伍建设中长期规划（2010—2020 年）》，截至 2020 年，我国乡村科技人才总数预估在 70 万人左右。乡村科技人才是乡村振兴的架海金梁，是科技引领乡村振兴最核心的引导者与实施者。随着乡村科技人才总量的不断增加，其对于乡村发展的促进作用不断增强，在促进三产融合和城乡融合方面发挥了显著作用。特别是实施乡村振兴战略以来，由于国家政策的引导，地方政府加大资金投入，乡村科技人才的数量得以快速增长。农民看到了科技应用所带来的收入增长，转变了对科技的看法，真正做到了重视科技、尊重科技人才，努力为乡村科技人才提供良好的物质条件，从而使乡村科技人才引得进、留得住、用得好。乡村科技人才不仅仅在数量上得到了增加，而且在质量上也得到了提升，乡村科技人才的种类也更加适合乡村的需要，从而在推动乡村产业振兴上更加具有专业性。虽然乡村科技人才的数量仍存在缺口，但是也在一定程度上缓解了乡村科技人才短缺的困境。现代科技的变化日新月异，智慧农业、绿色农业、机械化农业及农业机器人、无人机等智能设备的发展，都需要乡村科技人才来推动。乡村科技人才数量的增长可以反过来继续推动乡村科技人才的培养，要继续加大对乡村科技人才的引进力度和培训力度，让乡村科技人才成为乡村发展的强大动力，推动乡村各项事业的腾飞。

第二，新型农业经营主体的科技意识增强。随着乡村振兴工作的不断推进，农业经营主体看到了科技应用后带来的效率和收入的提高，科技种田意识增强，促进了一些具有经济实力的家庭农场主发展设施农业，推行大型机械化，从而降低人力成本，生产出质量高、价格优的农产品。农业科学技术的发展有力地推动了农业的现代化进程，使农业生产力得到极大的提升。党的十八大以来，各级政府极力培育新型农业经营主体，将其作为推进农业产业化、创新农业管理体制的重要抓手。新型农业经营主体包括农业龙头企业、农民专业合作社和家庭农场，它们的规模越来越大，领域越来越广，实力和发展活力越来越强。新型农业主体的发展，推动了农村地区农业技术的迅速发展，推动了农业生产模式的创新，增加了农民的收入，推动了农村共同富裕的进程。小农户的分散化和农地的细碎化经营是农业领域的一个老问题，其催生了小农户组织化与零散农地整合需求。农业的规模化经营，可以让一些拥有较少土地的农民把自己的土地流转出去，在解放自身的同时，他们获得了大量的空闲时间，可以在农业企业或者农业合作社、家庭农场中就业，也可以在第二、第三产业就业，这大大增加了农民的收入，增强了农民就业的灵活性，提高了农民抵御经济风险的能力。新型农业经营主体是未来农业的主要从业人员，是未来农业发展的趋势，为智慧农业、智慧乡村的建设打下了坚实的基础，同时也对发展数字农业有所帮助。为此，各地应加大对新农村建设的扶持力度，并给予一定的财政、人才等方面的扶持，使其健康发展。

第三，技术助力产业振兴的成效逐渐显现。科技是改造传统农业的根本出路和实现乡村振兴的重要突破口。农村工业的发展以资金、技术、人才为主导，在国家的扶持下，农村工业得到了巨大的发展机遇。乡村振兴战略的提出，正是对农村没落的一种有力的回应。乡村不仅获得了政策的支持，还有大量的资金、人才流入乡村，乡村产业发展的动力大大增强。乡村本着不求所有、但求所用的态度积极地引进人才，同时与科研院所、高校加强联系，积极培养人才，努力研发技术，促进了农村产业的发展。乡村产业振兴的一个关键在于资金的引入，根据国外的发展经验，可以积极引入社会资本，以政府为桥梁，连接社会资本和乡村产业，由政府提供资金担保，解除社会资本的后顾之忧，借助资本企业的股权化投资和市场化运行，解决乡村资金不足的问题。同时，政府可以通过限制社会资本的投资范围，建立资本与农户的利益联结机制，最大程度地保护农民的利益。针对乡村产业发展所需的科技人才，可以积极与高校建立联系，加大资金投入，通过校企合作，为乡村产业发展培养专业的科技人才。此外，乡村科技发展过程中遇到的技术困难可以通过与科研院所共同成立研发团队的方式解决，利用科技人才定期服务乡村等举措，强化乡村产业的科技支撑。同时要有长远眼光，提前做好技术研发，赶超世界先进水平。未来，农村工业的发展势头会越来越强劲，农村工业的发展必然会成为农村整体振兴的发动机。在乡村振兴中，首先要做的就是产业振兴，只有把农村的产业发展好了，才能为农村其他方面的振兴提供资金支撑。因此，要持续为乡村产业的发展注入科技动力，培养大量的科技人才，不断为乡村产业的发展提速。

三、数字党建引领乡村全面振兴

乡村组织振兴坚持高起点谋划、高标准定位、高水平建设，着力强化党员队伍优化提升、夯实基层战斗堡垒、注重数字赋能基层治理，主动顺应数字化发展趋势，充分发挥数字乡村的作用，将数字化融入群众政务服务、百姓安全感、农业发展、社会治理等方面，进一步增强党组织的政治功能和组织功能，推动形成党建引领乡村全面振兴新局面。第一，以数字信息为支撑，打造"智慧党建＋云端党支部"。设置党务管理、党员发展、组织生活等模块，打造"云端党支部"，搭建可视化智慧平台。群众足不出户便可通过手机客户端或微信第一时间了解到村里发布的信息、通知，知晓村级决策、政策解读、回应关切等内容，保障公众知情权和监督权，提高村"两委"公信力，进一步提升村级治理能力。同时村组还配备天翼云播、云广播终端，支持摄像头及外接音柱、村委会一键广播，采取喊话功能定期宣传国家最新政策、讲解反诈预防知识，提升法律法规及反诈宣传的实效。第二，以强基固本为基础，实现"智慧党建＋数字治理"。实行传统网格与数字网格相融合，形成智慧网格，标记网格地理坐标，展示住户分布图，显示门牌号及住户家庭成员基本信息。第三，以实用高效为根本，搭建"智慧党建＋数字警务"。以警务室为支点，把数字警务融入乡村治理。全乡村安装云监控，利用智慧警务数字平台可以看到全村各处的实时监控画面。村警务室实现民警与村干部合署办事，警务室与村中心并轨运行。治理共同体同心圆可覆盖全村，服务群众。安防预警，数智结合保平安。建立数字平台，涵盖 AI 摄像、车辆布控等功能。

四、乡村文化的数字化转型

在数字技术加速融入乡村社会的现实背景下，乡村文化正在经历数字化转型。数字技术赋予乡村文化发展新的动力，从而推动乡村文化的生产方式、消费方式、传播方式及乡村文化资源的保护与传承方式向数字化转变，为乡村文化注入新的活力，塑造出新的乡村文化样貌。第一，数字化转型改变了乡村文化的生产方式。通过数字技术，乡村文化产品的创作、制作和呈现过程变得更加高效和灵活。例如，使用数字化工具可以进行数字化艺术创作、数字化手工艺品制作等，提升了乡村文化产品的创新性。同时，数字化转型也促进了乡村文化产业的发展，推动乡村文化产业向数字化、智能化方向转型升级。第二，数字化转型改变了乡村文化的消费方式。通过数字技术，乡村文化产品可以通过互联网、移动应用等平台进行线上销售和推广，实现了乡村文化的虚拟消费。同时，数字技术也为乡村文化提供了更多的线下消费体验，如通过虚拟现实技术实现的乡村文化展览、体验活动等，丰富了乡村文化消费的形式和内容。第三，数字化转型改变了乡村文化的传播方式。通过数字技术，乡村文化可以通过社交媒体、在线平台等渠道进行广泛传播，打破了地域限制，使更多的人可以了解和参与乡村文化。同时，数字技术也提供了更多的互动和参与方式，如通过在线互动、社交媒体的互动等，促进了乡村文化的传播和交流。第四，数字化转型改变了乡村文化资源的保护和传承方式。通过数字技术，乡村文化资源可以进行数字化保存和展示，实现了文化遗产的数字化保护。同时，数字技术也为乡村文化的传承提供了新的途径和平台，如通过在线教育、数字化档案、虚拟实训等，促进了乡村文化的传承和创新。综上所述，数字技术赋予乡村文化发展新的动力，推动了乡村文化的数字化转型。这种数字化转型不仅促进了乡村文化的发展，也为乡村振兴注入了新的动力和可能性。

第二节　乡村科技创新支撑体系困境梳理

一、普遍困境

（一）数字基础设施薄弱

数字基础设施在乡村振兴过程中具有重要的先导性作用。我国在数字基础设施建设方面取得的显著进展，为乡村振兴提供了更好的数字化支持。但整体而言，在我国乡村数字基础设施建设过程中，仍存在多元主体协同不足和发展不平衡不充分的问题，导致整体上数字基础设施建设仍然相对薄弱。第一，网络覆盖率不足。数字基础设施薄弱地区的宽带网络覆盖范围较窄，甚至存在无网络覆盖的情况，导致居民和企业无法顺畅地进行网络通信、获取信息和开展在线业务。第二，网络速度慢。在数字基础设施薄弱地区，网络速度通常较慢，给网上学习、远程工作、在线交易等活动带来困扰，用户可能需要花费更多时间等待网页加载或文件传输。第三，通信质量差。数字基础设施薄弱地区的通信设施往往不完善，手机信号弱或不稳定，通话质量差，这给居民和企业的日常沟通与业务运营带来不便及造成困扰。第四，电力供应不稳定。数字基础设施薄弱地区存在电力短缺或断电的情况，给电子设备的正常使用和维护带来困难，也限制了数字化服务的发展。第五，缺乏数字化服务。在数字基础设施薄弱地区，缺乏电子支付、在线教育、远程医疗等数字化服务，居民和企业无法享受便捷的数字化服务，降低了他们的生活质量。第六，数字鸿沟加剧。数字基础设施薄弱地区与数字化发达地区之间的差距较大，形成了数字鸿沟，导致数字基础设施薄弱地区的居民和企业无法充分参与数字经济，错失了发展机遇。以上问题不仅制约了居民和企业的发展，也影响了地区经济的整体竞争力提升和可持续发展。因此，加强数字基础设施建设，缩小数字鸿沟，是当前亟待解决的问题。

（二）数据要素应用障碍

数据是数字经济的重要生产要素，数据要素与乡村实体经济深度融合可以发挥数字经济的优势，有效支持乡村振兴。而要充分发挥数据要素的作用，关键在于激活数据资源本身的价值。目前，乡村数据要素价值化应用存在三个方面的障碍。第一，数据收集和整合方面的障碍。乡村地区的数据采集和整合相对滞后，数据来源有限，数据质量和覆盖范围有待提升、扩大。此外，乡村数据的多样性和复杂性也增加了数据整合的难度。第二，数据共享方面的障碍。首先，数据共享体系不健全，尤其是线上线下数据融合共享体系不健全，导致农业关键数据的收集存在困难，需要进行重复性劳动，且农业领域的有效数据资源不足，数据资源分散且不够精准，数据难以用于进行趋势性决策分析。其次，乡村企业、政府部门及研究机构等不同数据采集中心分隔运转，导致相关数据难以高效共享。在这种情况下，信息不对称、数据交流壁垒等问题，进一步加剧了乡村地区"信息孤岛"的困境。第三，数据隐私保护也是一个重点，需要在数据利用过程中保护个人隐私和信息安全。无序混乱的数据很难实现其应有的价值，因此需要通过系统化的数据采集、整理和分析等流程，形成标准、安全、可靠的高质量数据资源。乡村数据要素价值化应用的具体实践和规则还处于初步探索阶段，在这个过程中，数据安全问题逐渐凸显，特别是缺乏与数字经济驱动乡村振兴相配套的政策法规，使乡村个人数据保护、乡村公共数据安全和乡村数据产权确立等方面的问题突出。

二、乡村科技创新支撑产业振兴的困境

（一）农业技术研发与产业需求不完全匹配

农业科技创新针对性不强，科技创新成果与市场经济发展脱节，突出表现在以下三个方面。第一，科技研发投入不足。农业科技创新需要大量的资金、人力和物力投入。然而，由于农业领域的研发投入相对较低，导致农业科技创新的有效供给不足。农业科技研发机构的资金和人才资源有限，无法满足农业科技创新的需求，从而影响了科技创新的供给。第二，科技创新成果转化不畅。农业科技创新成果的转化需要良好的科技推广和应用机制。然而，由于缺乏有效的科技转化渠道和市场推广机制，农业科技创新成果无法及时转化为实际生产力。农业科技创新成果的转化渠道不畅，导致其有效供给不足。第三，政策和制度环境不完善。农业科技创新需要政策和制度环境的支持。然而，由于政策和制度环境不完善，缺乏相关政策的引导和激励，农业科技创新的有效供给受到限制。

（二）农业科技成果转化率低

目前，中国农业科技成果的转化利用率仅为40%左右，与发达国家70%以上的转化利用率相比存在明显差距。具体可归纳为以下三个原因。第一，涉农企业中试环节薄弱，影响了农业科技成果产业化。中试放大试验是将科研成果从实验室阶段推向产业化的重要环节。通过中试放大试验，可以验证科研成果在实际生产条件下的可行性和有效性，解决技术上的问题，并为技术的进一步推广应用提供充分的依据。然而，由于涉农企业片面追求经济利益，更倾向于直接购买成熟技术，忽略了中试放大试验的重要性，导致科技成果的转化效率整体偏低，无法充分发挥科技成果的潜力。第二，缺乏政策支持和相应的市场机制。科技成果的转化利用需要政策支持和市场机制的配套。然而，当前的政策环境和市场机制还存在如知识产权保护不完善、科技成果评价体系不健全等问题，限制了科技成果的转化利用率。第三，缺乏

科技创新和合作机制。科技创新和合作是提高科技成果转化利用率的重要保障。但如今科研机构、农民和企业之间的合作机制相对薄弱，科技成果与实际生产之间的衔接不够紧密，影响了科技成果的转化利用。

（三）资金匮乏且监管较少

当前，农村科技创新资金相对匮乏，且各级政府对其监管存在缺位现象。这可能导致农村科技创新的资金需求难以得到满足，并且无法保证资金使用的高效率。第一，农村科技创新资金相对匮乏。农村地区由于经济相对落后和资源有限，往往无法像城市一样吸引大量的科技创新资金，农村科技创新资金的匮乏主要有以下三个原因。一是投资回报率低。由于农村市场规模相对较小，科技创新项目在农村地区可能面临市场推广和商业化难题，投资回报率相对较低，导致投资者对农村科技创新的兴趣不高。二是缺乏科技创新支持机构。农村地区缺乏科技创新支持机构，如科技孵化器、技术转移中心等，这些机构可以提供资金支持、技术咨询和市场推广等服务，但这些机构在农村地区的数量相对较少。三是资金分配不均。在资源有限的情况下，政府和其他投资机构更倾向于将有限的资金投入到城市地区，而忽视了农村地区的科技创新需求。第二，各级政府对农村科技创新资金的监管存在缺位现象，主要表现在以下三个方面。一是缺乏明确的政策和规范。各级政府在农村科技创新资金的管理方面缺乏明确的政策和规范，导致资金使用和监管的不规范化。二是资金使用效益不高。由于监管不到位，一些农村科技创新资金可能被滥用或浪费，导致资金使用效益不高。三是监管体系不健全。农村地区的科技创新资金监管体系相对不健全，缺乏有效的监督机制和监管措施，容易导致资金流失和不当使用。[1]

三、数字技术人才缺乏

当前，数字技术人才匮乏问题对数字经济驱动乡村振兴的实现产生了严重影响。一是就业市场供需失衡。随着数字化转型的加速，各行各业对数字

---

[1] 王晓君、孙立新、毛世平：《构建需求导向型农业科技创新支撑体系，助力巩固脱贫攻坚成果和乡村振兴有效衔接》，《科技导报》2021 年第 23 期。

技术人才的需求越来越大，但数字技术人才的供给却相对不足。这导致数字技术人才的就业市场供需失衡，很多企业难以招聘到符合要求的数字技术人才。二是就业者技能短缺。数字技术领域的发展非常快速，新的技术和工具层出不穷。然而，许多人才在数字技术方面的技能和知识更新跟不上，导致技能短缺，难以适应新的技术需求和工作要求。三是教育体系不完善。数字技术人才缺乏的一个原因是教育体系不完善。教育机构在数字技术领域的培训和教育方面可能跟不上行业的发展速度和需求变化，无法为学生提供足够的实践经验和最新的技术知识。四是缺乏实践经验。数字技术领域注重实践能力的培养，但很多人才缺乏实际项目经验。就业者可能了解一定的理论知识，但在实际应用和解决问题时缺乏经验，这使得他们在就业市场上竞争力不足。五是薪资待遇吸引力不足。数字技术人才短缺也与薪资待遇有关。一些行业对数字技术人才的需求非常紧迫，但薪资待遇并不一定能够吸引到优秀的人才，这也导致了数字技术人才供需失衡的问题。

四、数字赋能乡村文化振兴的现实困境

首先，农村地区的数字基础设施建设相对滞后。相比于城市地区，农村地区的网络覆盖率普遍较低和宽带速度较慢，这给数字赋能乡村文化振兴带来了一定的困难。缺乏高速稳定的网络连接限制了数字技术在农村地区的应用和推广，影响了乡村文化振兴的进程。

其次，存在数字能力鸿沟。数字能力鸿沟主要表现为由于受到传统生产生活方式、年龄、文化程度等客观因素的限制，农民数字素养水平不高。农民的数字能力与数字赋能之间形成的落差是限制数字赋能乡村文化振兴的一个重要因素。农民的数字能力鸿沟主要表现为对数字技术的了解较少和应用能力相对较弱。由于教育资源和信息渠道的不足，农民在数字化技术方面的知识储备不足和技能水平相对较低，使他们难以充分理解和应用数字技术来推动乡村文化振兴。数字赋能乡村文化振兴的目的是通过数字技术的应用，提升乡村文化的传承、保护、传播和创新能力。然而，由于农民的数字能力相对较弱，他们在数字赋能过程中可能面临技术应用难度较大、接受和适应新技术的速度较慢等问题，从而降低了数字赋能乡村文化振兴的成效。

再次，存在数字人才鸿沟。农村数字专业人才的短缺会对数字赋能乡村文化振兴产生不利影响。人才是乡村文化振兴的重要推动力，数字专业人才更是数字赋能乡村文化振兴的核心要素，因为数字赋能最根本的是要通过"赋能个体"赋能乡村文化事业和文化产业发展，助力乡村文化振兴。从发展现状看，数字赋能乡村文化振兴面临着人才支撑不足，尤其是数字专业人才短缺的困境，这已成为乡村文化振兴的制约因素。一方面，农村地区的数字产业发展相对于城市地区较为滞后，农村数字专业人才的培养和吸引相对不足，导致农村地区缺乏具备数字技术应用能力和创新能力的专业人才，无法有效地推动数字赋能乡村文化振兴。另一方面，由于农村地区的就业机会相对较少，吸引和留住数字专业人才的难度较大。许多优秀的数字专业人才更倾向于在城市地区就业，使农村地区的数字人才流失严重。缺乏数字专业人才的农村地区往往无法充分利用数字技术来推动乡村文化振兴。

最后，农村数字化政策不够完善。除广大农村地区数字基础设施建设的相对滞后和对国家数字化政策有效执行的限制外，数字乡村建设作为一项长期的历史性系统工程，目前大多还处于试点阶段，因此数字化政策的系统完善尚需时间。尽管《数字乡村发展战略纲要》提出了完善政策支持的要求，并将数字乡村建设融入乡村振兴重点工程，但在短期内实现政策供给的充分完善仍然存在一定的困难。特别是在数字赋能乡村文化振兴领域，从组织领导、财政投入、人员配备、部门协调到法律保障等方面，政策供给仍然不够充分，未能及时有效制定相关政策。这些情况切实对数字赋能乡村文化振兴造成了一定的掣肘。另外，乡村文化传承和保护所面临的问题也是数字赋能乡村文化振兴的困境之一。在数字化时代，传统的乡村文化面临着被忽视、遗忘甚至扭曲的风险。数字赋能乡村文化振兴需要平衡传统文化的保护与创新应用，以充分发挥数字技术在乡村文化传承和创新中的作用。

五、数字乡村赋能基层治理中存在的问题

（一）网络设施建设落后

数字乡村基础建设需要大量财政资金的支持，缺乏资金的投入，建设数字乡村就是一句空话。《2021 全国县域农业农村信息化发展水平评价报

告》中对我国 2020 年全国县域农业农村信息化建设的财政投入进行了统计，结果表明全国县域农业农村信息化建设的财政投入仅占国家财政农林水事务支出的 1.4%，财政支持资金投入之少可见一斑。据中国互联网络信息中心发布的第 50 次《中国互联网络发展状况统计报告》，截至 2022 年 6 月，我国农村地区互联网普及率达 58.8%，但农村地区 5G 网络建设严重滞后于城市地区，在农业生产方面的应用很难满足农业现代化生产的需要，这表明当前我国农村地区受限于资金支持不足，互联网的普及和使用依然存在巨大缺口，对数字乡村基层治理造成了如下不利影响。第一，数字鸿沟扩大。乡村网络建设资金不足会导致乡村地区与城市之间的数字鸿沟进一步扩大。缺乏足够的资金投入，乡村地区无法建设先进的网络基础设施，无法与城市地区享受同等的信息和技术便利，制约了乡村居民的发展和降低其生活质量。第二，经济发展受限。现代化的网络基础设施是促进经济发展的重要基础。乡村网络建设资金不足会限制乡村地区的经济发展潜力，阻碍新兴产业的发展，限制农村企业的创新能力和竞争力。缺乏良好的网络连接也会影响电子商务、远程办公、在线教育等新兴业态的发展。第三，教育和医疗资源不平衡。缺乏高速稳定的网络连接，乡村学校无法提供优质的在线教育资源，乡村医疗机构难以实现远程诊疗和医疗信息互联，限制乡村居民获取优质教育和医疗服务的机会，加剧城乡差距。第四，乡村地区社会信息孤立。缺乏良好的网络连接，乡村居民无法及时了解社会动态、政策信息和市场信息，限制了他们的社交和交流渠道，制约了乡村地区的文化传承和社会发展。总的来说，乡村网络建设资金不足会加剧城乡差距，限制乡村地区的经济发展及社会信息的流动。因此，解决资金不足问题，加大对乡村网络建设的投入对解决数字乡村基础建设所面临的当下困境至关重要。

（二）数字乡村统筹协调不足

我国数字乡村统筹协调不足主要体现在以下四个方面。一是数字乡村建设存在区域差距，基础设施不完善。数字乡村建设需要高速互联网、通信网络、电子支付等基础设施的支持。然而，在一些乡村地区，基础设施建设滞后、网络覆盖不足和服务质量不佳等问题导致当地数字乡村建设进展缓慢，无法满足居民和企业的需求。二是乡村治理数据共享不足,存在"信息孤岛"。数字乡村建设涉及多个部门和领域,各部门和单位之间的数据信息无法实现有效的共享和互通。"信息孤岛"的存在导致信息无法被全面获取和整合,影响了决策和政策的科学性和准确性。《2021 全国县域农业农村信息化发展水平评价报告》指出,东部地区农业农村信息化水平为 41.0%,西部地区为 34.1%。我国东部沿海经济发达地区与西部经济发展较落后地区之间数字乡村发展不平衡可见一斑。我国县级政府之间已经建立并且逐步完善政府门户网站,但是在村镇地区却并没有实现建立专门办事网站,提供便民服务,存在信息采集共享"孤岛",产生这一现象与我国没有出台关于数字乡村数据采集标准,乡村数据采集手段缺乏、采集难度大等原因密切相关。同时调查中也注意到因担心数据安全而造成我国数字乡村基础数据缺乏的现象,这使得乡村可用来共享开放的数据不足。三是缺乏统筹规划。数字乡村建设涉及多个方面,包括农业、教育、医疗、交通等领域。如果缺乏统筹规划,各个领域的数字化发展可能出现重叠、冲突或资源浪费的情况。此外,缺乏统筹规划也会导致数字乡村建设的目标不明确,无法形成整体推进的合力。四是缺乏协同合作。数字乡村建设需要多个部门和单位的参与与合作。然而,由于各部门之间存在职责划分不清、信息共享不畅等问题,协同合作的机制和机构建设不健全,导致协调工作不足,项目推进效率低下。

(三)基层治理主体能力不足

基层治理应包括基层干部与村民两大主体,这两大主体都在数字乡村的建设与发展中发挥着不可替代的作用。然而,这两大主体由于能力缺乏,一定程度上限制了我国数字乡村的建设与发展。一是学习能力不足。城镇化使大部分有知识、有能力的年轻人进入城镇务工生活,农村地区生活群体多为中年人或老年人,这些人中一部分因为年龄问题不具备网络能力,农民利用网络技术开展生产、经营、学习、理财的能力较为欠缺,大部分人在思想认识上仅把应用互联网理解为用微信联系、进行网上购物等,并未将应用互联网和参与公共事务管理相联系。二是决策能力不足。基层治理主体在面对复杂的问题时,往往缺乏科学决策的能力。他们可能缺乏相关的知识和经验,或受到其他利益相关方的影响,导致决策不够科学、合理。三是沟通协调能力不足。基层治理主体需要与居民、社会组织、相关部门等多方进行沟通和协调，但由于沟通能力不足，往往难以有效地理解和解决各方的需求和利益冲突。

六、科技赋能生态振兴中存在的问题

科技赋能生态振兴虽然有着广阔的应用前景，但是也存在一些问题和挑战，包括以下四个方面。第一，技术应用不足。科技赋能生态振兴需要将创新技术应用于实际场景中，但仍存在技术应用不足的问题。一方面，一些新兴技术在实际应用中仍面临着技术成熟度、可靠性和成本等方面的挑战，限制了其在生态振兴中的应用。另一方面，技术创新与传统行业的结合和转化仍存在一定困难，需要加大技术转移和推广力度。第二，做好数据共享和隐私保护仍较困难。科技赋能生态振兴需要大量的数据支持，包括环境监测数据、生态保护数据等。然而，数据共享和隐私保护是一个复杂的问题。在数据共享方面，涉及数据的获取、处理、存储和共享等环节，需要解决数据标准化、互操作性、数据安全等问题。同时，隐私保护也是一个重要的问题，需要制定相关政策和法规，加强数据安全和隐私保护的措施。第三，技术转化和商业化难题。科技赋能生态振兴需要将科技创新转化为实际的应用和商业化模式。然而，一方面，科技创新和商业化之间的缺乏有效衔接，导致技术无法得到有效推广和应用；另一方面，科技赋能生态振兴需要产业链的协同和合作，涉及政府、企业、科研机构和社会组织等多方的合作，需要解决利益分配、合作机制等问题。第四，社会认知和参与度不够深入。科技赋能生态振兴需要广泛的社会认知和参与。需要加强科普宣传，提高公众对科技赋能生态振兴的认知水平，鼓励公众参与生态振兴，形成共建共治的良好氛围。综上所述，科技赋能生态振兴虽然有着广阔的前景，但仍面临技术应用、数据共享和隐私保护、技术转化和商业化及社会认知和参与度等方面的问题。解决这些问题需要政府、企业、科研机构和公众共同努力，加强合作，推动科技赋能生态振兴的实践和发展。

第三节　乡村科技创新支撑体系困境成因分析

一、历史原因：乡村科技发展相对滞后

农村地区一般远离发达的市区，受地理位置限制发展较慢，同时由于农村人口大量进城务工，使农村公共基础建设更加困难。虽然农村基本实现了户户通公路、通水、通电，但是很多公路级别低、缺少维护、损坏严重，农村的工业用电也不稳定，通信信号差，生活用水和垃圾专业化处理水平低下，其他的公共设施也不完善。此外，农村人口流失严重，老龄化问题日渐突出，"空心村""老人村"比比皆是，虽然近年来农村的经济得到了快速发展，但是农村的各方面条件还是落后城市一大截，因此大部分农民都涌进了城市，成为万千打工者中的一员。农村发展的主力军都流向了城市，农村科技还谈何发展？具体而言，造成此局面有以下五个原因。第一，农业生产方式相对传统，缺乏现代化的科技支持。例如，仍然依赖传统的人工劳动力，使用传统的农具和种植方式，缺乏高效的农业机械化和智能化技术。第二，农产品加工和质量控制能力相对滞后，缺乏现代化的农产品加工设备和技术，导致农产品加工水平低下，产品质量难以保证，无法满足市场需求。第三，农村地区的信息化水平相对较低，缺乏接入高速互联网的设施。这导致农村地区的科技信息获取和交流受限，农民难以及时了解和应用最新的科技成果。第四，农村地区的科技创新活动相对较少。缺乏科研机构、创新企业和科技园区等创新平台，缺乏科技创新的支持和动力，限制了农村科技的发展和应用。第五，农村地区的科技发展相对滞后，缺乏良好的科技创新环境和发展机会，许多有科技创新潜力的人才选择离开农村地区，导致农村科技人才流失严重。

二、现实原因：现有科技创新促进制度体系亟待完善

自 1993 年《中华人民共和国科学技术进步法》（以下简称《科学技术进步法》）发布，我国在这三十多年间从科技落后的国家发展成为具有全球影响力的科技大国，科技创新发展实现了历史性、突破性、格局性的改头换面，正朝着世界科技强国的目标迈进。科技创新法律体系的演变反映了科技创新与经济社会发展之间的内在联系变得更加紧密。无论是我国还是其他国家的科技创新法律体系，都在不断调整和完善，以适应科技创新与经济社会发展的需要。这些法律体系的重塑旨在为科技创新提供更好的法律环境和支持，促进科技创新与经济社会发展的良性互动，主要经历了以下三个发展阶段。一是重点关注科技自身发展阶段。在这个阶段，科技创新法律体系主要关注推动科技自身的发展。这包括保护知识产权、促进科技成果转化和推广应用等方面的法律措施的制定和实践，重点是鼓励科技创新和保护科技成果，为科技发展提供法律支持。二是科技促进经济发展阶段。随着科技创新与经济发展之间的密切关系日益凸显，科技创新法律体系开始重点关注科技创新对经济发展的促进作用。法律措施更加强调科技创新的经济效益和社会效益，如鼓励科技成果转化为生产力、促进科技创新与产业结合等。三是进入全面创新驱动全面发展阶段。当前，科技创新法律体系正朝着全面创新驱动全面发展的方向发展，这意味着科技创新不仅仅是经济增长的动力，也是社会进步和民生改善的重要支撑。在这个阶段，科技创新法律体系需要更加全面地考虑对创新环境、创新要素、创新主体等方面的法律保障，以推动科技创新在各个领域的全面发展。此外，促进科技创新的措施也随着创新格局的变化和立法技术的提高在不断地改进和充实。回顾我国《科学技术进步法》的实施反馈与长期科技工作情况，很多关乎促进科技创新发展的立法问题和制度问题一一摆在我们面前，亟待我们着手解决。

我国关于科技创新促进法的立法技术缺陷已凸显，主要体现在三个方面：一是科技创新促进立法尚未实现体系化，二是法律法规的协同性欠佳，三是国家层面的科技创新促进立法进程滞后。我国关于促进科技创新的法律制度仍存在不少漏洞有待填补，很多科技创新活动的开展缺乏科学的制度安排。2018 年 5 月，习近平总书记在两院院士大会上提出，要坚持科技创新

和制度创新"双轮驱动"。科技创新离不开制度创新，制度创新能够促进科技创新，充分发挥二者的协同作用，使两个轮子一起转动发力，"双轮驱动"才能行稳致远。我国促进科技创新的法律制度在实施过程中已显现出不少问题，其存在的主要制度缺陷有科技创新人才评价制度不完善、促进科技创新的措施普遍激励力度不强、政府的科技创新促进职能虚化、区域科技创新建设缺乏法律支撑等。站在百年未有之大变局的历史关口，为把握住历史发展大势、抓住历史变革时机，我们不仅要抢先进行科技创新规划并通过促进手段将美好的愿景——实现，也切莫忘记总结过往促进科技创新工作中的缺陷与不足，并竭尽全力将这些失分点逐个击破，才能真正地为国家科技创新发展按下"快进键"。制定一部专门的促进科技创新的法规，能够集中解决阻碍科技创新的立法短板和制度缺陷，且能够成为有序推进科技体制机制改革并形成全面创新格局的强大推力。

三、主观原因：受众认知有限且参与不足

农民对科技创新服务的认知有限及参与不足是阻碍乡村科技创新支撑体系建立的一个重要原因。第一，缺乏科技知识。农民可能对科技的基本概念和原理了解有限，对新兴科技的应用和发展趋势缺乏了解，对科技创新的重要性和影响力没有深刻的认识。第二，缺乏科技资源和设备。农民在农村地区可能面临科技资源和设备的匮乏问题，难以接触到最新的农业科技设备和工具，无法充分利用科技来提高农业生产效率。第三，缺乏科技创新的意识和信心。大多数农民对参与科技创新缺乏意识和信心，认为科技创新是专家和研究机构的事情，与自己的农业生产无关。第四，缺乏科技创新的机会和平台。农民缺乏参与科技创新的机会和平台，缺乏科研机构和专家的支持，无法得到科技创新的指导和支持，也无法与相关人员进行交流和合作。尽管经过多年的农业推广服务，大多数农民已经能够正确看待农业科技的重要价值，但仍然存在一部分农民过分依靠经验从事农业生产，缺乏对科技创新服务的正确认知。此外，投入成本是农民使用科学技术的一个重要考量因素，这会阻碍他们使用科学方法和技术。一些农民对农业科技应用具有矛盾心理，特别是在种植中药材方面，虽然中药材种植可以提高收入，但是相关的

科学技术价格较高，并且需要一段时间的适应和调整。相比之下，直接投入化肥等物资可以更快地获得收益，因此部分农民对一些农业科技成果的应用积极性明显不足。况且，农民是否能正确使用科学技术与他们自身的科学文化素质有一定的关联。在许多农村地区，留守老人、妇女和小孩已经成为务农的主要劳动力。这些群体不仅对农业科技服务的接受程度较低，而且缺乏使用农业科技的能力，因此无法将先进的农业科技真正应用于农业生产中。此外，农业劳动力对农村科技创新的支持较少，并且很少主动积极地参与科技创新工作。这可能与农民的认知水平和参与意识有关，也意味着建构优化农村科技创新体系的群众基础较为薄弱。

第七章

乡村科技创新
的经验借鉴

第一节　国内乡村科技创新的有益探索

一、云南：以区域优势带动产业融合发展

2021年，云南省印发《云南省科技支撑乡村振兴六大行动（2021—2025年）》，"十四五"时期，云南省将以科技资源服务乡村振兴为重点工作，启动实施乡村特色产业技术升级专项行动、乡村生态环境建设科技引领行动、乡村人才振兴科技赋能行动、乡村文化建设科技服务行动、乡村组织建设科技助力行动、乡村振兴科技创新示范县（村）建设行动六大行动，集中关注"一县一业""一村一品"以及乡村特色产业，同时推动"'百团万人'创建'百企百村百品牌'工程"。计划将选派100个科技特派团和1万名科技特派员，以增强乡村振兴科技服务队伍的实力。此外，还计划着力培育100个新型经营主体，实现全省脱贫县内的涉农高新技术企业认定全覆盖。同时，将建设100个科技示范村，以打造乡村振兴科技创新的样板。支持创建100个绿色品牌，全面提升农业和农村领域的科技创新能力和技术水平。力争构建更为显著、有效的云南乡村振兴科技创新服务体系，为建设世界级"绿色食品品牌"提供坚实的科技支持。[①]

自2023年以来，云南省昆明市科学技术局积极开展科技服务民生攻坚行动，着力组织并实施科技创新示范县（村）创建申报工作，截至2023年6月，已立项支持示范县9项、示范村18项。[②]以禄劝彝族苗族自治县（以下简称"禄劝县"）为例，其拥有丰富的自然资源，尤其在特色农业领域具备明显的竞争优势。近年来，禄劝县的科技工作取得显著成就，通过科技

---

① 季征：《云南启动科技支撑乡村振兴六大行动》，《云南日报》2021年10月17日第3版。

② 云南省网上新闻发布厅：《"开好局、强信心、促发展——贯彻落实党的二十大精神"系列新闻发布会省科技厅专场发布会》，2023年6月21日，https：//www.yn.gov.cn/ynxwfbt/html/2023/zuixinfabu_0620/5546.html，访问日期：2023年9月7日。

赋能打造大健康产业链。该县的自然条件适宜种植多种中药材和水果，拥有超过 1000 种野生道地药材资源。同时，禄劝县也是一个综合特色县，拥有药材、水果、粮食、畜牧等多种产业，形成了多元化的农业结构。禄劝县建立了 3 个专家工作站，成立了 1 个科技特派团，合作伙伴包括 9 家科研院所和 165 名科技特派员。通过科研工作，成功培育出一系列高质量的中药材、水果及大健康产品品种。此外，还开发了多项高效的绿色种植和养殖技术，并在当地广泛地推广。这一系列创新工作推动了禄劝县的大健康产业链的建设，形成了与国内市场深度融合的产品价值链，为乡村振兴提供了坚实的基础。[1]

二、湖北：科技特派员服务乡村振兴

2008 年，湖北省印发《关于开展科技特派员基层创业行动的实施意见的通知》，全面推行科技特派员制度。党的十九大以后，科技特派员工作进入了全面深化推进的新时期，湖北省陆续制定印发了《关于深入推行科技特派员制度的实施意见》《湖北省科技特派员"百县千镇万人"工程实施方案》《湖北省科技特派员管理暂行办法》《"楚才兴鄂"科创行动计划》《湖北省万名科技特派员助力乡村振兴行动方案》等重要文件。湖北省科技特派员选派领域从单纯的农业种植养殖和加工技术扩大到乡村振兴、创新创业、农业信息化等领域，围绕农业产业链和县域主导产业链全链条形成科技特派员人才链，集聚科技人才智力与技术资源解决实际需求。近 5 年，湖北全省选派各级科技特派员累计 4.07 万余名，领办创办各类企业 7854 家，推广新技术新品种 18898 个，帮助培训新型农民 579 万人次，直接带动农户 116 万余户，产生了良好的经济效益和社会效益。[2]

以湖北恩施为例，近年来，1081 名科技特派员积极开展入户指导和咨询支持工作。科技特派员通过实地调研，精准了解农民需求，以需求为导向策划培训与咨询内容，为乡村振兴提供智力支持。为解决农民面临的技术难题，

---

① 张怡：《昆明两地创建乡村振兴科技创新示范县》，《昆明日报》2023 年 9 月 18 日第 7 版。

② 苏历华、张一博、柳升：《科技特派员：为荆楚乡村振兴插上科技的翅膀——湖北省农业科技创新之五》，《中国农村科技》2022 年第 7 期。

激发产业发展的活力，来自恩施土家族苗族自治州农业科学院、湖北民族大学、恩施土家族苗族职业技术学院、恩施州林业科学研究院等单位的 1000 余名科技特派员与当地部门签署了服务承诺书，建立联系指导机制，搭建了指导平台，利用自身的技术优势为农户和企业（合作社）提供病虫害的绿色防控、土壤配方施肥、修枝整形等产业技术指导，填补了农民的技术短板。为解决乡村振兴中的人才短缺问题，恩施采用科技特派员结对帮带的培训方式，按照"1 名科技特派员 +1 名农业技术人员 +1 名农村年轻人"的培训方式，通过现场示范、入户指导、外出观摩等形式，向培训对象传授技术知识并提供技术咨询服务，累计培养了 866 名热衷农业、懂技术、善于经营的新型农业人才，以及超过 260 户专业农户。^①现在，千余名科技特派员常驻农田和生产现场，为农民的增收致富搭建了桥梁，延长了农业产业链，为乡村振兴注入了强劲的动力。

三、浙江：数字乡村赋能乡村振兴共同富裕

2018 年 8 月 20 日，农业农村部和浙江省共同签署了部省共建乡村振兴示范省合作协议，浙江省成为全国唯一的部省共建乡村振兴示范省。同年，根据浙江省委印发的《全面实施乡村振兴战略高水平推进农业农村现代化行动计划（2018—2022 年）》，以及"千万工程"推进乡村振兴现场会精神，浙江省科学技术协会（以下简称"浙江省科协"）专门成立了乡村振兴领导小组。随后，浙江省科协出台《浙江省科协服务乡村振兴战略实施方案》和《浙江省科协服务乡村振兴战略实绩考评办法》，做好乡村振兴的顶层设计，为乡村全面振兴提供强有力的科技支撑。2021 年，浙江省科协出台《浙江省科协支持山区 26 县跨越式高质量发展行动方案（2021—2025 年）》，提出"智汇山区赋能行动"实施方案，结合科协特色与山区特色，采取"一县一策"精准帮扶，实施五大赋能行动。2022 年，浙江省人民政府办公厅发布《关于加快建设农业科技创新高地推动科技惠农富民的实施意见》，以科技赋能助力共同富裕。作为数字经济的先行地，浙江省数字乡村建设一直走在全国前列，

---

① 吴纯新：《新选 635 名科特派 赴荆楚大地服务乡村振兴》，《科技日报》2022 年 8 月 31 日第 7 版。

2022 年，浙江省数字农业农村发展水平达到 68.3%，连续 4 年位居全国首位。

以浙江省湖州市为例，近年来，湖州市加快构建共同富裕大场景下数字乡村新图景，探索数字赋能乡村振兴特色路径，在全国率先实现县域数字农业农村发展水平先进县全覆盖。一是推进生产经营数字化改造，提升乡村产业效益。大力实施科技强农、机械强农"双强"行动，培育发展"数字化 +"产业发展新模式、新主体、新业态，构建数字乡村产业体系，促进产业增效，助力农民增收。打造智能管理产业大脑，聚焦茶叶、渔业、湖羊养殖等特色优势产业，贯通生产、流通、消费、分配各环节，构建产能预测、风险预警、市场对接、要素服务等智能模块，提升产业发展综合管理能力。培育智能装备未来农场，引导和支持家庭农场、农民合作社、农业企业等主体，对农场基础设施、机械装备等进行数字化改造。深入推进"互联网 +"农产品出村进城工程，加快物流体系改造升级，主要品牌快递服务实现行政村全覆盖。创新"两山"区域公用品牌与电商融合发展模式，推广线上产销对接平台，培育直播带货、农村电商等新型经营主体 1055 家，年网络销售额 83 亿元。二是推进管理服务数字化互联化，提升乡村治理效能。发布《乡村数字化治理指南》地方标准，推动信息基础设施建设和数字资源应用向乡村延伸。推进发展动态"一图感知"，完善农村信息基础设施网络，实现 5G 网络、千兆光纤、益农信息社等行政村全覆盖。在此基础上，归集乡村规划、乡村经营、乡村环境、乡村服务、乡村治理 5 大类 319 条核心数据，开发建设"数字乡村一张图"应用，实时掌握乡村生产、生活、生态变化。加强农村集体"三资"数字化管理，1005 个村级集体经济组织全部纳入"浙农经管"应用，推动财务审批线上办理、账目变化实时公开。创新农村公共设施智能管护机制，在公交车上加装自动巡检设备，将行驶中发现的路面病害回传至养护中心，大幅节省人力巡查成本。三是推进资源配置数字化改革，提升要素供给效率。持续开展"百校千企万岗"大学生招引直通车活动，拓展"云招聘"通道，通过融媒体、视频号等平台直播带岗，每年招引 3000 名高校毕业生到乡村就业创业。打造人才服务数字平台，为乡村创客、优秀乡贤等 2 万多名人才激活人才码，实行企业开办、项目资助、贷款贴息、法律服务等创新创业一站式服务、一门式办理，在线提供人才公寓、安家补贴、子女入学、社保缴纳、交通出行、文体娱乐等生活服务，培养干得好、能留住的乡村振兴带头人。深化国家绿色金融改革创新试验区建设，创建"绿贷通"智能化金融平台，建立信贷资产碳核算系统，开展精准评估和评级授信，上线惠农专项信贷产品 39 款，服务农业经营主体 1978 家、贷款授信 86 亿元。运用大数据技术，智能感知企业融资需求，向金融机构推送"白名单"，自动匹配银行网点对接服务[①]。

四、北京：打造"科创中国·乡村振兴实践基地"

"科创中国"是中国科学技术协会创建的品牌，旨在建立一个资源整合与供需对接的技术服务和交易平台。该平台的核心目标是发现企业需求的价值，并构建园区产业链。通过研究产学融合的组织和激励机制，实现人才的聚合，促进技术的集成和服务的协同，建立一个鼓励创新、创业、创造的生态系统，使科技能更好地服务于经济和社会的发展。2021 年 12 月 8 日，在北京市农村经济研究中心的积极促成下，由中国国土经济学会设立的全国首个"科创中国·乡村振兴实践基地"在北京市密云区溪翁庄镇金叵罗村正式挂牌。

近年来，密云区依托良好的生态资源优势，深入践行"绿水青山就是金山银山"理念，开发农业多种功能，大力发展高端休闲旅游业、乡村民宿旅游业、都市型现代农业及健康养生业等绿色产业，走出了一条北京生态涵养区绿色发展的新路子。金叵罗村隶属于密云区溪翁庄镇，位于首都重要的生态涵养区，距密云水库大坝 1 公里，拥有 1980 多亩永久基本农田，3500 余名常住居民，是全国"一村一品"示范村、中国美丽休闲乡村、全国乡村旅游重点村、密云区乡村振兴示范村，能够为新时代推动国土资源开发、整治、保护与利用提供重要的落地支撑，在农业绿色发展、美丽宜居乡村建设、农业多种功能拓展、田园综合体建设等领域有较大的发展空间。[②]

---

① 浙江省农业农村厅：《浙江省湖州市：数字赋能乡村振兴 推进农民农村共同富裕》，http://www.ghs.moa.gov.cn/xczx/202210/t20221025_6413902.htm，访问日期：2023年 9 月 27 日。

② 北京密云官方发布：《全国首个"科创中国·乡村振兴实践基地"落户密云》，2021年 12 月 13 日，http://www.moa.gov.cn/xw/qg/202112/t20211213_6384569.htm，访问日期：2023 年 9 月 27 日。

为充分加强产业帮扶，切实助力创新成果落地生根，推动农业领域的"产学研用"有效结合，服务区域特色农业发展，北京市科学技术协会发起成立科创中国·北京科技助力乡村振兴联合体，并在 2023 年 9 月 22 日的启动仪式上，公布了"平谷大桃提质增效生态循环技术模式应用与示范"等科技助力乡村振兴"十佳项目"，并连同北京市农业农村局、北京市农林科学院、北京农学院、北京农业职业学院、北京市农村经济研究中心签订了共推科技助力乡村振兴合作协议①，更进一步运用科技动能激发乡村振兴活力。

五、吉林："慧"耕沃野为乡村振兴赋能增效

2022 年 10 月，吉林省人民政府办公厅发布了《关于智慧农业发展的实施意见》，指出"十四五"期间，要完成省、市、县、乡、村五级数字农业农村云平台的搭建，基本建成黑土地保护"一张图"、高标准农田"一张网"、耕地后备资源"一张图"，初步实现种业资源管理数字化、农业机械智能化等 8 个场景应用。近年来，在人工智能、物联网、云计算等技术不断成熟的契机下，吉林省抓住机遇，利用数字技术推进农业生产、经营、管理和服务等各个环节。

吉林省现有 3042 万亩高标准农田，成为"藏粮于地、藏粮于技"粮食安全新战略的重大举措。农田里设置有高达两三米的大型现代智能农机、自走式喷杆喷雾机、自动施肥机、植保无人机等高科技器械，利用"吉林一号遥感"卫星，通过获取植被指数影像，根据植被反射不同波段光的比例形成数据信息，从而得知农作物的长势和生产环境状况，轻松探测农田情况。以吉林市永吉县万昌镇吴家村为例，该村的水稻种植不仅通过地面摄像头、低空无人机和遥感卫星等多层、立体管控体系实现了田间管理智能化，还通过物联网、大数据建立全程可视农业系统，让种植户可以根据客户的要求进行植保、施肥，客户在家里可实时观看自己认购的稻田现状，拓宽了当地大米

---

① 北京科技社团服务中心（北京老科学技术工作者总会秘书处、北京反邪教协会秘书处）、北京市科协创新服务中心：《促和美、庆丰收，京郊大地共联合——科创中国·北京科技助力乡村振兴联合体成立仪式暨延庆区现代农业产业发展报告会成功举办》，https：//www.bast.net.cn/art/2023/9/23/art_33962_14943.html，访问日期：2023 年 10 月 4 日。

的销路。又如，公主岭市朝阳坡镇，农户们采用无人驾驶农机开展春种工作，在提高种粮播种效率的同时，大大提高了播种精准度，误差控制在 2.5 厘米以内，实现了质与效的双丰收。还有四平市的铁东区小塔子村永发合作社、梨树县卢伟合作社，作为数字技术应用的试点地区，在耕、种、管、收全过程实现了人工智能、大数据、云计算、5G、北斗卫星、大田物联网、农机智能装备等数字化手段的集成应用，整体涵盖基础信息管理、资产管理、生产管理等 7 个方面，成效显著。2023 年以后，吉林省将新建 1000 万亩以上高标准农田，重点在粮食生产功能区和重要农产品生产保护区集中布局，突出推广新模式新业态，提升数字农业、智慧农业发展水平。①

六、陕西：“科技小院”助力产业发展

“科技小院”是建立在农村、企业等生产一线的集农业科技创新、示范推广和人才培养于一体的科技服务平台。陕西省科学技术协会高度重视“科技小院”建设工作，依托涉农高校、科研院所、农业龙头企业、农村专业技术协会和农村科普示范基地，先后建设陕西省农村专业技术协会“科技小院”199 家。截至 2023 年 8 月，陕西省已有 25 家“科技小院”获得中国农村专业技术协会认定批复。“科技小院”涵盖了小麦、苹果、木耳的种植等特色产业。“科技小院”长期驻扎农业一线，为新品种培养、新技术推广和产业发展作出了突出贡献，为农业科技创新和科学普及注入了新动力。陕西省各级科协组织和农村专业技术协会将围绕各地主导产业和特色产业，深入开展调查研究，摸清产业发展的科技需求，与涉农高校和科研院所对接，推动“科技小院”建设。各类“科技小院”将充分发挥科技专家优势，解决产业发展中的技术难题，用新品种新技术推动传统产业转型升级，助力乡村振兴和县域经济发展。②

以陕西咸阳市泾阳县为例，该县是西北地区著名的蔬菜主产区，2012年前后，泾阳县蔬菜产业面临土壤连作障碍、品种单一、效益低下等难题，

---

① 中华人民共和国农业农村部：《吉林：从“会”种地到“慧”种地“硬核”实力绽放沃野》，http://www.moa.gov.cn/xw/qg/202003/t20200324_6339796.htm，访问日期：2023 年 10 月 1 日。

② 霍强：《陕西组织实施科技小院功能提升计划》，《陕西日报》2023 年 6 月 6 日第 8 版。

农户渐渐失去种菜信心。为破解蔬菜产业发展难题，泾阳县蔬菜试验示范站进行了很多尝试，通过建立"科技小院"，专家查看西红柿坐果、病虫害情况，向农户传授大棚蔬菜田间管理技术等，为泾阳县蔬菜产业的可持续发展提供技术支撑，同时辐射陕西省乃至西北地区的蔬菜产业发展。截至2023年7月，陕西泾阳蔬菜"科技小院"服务咸阳3个县、17家示范园区，引领产业发展，新品种新技术辐射到省内的三原、高陵、礼泉等12个县区以及青海、宁夏等省区，累计推广面积152万多亩，新增经济效益超2亿元。2022年，"泾阳西红柿"入选全国名特优新农产品名录。自陕西泾阳蔬菜"科技小院"成立至2023年，50余名研究生、博士生在田间地头完成科研课题，除此之外，"科技小院"还为当地培养了很多本土农业人才。驻站专家深入田间地头，培养了31名基层农民技术员，在驻站专家的指导帮扶下，基层农民技术员陆续带动350余人靠设施蔬菜产业实现增收致富，帮助群众增产增收。[①]

七、广西：特色产业与科技兴农实现有效结合

自党的十九大作出实施乡村振兴战略决策部署以来，广西把推进乡村产业兴旺作为乡村振兴的第一要务，以农业供给侧结构性改革为主线，强龙头、补链条、聚集群，做大做强农业规模和总量，推进特色产业集群发展、质量兴农绿色发展、一二三产业融合发展、现代特色农业示范园区创建、现代农业科技创新、品牌强农、农产品产销对接、龙头企业成长壮大、现代农业经营体系创新等。在乡村振兴战略的推进实施中，促进产业兴旺是第一要务。需要农业科技创新提供支撑，将现代科技转化为乡村产业发展动力，持续推进农业现代化。[②]

以环江毛南族自治县为例，该县积极利用科技创新工具，赋能乡村产业振兴，坚定实施"产业强县"发展战略，大力发展桑蚕产业，聚力推进现代特色农业示范区创建工作，以产业兴旺促进农民增收致富。环江毛南

---

① 冯丽：《村民尝到科技兴农的甜头——西北农林科技大学张明科团队科技助农的故事》，《中国教育报》2023年5月5日，第3版。

② 邓国仙、许忠裕、黎丽菊、陆涛、杨祈飞、林树恒：《农业科技创新支撑广西乡村振兴对策研究》，《山西农经》2022年第7期。

族自治县与国家蚕桑产业技术体系、国家科技特派团、广西蚕业技术推广站（广西蚕业研究院）、中国科学院亚热带农业生态研究所、中国农业科学院蚕业研究所等建立科技合作关系，蚕桑产业高质量发展得到了有力的科技保障。一是建设设施蚕业，推广良法良种；推动桑园机械化翻耕犁晒、桑园水肥一体化喷淋设施的示范应用；完成了全县小蚕共育室设施改造；主推轨道喂叶车、自动喂叶机、自动上蔟架、自动采茧机等新型设施；推广桂蚕8号、桂桑6号等蚕桑品种。二是创建智慧平台，推动管理提升。以物联网为核心技术支撑，示范区内建设了"智慧蚕业云平台"技术服务中心，开创性地使用"六化"技术标准和"五统一"的工作模式，通过对蚕桑生产的实时数据监测和分析，建设蚕桑生产大数据系统，实现蚕桑养殖全程跟踪服务指导。三是开展饲料养蚕，促进产业升级。在示范区内建设人工饲料养蚕试验基地，配备饲料蒸煮机、饲料自动投料机、温湿调控器等设备，推广"饲料小蚕＋桑叶大蚕"两段养蚕新模式，推动传统产业转型升级。此外，环江毛南族自治县还依托"组团式"帮扶，培养农村产业优秀人才。充分利用"组团式"帮扶专家人才优势资源，采取"师带徒""导师帮带""团队带团队"的帮带模式，帮助培养青年专业人才队伍。2023年以来，国家科技帮扶团共有76人次到环江毛南族自治县开展中草药、柑橘、桑蚕和畜牧产业技术指导培训和技术人才培训工作。先后为环江毛南族自治县培育50多名桑蚕、肉牛养殖等领域的专业技术青年人才。开展农作物种植技术职业技能培训班5期，参加培训221人，194人通过考试获得农作物种植技术初级证书。科技与乡村特色产业结合，极大延伸了产业链的发展，环江毛南族自治县先后获评"全区蚕桑发展十佳县""广西十佳蚕桑生产基地县""中国优质茧丝生产基地"等荣誉称号。2023年，环江毛南族自治县大才乡蚕桑产业获评全国种植业"三品一标"基地，形成了"中国蚕桑看广西，广西蚕桑看河池，河池蚕桑质量看环江"的格局，实现了经济效益、社会效益和生态效益相统一。

第二节 国外乡村科技创新实践经验

欧美国家在乡村产业发展方面一直走在世界前列，特别是欧洲作为第一、第二次工业革命的发生地，科技基础雄厚，乡村产业发展机会众多。因此，研究欧美国家现代乡村产业的发展格局，能够为我国乡村科技创新实践提供有益的经验借鉴。

一、荷兰:"链战略行动计划"助推科技兴农

从自然环境来看，荷兰农业发展的条件并不是非常优异。荷兰纬度较高，导致阳光照射不足，且地势低矮，土地容易受到海水倒灌的威胁，这些因素对农业发展不利。此外，有限的土地资源也限制了当地农业生产的空间。[①]从 19 世纪后半叶到 20 世纪 40 年代，在自然条件受限的情况下，荷兰政府主动出台措施，通过人为推进的手段对农业发展进行规划和保护，促进了农业合作组织的发展，为农业长期高质量发展打下了坚实基础。20 世纪 50 年代到 20 世纪 80 年代，荷兰推行农业结构改革，形成了以园林业和畜牧业为主的农业结构，并缓解了土地资源短缺的问题。20 世纪 80 年代至 21 世纪，荷兰实施"链战略行动计划"，引入创意农业产业链模式，计划的成功实施助推荷兰成为农业高度发达的国家，其土地生产率、农业设施水平、农产品出口贸易等指标均居于世界前列。[②]

---

① 张辉、王静、吴东立、于磊:《典型国家农业农村现代化理论与实践研究》，北京:科学技术文献出版社，2019，第 113-114 页。

② 付晓亮:《荷兰"链战略行动计划"的基本特征、可取经验及对中国农业产业化的启示》，《世界农业》2017 年第 11 期。

（一）实施"链战略行动计划"

荷兰的"链战略行动计划"围绕着创意农业产业链展开，推动了专业化和规模化生产，加强了农业产业链的协作与整合，实现了农产品生产、供应和销售的有机融合，构建了一个共担风险、共享产业链外部效益的利益共同体。荷兰以集约化、专业化、高新技术和现代化管理为特点，深度融合了农村的一二三产业；在高效的农业产业链基础上，打造产业集群，创造了许多农业奇迹。[1] 以园艺业为例，荷兰已经建立了高效完整的产业链网络，包括研究开发、生产组织、市场营销和物流管理等环节，这些措施使荷兰的花卉产业尤其强大，鲜花销售量占据了全球市场的 70%。[2] 荷兰还将花卉产业的成功经验应用于生产高质量的蔬菜等其他领域，借助集群模式实现了农产品的规模化生产。

（二）农业科技力量投入大

荷兰自然条件的受限对农业发展而言是一个严峻的挑战。为了克服客观条件的困难，荷兰加大对农业科技的投入，采用了先进的科学技术、高级的装备和精密化设施，着重推动温室农业的发展，以提升农产品的质量和科技含量。以花卉产业为例，荷兰属于温带海洋性气候，虽全年气候温和，但冬季日照时间短、光照弱，无法满足花卉种植要求。因此，荷兰政府在花卉育种到销售的各个阶段，均借助了科技力量：研发阶段，专业育种公司通过科技手段分析、改良适宜种植的花卉品种；种植阶段，荷兰政府扶持温室种植、改良温室技术，采用现代化温室栽培技术，并通过计算机控制来实现播种、栽种、收获和包装等环节的机械化作业，从而提高花卉产量；在储存和销售阶段，荷兰为花卉配备专业的冷库储藏技术；而在运输阶段，荷兰则通过发达的航空物流系统，为花卉和其他农产品提供便捷的运输途径。荷兰温室农业的政策转向，也促进了新型可持续技术的发展、应用，如高

---

[1] 赵霞、姜利娜：《荷兰发展现代化农业对促进中国农村一二三产业融合的启示》，《世界农业》2016 年第 11 期。

[2] 高升、洪艳：《国外农业产业集群发展的特点与启示：以荷兰、法国和美国为例》，《北京农业》2013 年第 35 期。

效的污水处理系统、太阳能光伏板、地热循环系统等，最大程度地降低玻璃温室对环境的影响，提高清洁能源的使用效率，实现花卉产业可持续发展。在科学技术的助力之下，自然条件受限的荷兰不断创新突破，最终成为世界有名的"花卉王国"。

（三）增强农业社会化服务供给

与其他发达农业国家相比，农业社会化服务供给系统的完善是荷兰农业产业的一大优势，社会和个人服务业、批发零售贸易业、商务服务业在农业总投入中占据较高的比重，这为荷兰农业发展的可持续性和创新性提供了强大的保障。为更好地提供农业社会化服务，自 1874 年起，荷兰开始成立消费合作社，农业社会化服务供给开始从分散化走向集中化。荷兰是全球合作社发展最早的国家之一，合作社对农业发展的支撑和引领表现出持续增强的基本趋势。首先，荷兰采用了单一继承制度来管理农地，保持了家庭农场的代际传承，从而有效避免了土地细分的问题。这也使家庭农场更加稳定，提高了对合作社的忠诚度，为合作社的稳定运营提供了保障。其次，荷兰长期以来实行市场经济体制，这种环境培养了荷兰人强烈的契约意识，农场主很少会出现不履行与合作社的销售合同而私下销售农产品的行为，这进一步增强了家庭农场与合作社之间的紧密联系，促进了合作社的稳定发展。尽管合作社的规模日益扩大、多元化发展趋势日益明显，但其组织农民、保护农民、发展农民的基本使命仍未改变。农业合作社作为主要推动力量，得到了农业类高校和科研机构的支持，同时政府也提供政策支持，三者协同发力，形成了支撑荷兰农业高水平发展的金三角模式。这些合作社通常拥有覆盖全产业链的先进技术体系，展现出卓越的技术整合能力，这一优势并非仅仅源于荷兰拥有全球一流的农业类高校、种子公司和农业装备制造企业，更关键的地方在于它们能不断创新，推出适应合作社需求的农业新技术和新装备。同样重要的是，由于荷兰农业合作社的稳定发展和产业规模不断扩大，它们对农业新技术和新装备的需求持续旺盛。从实质上说，这种稳定和持续的需求是荷兰农业合作社成功吸收和整合各种先进农业技术和装备的关键因素。[1]

---

① 郭晓鸣：《荷兰农业为何能够创造奇迹》，《当代县域经济》2020 年第 2 期。

二、法国：鼓励数字科技在农业领域的开发和使用

法国拥有较好的农业资源禀赋，是欧盟最大的农业生产国，也是世界主要的农副产品出口国。20世纪60年代开始，法国逐渐注重农业的可持续性以及农村社会经济的多元化，这一转变为法国乡村产业的快速崛起创造了有力的基础。[①]

（一）重视农业科技创新的规划与研发

作为欧洲第一大农业生产国，法国对农业科技研发尤为重视，并将数字科技作为重点发展领域，通过政策引导和资金支持等形式鼓励数字科技在农业领域的开发和使用，推动传统农业向智慧农业转型。法国注重政策对农业科技创新的规划与引导。例如，2015年，法国农业部制定了"农业创新2025"计划，重点加强技术知识培训，推进机器人技术和生物技术等关键技术在农业领域的应用，并为相关领域技术的研发提供每年400万欧元的"农业和农村发展"基金。同时，在"农业创新2025"计划的推动下，高校、科研院所、企业、农户等形成了多元联合主体，开展技术知识培训及科研项目合作，共同参与农业科技创新。2021年，法国农业和食品部发布"法国农业科技计划"，将在5年内投资两亿欧元支持应对气候变化、可持续生态农业、开发创新农业粮食资源等农业创新类项目，力争实现科学技术、经济效益和环境效益的平衡，进一步提高法国农场和农食企业的竞争力。数据显示，截至2021年，法国在食品科技和农业科技行业已有超过215家初创企业和咨询公司。每年培训约12万名农业工程专业的学生。此外，法国81%的农民每天在工作中使用互联网，75%拥有至少一种机器人工具，50%使用卫星定位系统来提高工作准确性。[②]

（二）科学统筹规划，形成产业布局

在产业发展上，法国通过统筹规划、三产融合、科技引领推动乡村产业

[①] 汪明煜、周应恒：《法国乡村发展经验及对中国乡村振兴的启示》，《世界农业》2021年第4期。

[②] 刘玲玲：《法国新推农业科技创新计划》，《人民日报》2021年10月8日第16版。

深层次、高标准地综合性发展，实现农业农村现代化。首先，法国对农业用地进行管理和规划，制定土地综合规划，发展规模农场、合作社及农业公司，全面推进农业生产的规模化和专业化。其次，法国根据自然条件的优势以及农产品生态适应性要求对产业进行分区布局，主要形成了粮食生产区、果蔬区和高原畜牧区3个主要产地，各区域通过发挥自身资源优势，强化产业发展。① 为了加强不同产业的融合，法国政府还强调部门协作，打通农业部门与工商、物流运输、金融等部门之间的壁垒，利用技术和资本的集聚效应构建利益共同体，共同推动农业发展。此外，法国还注重产业链的延伸，在传统种养业的基础上，通过特色农产品销售、特色餐饮、休闲农庄等形式发展乡村旅游产业，丰富农业产业链内容，扩大经济收入范围。②

三、美国：重视农业科技的研发和推广

美国拥有丰富的农业资源，人均耕地面积宽广，是全球最强大的农业国家之一，在农业生产力和农业产业链方面都表现出极强的市场竞争力。20世纪40年代，科学技术在美国农业领域的应用兴起；农业机械设备得到广泛应用，从20世纪80年代一直延续至今。现代科技和智能技术的广泛应用，扩展了农业产业链的前后端，同时也促进了农业价值链的不断拓展。③

（一）建立规模化科技农业园区

美国科技农业园区以多学科融合为基础，建立了规模化、产业化、社会化和国际化的综合农业形态，形成了农工商一体化的产业链，以高科技含量和高产出为主要特征。美国农业科技园区建设成功的经验之一即为布局专业化，为了避免同质化竞争，美国依据不同区域的气候条件、资源优势等指标，对产业进行分区布局和行业分工，如东部地区建设了大量的牧草和乳牛科技园区，而中、北部地区则专注于谷物科技农业园区。这些农业园区采用了产

---

① 陈新：《国外乡村建设对我国欠发达地区乡村振兴的若干启示》，《乡村科技》2019年第30期。

② 刘康：《法国是如何成为世界农业强国的》，《中国县域经济报》2017年9月25日第3版。

③ 陈彤：《美国农业工业化发展与生态化转型研究》，《亚太经济》2018年第5期。

业分工，有效避免了同质竞争，并在生产、加工、流通和贸易等环节实施了精细化分工，从而显著提高了综合农业生产效率。除着力发展产业外，科技农业园区还注重促进农业科技的创新研发与推广。面对土壤流失、地力衰退等问题，众多美国科技农业园区积极倡导并实施农业部门的低投入可持续农业发展计划，积极采用可再生能源替代化石能源，减少农业污染，并积极推进有机农业的发展。在政策的支持下，美国农业园区的科技水平得到显著提升，科技创新辐射力度大幅提高。科技农业园区还强调农业教育的重要性，着眼于培养实用型人才，致力于农业从业人员的培训，强调农业技术的实际应用，以及提升学员的实践能力。

（二）加速农业科技成果转化

美国高度重视农业科技的研发和推广。科技进步对美国的农业增长贡献率高达80%，农业科技成果的成功转化率也超过60%，在国际上独树一帜。自20世纪开始，美国就实现了农业生产高度机械化及产品生产自动化，在很大程度上提高了农业劳动生产率。近年来，美国更是将遗传工程、生物技术、计算机技术和遥感监测等高新技术广泛应用于农业生产领域。为了加速推进农业科技成果转化，美国建立了新型农科教技术创新体系和运行机制，积极推行农科教、产学研一体化战略。在多元主体的参与与支持下，创造了一批国际一流水平的大学科技园区和农业科技基地，构建了综合的农业科学研究、教育和推广体系，包括130多所农业类院校、63所林学研究院、27所兽医学院和59个科学试验点。各地还设有农业技术推广服务站，确保农业科研成果和新技术能够快速转化应用于农业生产领域，使新型农产品在市场上取得竞争优势。

（三）农业法律与保障性措施高度系统化

美国拥有完备的农业法律体系，为农业发展提供了全面的法律政策指引。1933年，美国颁布了第一部《农业调整法》，旨在通过农业补贴、信贷支持和生产控制等政策来解决农产品生产过剩问题。此后，美国相继制定或修订了20多部农业基本法和100多部农业专项法，逐步完善了农业保障法律框架，为健全农业政策保障机制提供了法律保障。除法律规定之外，美国还针对农业发展出台了多项政策，包括农产品价格补贴、土地和水资源的可持续利用与保护、农业专门化教育、农业科技研发与推广、农业信贷、农业税收、农产品国际贸易等多个方面。美国政府在农业发展的保障性措施方面也采取了很多举措，为了更大程度地发挥科技的力量，美国构建了一套以大学为主导的技术研发推广体系，通过政府拨款、公益基金、市场主体资助等多种资金渠道支持农业技术研发和推广，并通过有效的激励机制、绩效考核机制和成果转化收益机制，确保科技研发和推广人员的稳定性。[1]另外，美国还采取农业金融补贴措施，通过信贷金融手段为农场主提供必要的资金支持，同时还形成了完备成熟的农业保险制度，一方面，政府大力支持农作物保险，为农户进行保费收入补贴；另一方面，政府鼓励并支持私营保险公司运营农作物保险项目，政策则在私营保险公司的基础上对农作物项目进行二次保险。另外，对于农作物进出口贸易，美国同样设置了补贴措施，通过关税和配额制度、出口补贴政策、技术性贸易壁垒等促进本国农产品出口，维护国内农产品的市场稳定。[2]

第三节 国内外乡村科技创新经验启示与借鉴

我国积极推动乡村产业发展，特别是在乡村振兴战略的引领下，我国乡村产业发展取得了显著进展。然而，各国乡村产业发展都有着独特的政治、经济、文化背景，因此在借鉴外部经验时，不能简单套用，而应充分考虑国情的差异性。在全面推动乡村产业发展的过程中，必须因地制宜、因情施策，才能更好地促进各地乡村产业与乡村科技的发展。

---

[1] 罗鸣、才新义、李熙、禄汉宁、梁晶晶：《美国农业产业体系发展经验及其对中国的启示》，《世界农业》2019 年第 4 期。

[2] 侯廷永：《美国现代农业发展及其经验借鉴》，2021 年 6 月 5 日，http：//journal.crnews.net/ncjygl/2017n/d7q/dybg/918762_20170711020633.html，访问日期：2023 年 10 月 16 日。

一、健全农业科技政策与其他支持政策的联动体系

一些发达的农业国家将农业科技政策与财政支持政策相结合，形成政策合力，有效增强了农业科技政策的实施效果。我国的农业科技法律政策体系不断完善，其中《中华人民共和国乡村振兴促进法》第16条第1款明确规定国家将采取措施加强农业科技创新，这一法律明确了农业科技创新的地位。然而，我国农村科技创新政策的执行水平与效果尚需进一步提高。具体来说，我国农村科技创新的资金投入相对不足，这在很大程度上制约了农村科技创新工作的展开。我国农村科技创新主要依赖政府的资金投入，未能建立起系统、广泛的创新资金筹措机制，这也是我国农村科技创新系统的薄弱环节。因此，有必要科学规划农村科技创新的财政支持体系。政府无疑在农村科技创新体系中扮演着相当重要的角色，尤其是在调动社会资源、筹措农村科技创新研发与推广资金方面，更是发挥着关键作用。具体而言，政府应立足农村科技创新发展需求，建立完善的农村科技财政投入机制，同时引导、鼓励社会组织参与农村科技创新的资金投入，并建立公平的科技创新成果分享和风险共担机制，积极利用大数据、"互联网＋金融"等新形式，为科技创新提供更精准的资金支持，同时更有针对性地为农民提供服务。[①]

农业科技在农业领域的显著作用正在逐渐凸显，农业科技的发展水平将决定未来全球农业科技的竞争格局。因此，必须强化农业科技创新的顶层设计。为了快速建立农村科技创新体系，必须全面考虑现代农业和农村发展的整体情况，实施切实有效的顶层设计。这需要综合规划和构建农村科技创新体系的核心要素，不断完善各个方面的制度，快速制定可行的综合政策。一方面，可以在国家层面考虑建立一个与乡村振兴战略相协调的全面性农村科技创新体系制度，明确定义体系的关键框架和相关支持制度。这不仅包括农村科技创新体系在关键领域的地位、价值、内容和目标，还要考虑农村科技创新体系的组织领导、财政支持、工作评估和人才培训等制度的构建。另一

---

①徐顽强、王文彬：《乡村振兴战略下农村科技创新体系构建》，北京：科学出版社，2022，第87—92页。

方面，需要强化政策协调，制定农村科技创新体系的政策蓝图，详细规划行动计划和建设路线图，以加速相关工作的实施。此外，在农村科技创新体系改革和优化过程中，各地还应积极开展试点工作，探索创新方法，鼓励基层政府和农村组织克服现有制度障碍，包括加强对农业企业科技创新的支持，制定有针对性的政策，考虑设立专门的农业科技金融资助基金，提供投资补助，扩大农业科技企业的融资渠道等，为农村科技创新工作创造更多创新和行动空间。

二、建立需求导向的科技成果研发与转化体系

近年来，我国农业高新技术取得了多项重要成果，但仍然面临整合技术和推动产业化方面的挑战，从技术实力向产业实力转变的路径仍然面临阻碍。具体而言，农业科技的供给与需求之间不匹配，同时农业科技成果的转化能力和条件有所不足，导致农业科技在产学研之间的转化效率较低，农业创新链与产业链之间的融合也不够顺畅。此外，根据专利申请情况，我国高校和科研机构在农业领域的专利申请占比较大，但授权专利的许可和转让比例相对较低，进一步制约了产学研的协同和农业科技的转化。[1]世界各个农业科技领域强国在注重将科技成果转化为实际应用的同时，更关注用户对实际应用的需求，并在此基础上不断寻求创新。因此，我国应当改变过去科研与生产分离的模式，以改进农业科技推广组织方式为入手点，确立农业科技信息的需求和供给之间的有效衔接。[2]我国的农业科研人员应始终将人民需求放在首位，坚持农民的主体地位，尊重农民创造力，集聚农民智慧，以更好地满足各地群众多样化的科技需求。此外，还需要强化培育高品质高附加值的新品种和新型实用技术的研发以提高农产品的品质，并拓展农业产业链[3]。同时，也要致力于改善农村的居住环境，积极将乡村文化和数字技术结

---

① 许竹青：《加强农业科技创新，走好农业强国之路》，2022 年 10 月 31 日，http：//finance.people.com.cn/n1/2022/1031/c1004-32555329.html，访问日期：2023 年 10 月 20 日。

② 郑小玉、刘冬梅：《国外农业农村科技创新政策特征及启示》，《科技智囊》2020 年第 2 期。

③ 吴孔明：《牢牢把握"六个必须坚持"夯实农业农村现代化科技支撑》，2023 年 7 月 26 日，http://dangjian.people.com.cn/n1/2023/0726/c117092-40043840.html，访问日期：2023 年 9 月 12 日。

合发展，使广大农民能够共享现代科技进步的前沿成果。

三、加强农业科技社会化服务体系建设

随着我国农业组织形式和生产方式发生深刻变化，科技服务供给不足、供需对接不畅等问题凸显，使得农业在转型升级和高质量发展方面面临更大的挑战。农业科技社会化服务体系是为农业发展提供科技服务的各类主体构成的网络和组织系统，旨在为农业发展提供科技服务，是农业科技创新和社会化服务的重要组成部分。长期以来，公益性服务机构，特别是农技推广机构，一直是农业科技社会化服务体系的主要组成部分，并在推动农业发展以及为乡村振兴注入创新驱动力方面发挥着关键作用。农业科技发达的国家的成功经验之一是重视农业科技社会化服务供给，发挥企业、科研院所等社会主体的力量，采取税收、贷款、产学研合作伙伴关系等多种方式激发社会服务主体科技创新的活力。因此，在加强农业科技社会化服务体系建设方面，首要任务是进一步强化社会市场中的农业科技服务机构建设，核心是推进农业技术推广机构服务的创新，并增强农业类高校与科研院所服务职能，同时积极引导和支持企业提供农业科技服务，大力提升供销合作社的科技服务能力，大幅提高农民合作社、家庭农场和农村社会组织的科技服务水平。其中，调动各类社会市场化农业科技服务机构的积极性至关重要，以大幅增加社会市场化农业科技服务的供给，从而形成服务农业农村创新发展的全新格局。[①]

四、数字技术助力乡村价值链发展

近年来，数字技术贯穿所有经济和社会场域，推动经济发展变革，更成为乡村振兴的重要驱动力。"互联网+"、云计算与大数据等新一代信息技术，在延伸产业链、提升价值链、打通供应链、完善利益链等方面不断推动技术进步，促进数字技术在农业生产经营中的广泛应用。数字技术在农业方面的

---

① 龙开元：《调动千军万马，服务农业农村创新发展》，2021年3月25日，https：//www.rmzxb.com.cn/c/2021-03-25/2815448.shtml，访问日期：2023年9月2日。

运用是国外农业科技创新的经验成果之一。以美国为例，完善的农业产业基础和数字技术体系促进了美国现代农业的发展，自 20 世纪 90 年代起，美国已开始应用数字农业技术，包括应用遥感技术对作物生长过程进行检测和预报、在大型农机上安装 GPS 设备、应用 GIS 处理和分析农业数据等，并在 21 世纪初已经实现 "3S" 技术、智能机械系统和计算机网络系统在大农场中的综合应用，智能机械已经进入商品化阶段。

发达国家推崇乡村数字化生态构建，以形成完整的农业产业生态循环，我国可汲取其成功经验，构建数字农业生产研发体系。首先，乡村数字农业的高质量发展应以农民为中心，以数字技术为支持，并与全社会建立合作机制，农民向企业、高校和政府提供农业数据反馈，同时获得相应的产品供应；企业则向农户提供先进机械、技术和农业培训；高校负责培养乡村数字农业所需的人才；政府则提供农业研发数据库以支持数字农村的发展。另外，企业、高校和政府应形成保障体系，企业与政府协同合作，实现农产品和农业机械等领域的业务联动。企业与高校展开合作，共同深耕数字农业领域，深化产学研的伙伴关系，高校负责培养企业所需的人才和技术研发，而企业则为高校提供所需的农业技术应用信息反馈和研发资金支持。政府为高校提供农业市场数据和研发资金支持，与高校合作协助培训农民数字农业生产技术，高校为政府提供研究成果及专业研究型和技术管理型人才，这种协同发展的生态系统能有效促进数字化乡村的创新发展。

第八章

乡村科技创新
支撑体系的展望

第一节 乡村科技创新支撑体系构建的宏观构想

一、构建乡村科技创新支撑体系的目标

（一）以构建需求型农业科技创新支撑体系为导向

农业高质量发展已进入历史新阶段，对农业科技创新提出更为迫切的需求。首先，我国农业发展已不再局限于满足温饱。随着消费结构的升级，居民对优质有机农产品的需求急剧增长，农业生产的目标已经从保障数量转变为注重产品质量和营养价值，这需要农业科技创新为大宗农产品稳定供应、特色农产品开发满足市场需求等提供支持和保障。其次，随着现代农业的发展，农业正朝着产业垂直一体化及一二三产业深度融合的综合经济体方向发展。因此，农业科技创新必须高度集成化和系统化，以适应这种发展趋势。再次，新型的农业经营主体是农业科技创新的主要采纳者，他们对农业生产技术的规模化和标准化提出了更高要求，农业科技创新必须不断创新，以提供适用于不同生产主体的标准化技术和更加有效的技术传播方式。① 最后，相对而言，我国农村的基础设施建设不够完善，生态环境问题相当突出，农业在资源和环境方面面临着越来越多的制约，这要求农业科技创新提供更环保的产品和相应的服务。

脱贫攻坚与乡村振兴是党为实现"两个一百年"奋斗目标而确立的重要战略。"十四五"期间是巩固拓展脱贫攻坚成果同乡村振兴有效衔接的关键阶段，必须强化农业科技创新的角色作用。为充分发挥农业科技创新的推动作用，必须认真总结农业科技发展中存在的问题和不足，明确新阶段农业高质量发展对科技创新的新需求，找准创新的着力点，提升农业科技创新的水

① 张伟、马永鑫、孙建军、刘诗涵、景丽：《乡村振兴背景下加快农业科技创新的思考》，《农业科技管理》2020 年第 6 期。

平，加速科技成果的推广和应用。长期以来，我国的农业科技发展存在着"两层皮"问题，即涉农技术创新成果虽丰富，但农业科技供给不足，导致科技成果的转化效率低、农业创新链与产业链不够契合等。解决这一问题，需要进行顶层设计的转变，建立一个以需求为导向的农业科技创新支持体系。除了在全球农业科技前沿基础性研究方面加强原创性和源头创新，还需要对国家经济核心领域、国家重大需求及人民生命健康等应用领域做出前瞻性规划。特别是在产业链的需求方面，需要着力解决农业技术供给不足、质量效益不高、生态功能发挥不够等突出问题，以促进农业技术创新的整体提升，优化农业科技创新的布局。①

（二）以促进产业兴旺与助农增收致富为动力

习近平总书记一直高度重视发展乡村产业，强调"产业兴旺，是解决农村一切问题的前提"，要"紧紧围绕发展现代农业，围绕农村一二三产业融合发展，构建乡村产业体系，实现产业兴旺"。乡村产业兴旺涵盖了高质量发展的核心理念、三产融合的内在需求及提高生活水平的关键目标。在实现农业高质量发展方面，从数量到质量的关键是在生物技术、信息技术、工程技术等先进技术与现代农业有机结合的基础上，增加科技投入，持续引入新技术，引导农业科技推广，重点在农业生产、农产品加工、包装和流通等全产业链环节进行科技研究与应用。在促进农村三产融合方面，强调一二三产业融合模式的创新研究，增强现代农作物、畜禽、水产等产业的自主创新能力。培育适应休闲农业、乡村旅游等产业需求的特色优质农产品和畜禽水产品种，并配以相应的种养结合新技术。研发适合农产品精深加工和民俗特色手工艺品制作的新型设备和技术，满足小农户、家庭农场、农民合作社等多样化需求。在提高农民生活水平方面，迫切需要开发成本低、易于操作的小型农机并进行广泛推广，以解决不断上升的劳动力成本对农业生产增收的挑战。同时，需要解决田园综合体、休闲农业、观光农业等新型农业模式的核心问题，包括布局规划、运营管理、示范推广等方面，为农业增值和农民增

---

① 王晓君、孙立新、毛世平：《构建需求导向型农业科技创新支撑体系，助力巩固脱贫攻坚成果和乡村振兴有效衔接》，《科技导报》2021 年第 23 期。

收提供可行性解决方案，推动产业繁荣和农民增收致富。[①]

我国的农业农村现代化进程已步入新阶段，乡村产业进一步繁荣的现实需求提高了对科技的依赖。乡村产业兴旺的进程也代表了乡村产业的升级和变革，其目标是全方位、持续不断地将创新要素融入农村与农业的发展。乡村产业振兴的实现迫切需要通过科技创新来促进产业链、创新链、价值链的有机融合，以提升农业全产业链的质量和效益，从而增强乡村产业的竞争力，走向价值链的顶端。在此过程中，需要社会各要素的调动与配合。比如高校、科研院所、企业等社会部门扮演着科技创新研发的角色，同时也是技术推广与成果转化的重要平台；政府在其中承担着推动力量，出台各类鼓励性政策与法规，为技术成果转化与实际应用提供便利渠道，并为科研工作提供稳定的物质保障平台。总体而言，要实现乡村产业的兴旺，必须建立一个全新的科技支撑体系，从要素投入、平台建设、成果转化及人才激励等多个层面，综合利用政府、科教单位、企业等多样化主体，整合现代农业产业技术体系、现代农业技术推广体系、现代农业产业科技创新中心及现代农业科技创新联盟等多个平台，有序引导各类资源要素快速流向重点领域和重大方向。

（三）以培育扶持新型科技服务主体为重点

科技创新成果转化是科技创新活动的"最后一公里"，针对当前我国农业科技创新成果转化率偏低的实际情况，应以培育、扶持新型科技服务主体为重点，不断创新科技成果的转化机制。首先，应重视培育和发展新型服务主体及农业经营主体，鼓励农业研究院所等社会机构积极参与农业技术推广，同时健全农业社会化科技服务系统，加强农村技术转移机构的服务功能，推广多元化的农村科技社会化服务模式，如科技直通车、农业科技专家大院等，以提供高质量的农业科技服务。其次，建立"产学研用"一体化农业技术推广联盟，进一步落实科研院所的自主权，促进"产学研""农科教"的紧密合作，鼓励科研人员将技术转化为实际应用，同时完善技术成果转化的收益机制。推动高校和科研机构合作示范基地的建设，完善政府、产业界、学术界的协同创新成果转化机制，以推动农村和农业领域的科技示范网络全

---

① 颜廷武：《科技创新支撑乡村产业兴旺》，《中国社会科学报》2022 年 7 月 7 日第 1 版。

面覆盖。再次，创建创新成果转化应用机制，构建农业科技成果的转移转化平台。鼓励不同的转化模式，如知识产权作价入股、盈利分成等，推动项目组织机制、投入方式和分配方式的创新，引导社会资本参与科技成果的转化。建设现代农业科技成果的中试基地，促进成果的成熟和转化。同时，建立数字科技成果转化和知识产权交易平台，以实现科技成果的数字化和普惠化服务。最后，构建多元化的基层农技推广服务体系，探索政府扶持和市场运作相结合的农技推广模式，建设科技创新示范展示基地，构建网络推广平台，横向连接国内外农业科教机构，纵向连接农业信息网、龙头企业、农民专业合作社，以建立农业专技推广服务系统。鼓励社会科技力量积极参与农业技术咨询、技术中介和技术服务机构，通过技术咨询服务，引导先进的技术成果的转化和应用。①

（四）以推进科技与产业深度融合为抓手

产业振兴是乡村振兴的核心任务之一。为了大力推动乡村产业的发展，促进农业的高质量增长，需要通过深化科技与产业的紧密结合，促进农业产业结构的升级和全产业链的完善。首先，积极培育农业科技领域的领军企业，引导高新技术企业积极创建产业技术研究院等协同创新机构。同时，尝试建立产业技术同盟类型的共性技术研发组织模式，充分发挥整合作用，推动产业的集群升级，引领产业发展。其次，着力推进农业现代化示范区的建设，集中农科教育资源，促进农业高新技术企业的集聚。通过"一对一孵化＋平台增值服务＋价值投资"的模式，支持各阶段的科技企业成长，推动产业逐渐从"小特产"模式转变为"大产业"模式，使示范区成为农业创新推动发展的典范。再次，加强科技与一二三产业的融合发展，特别是在农产品的深度加工方面，促进特色农产品的价值升级，通过完善产业链条，提高产业的附加值，同时注重生态农业旅游、文化创意等服务领域的发展。在发展模式方面，考虑采用"合作社联盟"等模式，统一农户的经营行为，推动农业规模化发展。最后，积极培育农村新兴产业，打造多样化的农村经济形态。此外，制定5G等高新科技在农业应用方面的奖励政策，鼓励社会资本、电信

---

① 秦健：《农业科技创新助推乡村振兴》，《光明日报》2023年1月18日第6版。

运营商、互联网企业等共同参与智慧农业示范区的建设，以实现农业全产业链的信息化覆盖，进一步提升农业生产的智能化水平。

（五）以健全农村科技服务工作机制为支撑保障

要完善农村科技服务工作机制，必须做到以下几点。首先，要明确农民和农民组织的核心地位，加强农业科技人才培养。农民作为农业科技服务的主要受益者，必须经过科技教育培训，提升科技素养，以便更准确地表达自己的科技需求。应鼓励农民积极参与市、县科技服务政策和计划的制定，监督科技推广活动，从而提高科技服务的实际效果。[1]同时，要建立灵活的人才培养体系。通过全面的顶层设计，构建集高校教育、职业技能培训及实践历练于一体的综合性人才培养机制，有针对性地进行岗位培训，培养农业科技领域的专家和创新团队。借助重大科技项目和创新平台，鼓励培育农业科学家和领军人才。支持农业类高校承担更多新型职业农民培育任务，并鼓励其他机构如农民专业合作社、农业专业技术协会及农业领域领军企业等参与培训，培养具备现代农业技能的实践人才。其次，必须采用更加积极开放的人才政策，吸引科技人才流向农村。改革农村人才体制，调整编制管理、职称评定和招聘政策等，吸引更多杰出科技人才到农村工作。鼓励农业科技人才采取兼职、技术入股、脱产挂职等方式为乡村振兴提供服务。加大对农村基础设施的投资，提升教育、医疗、文化等公共服务的供给质量，为人才创造有吸引力的环境。最后，强化科技特派员的规范管理，并建立可持续的服务机制。制定政策，吸引来自不同领域、技术娴熟、懂管理和经营的人才参与科技特派员计划。鼓励科技特派员联合创办农民合作社、专业技术协会及农业企业，同时允许他们通过提供增值服务获得合理报酬，激发科技特派员服务乡村的内在动力。[2]此外，须建立整合科技服务资源的农科教一体化大型管理系统。协调政府与各农业服务组织的关系，整合资源，协同治理，建立多层次、全方位的服务体系，以促进农业教育、培训、研究和推广的一体化。推进农业科技推广管理体制的改革，加速实现科技推广机构与行政机构

---

[1] 余华：《新型农村科技创新服务体系构建研究——以大湘西地区为例》，《湖南社会科学》2015 年第 4 期。

[2] 秦健：《农业科技创新助推乡村振兴》，《光明日报》2023 年 1 月 18 日第 6 版。

的分离，减少行政机构对科技推广的过多干预，确保农业推广财政投入真正用于科技服务。①

二、构建乡村科技创新支撑体系的原则

（一）"以人为本"原则

科技创新是经济发展、社会进步、民生改善和国家安全的重要保障。现实证明，是否符合人民群众的需求和期望是检验科技创新是否真正有效的重要渠道之一。因此，构建乡村科技创新支撑体系，要坚持"以人为本"的重要原则。

坚守"以人为本"的原则，包括两方面的重要内容。第一，从科技创新主体角度来看，就是要激发科技人员的创造力和积极性。科技人员创造力的根本源于创新思维、创新环境和创新实践，而积极性则来自兴趣、家国情怀和政策激励。我国的科技体制改革成效显著，长期以来，科技人才队伍建设与科研人员激励机制都是科技体制改革的重点内容。但是，由于政策执行不到位、措施不连贯等问题，现实中还有大量科研人员无法专注于科研工作，积极性有待提高，因此相关改革仍有继续深化的空间，以促进相关政策框架的不断优化和完善。第二，科技创新的主旨在于提高经济发展水平和人民生活水平，自改革开放以来，我国加大科技创新投入，取得了许多重要突破，科技创新成果显著，社会经济发展水平及人民的生活水平在科技的推动下有了很大的提高。然而，在一些与人们日常生活密切相关的重要领域，科技政策的引导力度仍显不足，一些关键科技问题的研究和布局还不充分，如垃圾分类处理、道路交通引导等方面的高效识别和智能控制技术仍需进一步突破和应用，这些问题直接涉及亿万人民的生活，更需要科技创新政策制定者的深切关注。

科技创新应以人民为中心，必须在中华民族伟大复兴的历史进程中，统筹、谋划科技发展。在科技政策战略方面，需要建立健全的科技创新支持政

---

① 余华：《新型农村科技创新服务体系构建研究——以大湘西地区为例》，《湖南社会科学》2015 年第 4 期。

策。这一政策既要面向世界科技前沿，积极探索未知领域，也要满足国家重大需求，集中力量解决"卡脖子"的科学难题，还需要关注社会、经济和人民的核心需求，努力解决民生科技问题，真正让科技服务于人民。在选择科技路径时，应坚持科技基础政策的长期稳定性，同时根据具体任务不断优化调整，不应急功近利，也不应盲目追求短期目标而忽视长期规划。要将国家的长远利益与人民的实际需求相结合，选择研究课题和明确任务。[①] 在科研体制机制方面，必须尊重自然规律、科学规律和社会规律，合理调动各类科技资源，实行有效的科研管理。科研人员应该在科学研究中发挥主体作用，为科学研究作出重要贡献。要营造敢于创新、积极向前的科研环境和学术氛围，保障科技从业者的创造性和积极性，为他们提供更多宝贵的科研时间，提高科学研究的效率。

（二）生态原则与可持续发展原则

创新作为科技进步的内在动力，越来越成为促使社会实现高质量发展和新旧动能转换的关键要素。这意味着科技创新的发展方向需要从关注速度和数量转向更加重视质量和生态因素。尤其在我国积极推动碳达峰和碳中和战略的大背景下，生态友好型科技创新显得至关重要。因此，将坚持科技创新与人、社会、生态的全面协调可持续发展观纳入科技创新体系的基本原则之中，有助于为科技创新及其体系的健康发展确立正确方向。这也有助于在科技创新、成果转化和应用过程中有效维护生态系统的和谐平衡，实现"科技、经济、社会"这三个方面的协同发展。[②]

科技创新的生态化发展应符合构建生态文明的内在需求。生态文明是一种新型文明观，通过人、自然和社会的和谐共生以及良性循环来推动社会的全面发展和持续繁荣。推动生态文明建设的过程实际上是人类与自然不断互动、实现生态现代化的过程，而科技创新在其中扮演着重要的角色。回顾人类文明的发展历程，人类在探索自然的过程中，对科学技术产生了思考，同时也通过对自然资源的利用，实现了科技发展。这种对于自然探索与改造的

---

① 许世卫：《要坚持以人为本的科技创新政策与路径选择》，《中国科技论坛》2022年第9期。

② 占毅：《浅谈发展和完善科技创新体系的基本原则》，《科技管理研究》2008年第6期。

能力在生产实践中逐步积累，进一步满足了经济、社会及生态发展的需求。在人与自然和谐共生的过程中，科技起到了中介的作用，科技创新的生态化发展也逐步成为人类社会文明进步的新价值取向和发展方向。因此，推动绿色生产是生态文明观驱动下的必然选择，也是推动科学技术可持续发展、生态文明建设与经济社会发展融合的必然举措。要实现人与自然的和谐共生，必须积极运用科技创新的最新成果，将科技的力量注入生态文明建设过程中。

首先，坚持高质量发展原则。高质量发展需要借助科技创新作为重要推动力量，科技创新不仅是高质量发展的核心，也是推动经济和社会高质量发展的主要引擎。当前，科技在生态环境、基因技术、生物工程和环保科技等领域的发展体现了高质量发展与生态理念的融合，未来仍应以对自然规律的了解为基础，进一步尊重自然、顺应自然、保护自然，依靠科技的力量深入理解碳循环等自然现象，通过科技创新解决绿色发展难题，实现人与自然和谐发展的新局面。其次，需要坚持生命共同体原则。生命的延续和生存是社会建设和历史发展的基础。在不断改变客观世界的过程中，人类逐渐超越了自然的限制，建立了与自然共生的生命共同体。值得关注的是，科技的滥用有时会颠覆"人是自然的看守者"这一身份，对人与自然的生命共同体关系造成冲击。环境的恶化促使我们重新审视科技创新中的生命观。我们应从整体和系统的角度看待人与自然的关系，将人与自然视为生命共同体。科技创新作为提升人类能力的工具，不仅应实现自然界的人类化和人的客体化，还应确保人类与自然和谐相处、共生共荣，创造人与自然和睦相处的生命共同体。最后，坚持可持续发展原则。可持续发展代表一种创新伦理观，其要求是在满足当前需求的同时，不损害满足未来需求的能力，主要包括生产力标准、生态标准和社会标准。科技创新的生态化发展旨在实现合规性与目标一致性的统一，充分体现了可持续发展的价值观。一方面，科技创新作为满足社会进步和个人需求的生产因素，主要基于物理学和化学。另一方面，科技创新的生态化发展也充分考虑了生物学在环境中的作用，在发展经济的同时注重生态效益和可持续发展，体现了生态文明的理念。因此，科技创新必须恪守可持续发展原则，为社会提供充足的物质基础，同时提供实现生态环境可持续发展的途径。①

（三）包容原则

科技创新，尤其是原始性创新，是一种面向未知领域探索的活动，风险与变数皆存，且伴随着失败的概率。著名科学家钱学森在论述科技发展规律时指出："正确的结果，是从大量错误中得出来的，没有大量错误做台阶，就登不上最后正确结果的高峰。"尊重科技创新规律、释放创新空间、激发创新活力，就要允许失败，鼓励试错。在完善农业科技创新体系的过程中，需要坚持包容原则。这既包括积极采纳和运用各种新兴科技创新成果，也要为农业科技创新工作设立适当的容错机制。首先，鉴于农业科技创新相对滞后的现实，科技创新从业者需要勇于借鉴并应用其他行业的科技创新成果。迁移和运用科技创新成果不仅有助于降低农业科技创新的成本，还能促进农业与其他领域的有效融合。例如，许多地方的农村采用了无人机技术，通过无人机来实施种植、施肥和监测农作物的生长情况，这既显著减少了农业生产的人力投入，又大幅提高了生产效率。这是成功的科技创新成果应用的典型案例。其次，创新的道路充满曲折和风险，因此需要对农业科技创新给予适度的包容和理解，并设立积极的容错机制。然而，也应认识到农业科技创新的重要性，应该通过小范围实验和逐步推广等渐进方式来验证新型化肥等科技创新成果，以降低潜在的失败风险，防止对农村农业和农村发展造成严重损害。②

（四）效率原则

科技成果的转化是一套系统性工程，关键是要坚持德才兼备的用人标准，才能够确保其效率不断提升。商业经济已经迈入科技创新的新时代，科技创新将是决定一个国家未来经济与社会发展的重中之重，而科技成果转化效率是科技创新发展的加速器，显得尤其关键。

持续强调效率目标、提高农业科技创新效能、增加农业科技创新产出是

① 郝立杰：《推动科技创新生态化发展》，《中国社会科学报》2023 年 5 月 9 日第 5 版。
② 王文彬：《乡村振兴下农村科技创新体系重塑：困境、逻辑与路径》，《山西农业大学学报》（社会科学版）2021 年第 3 期。

构建和改进农村科技服务机制及推进具体创新工作必须遵循的首要原则。所谓科技成果转化效率，是指以市场和社会需求为导向，将科技成果（或专利技术）转化为产品，并实现商品化、规模化、国际化，最终提高生产效率。要提升科技成果的转化效率，需要高校、企业、科技中介、政府共同发力。首先，必须持续提高农业科技创新的投入回报率，确保农业科技创新工作的高效运转。目前我国农村的科技创新资源相对有限，科技工作者应该妥善利用有限资源，开展更为丰富的创新研究，在这一过程中，积极吸取国内外成功的创新经验、合理管理资源分配、坚决杜绝资源浪费或资源流失等行为都是至关重要的。此外，农村科技创新从业者也应积极开展交流、相互学习，促进各种新型科技成果的广泛传播和应用，合力推动农村科技创新工作，不断提高产出效益。鉴于日益增长的科技需求，科技工作者需要合理规划科技创新任务，高效推动各项科技创新工作。目前，农村科技创新工作较为分散，缺乏系统性，难以在全局范围内确保科技成果的产出，因此需要在提高效率的前提下更有效地展开科技创新工作。

（五）政府主推与市场助力相结合的原则

农业科技创新具有公共性、基础性和社会性。在农业发展方式的演变过程中，农业科技创新一直扮演着重要角色。每一次农业科技创新的突破，不仅给企业和个体带来实质收益，而且对国家农业现代化的实现具有深远的意义。因此，在涉及农业科技研发投入和技术推广方面，必须坚守政府主导的原则，绝不可动摇。特别是在市场体系不健全、市场主体效能有限的情况下，必须不断强化各级农业科技研发和技术推广机构的功能建设，发挥它们为"三农"服务的公益性质。同时，还应在市场化进程中，充分激发农业企业、专业合作组织和其他相关主体在市场环境中的创造性和积极性，推动农业科技创新从外部引导向内部推动的方向发展。①

要充分发挥政府和市场的作用。在乡村创新体系的构建过程中，鉴于创新资源，尤其是科学技术，具备准公共产品特性和外部性，政府的介入是必

---

① 朱先平：《河南省现代农业科技创新体系建设的总体思路与基本原则》，《湖北函授大学报》2017 年第 2 期。

要的。政府可以采用法律和政策等手段，营造有利于乡村创新体系的制度环境，以消除市场在促进创新和创业方面产生的各种负面影响，促使各个创新主体之间有效互动，确保乡村创新体系的有效运转。同时，乡村创新体系的构建也应主动利用市场机制，鼓励创新主体进行公平竞争，从而提高创新资源的有效配置效率。①

三、构建乡村科技创新支撑体系的思路

（一）统筹规划农业科技创新体系布局建设

中国农业科技创新体系必须与农业科研的特点和规律相协调，与新时期农业科技需求相契合，与建设创新型国家的要求相匹配。首先，围绕农村和农业的需求规划科技创新总体布局，从保障农业科技自主有效供给等角度设置科技创新的首要目标，紧紧围绕巩固脱贫攻坚成果和乡村振兴急需的关键核心技术开展工作，解决制约中国农业产业升级的瓶颈问题。从科技理论源头强化创新与升级，以创新理论为指导研发关键核心技术，关注区域农业和乡村现代化技术模式等重点领域，同时加强国家生物安全风险防控和治理体系建设。其次，加强国家农业战略科技实力的建设。中国农业科学院是国家设立的中央级农业科研机构，是全国综合性农业科学研究的最高学术机构，是农业及农业科学技术战略咨询机构，是"三农"领域国家战略科技力量，担负着全国农业重大基础与应用基础研究、应用研究和高新技术研究的任务，致力解决我国农业及农村经济发展中公益性、基础性、全局性、战略性、前瞻性的重大科学与技术问题。因此，应充分发挥中国农业科学院作为主要科技创新组织的作用，坚持战略性需求导向，确定科技创新方向和重点，围绕粮食安全、营养健康、耕地保护、疫病防控、绿色发展、智慧农机、基础研究、前沿交叉、数据资源、区域发展等方面，加强农业基础研究和原始创

---

① 年猛、许竹青：《加快构建乡村创新体系》，《中国社会科学报》2022 年 6 月 29 日第 3 版。

新，推进农业科技高水平自立自强。[①]

（二）加强农业科技推广体系建设

我国的农业和农村经济发生了深刻的变革，科学技术在支持农村经济和现代农业的发展中发挥着越来越重要的作用。农民对科学技术的需求日益紧迫，科技进步已经成为影响农民增收的关键因素。然而，目前的农业科技推广体系已经跟不上农业科技的发展速度。科技成果的传播和推广对促进农业科研成果和新技术的转化、保障农业高质量快速发展、实现农业现代化有着重要作用。在当前时代背景下，提高农业科技成果的应用率成为促进中国农业发展的要素，而农业科技推广工作则是将科技成果转化为实际生产力的关键桥梁和纽带。

加强农业科技推广体系建设，需要做到以下四点。第一，提高对农业科技推广的资金支持。基层农业科技推广机构属于公益性服务组织，地方政府应在保障农业科技推广人员工资的前提下，增加资金投入，改善其工作条件和环境。此外，要提高对农业科技人员的继续教育支持，提供培训机会，鼓励农业高校、科研机构、科技推广机构和科技专家以不同方式参与农业科技的推广。鼓励社会资本科技型农业企业和新型农村经营主体进入农业领域，更广泛地参与农业科技创新和农业科技推广工作，扩大资金来源。发挥银行的推动作用，提供更多农业科技信贷，有助于提高农业科技的传播与应用，推动农业现代化。[②]第二，提升农业科技推广人员的素质。农业科技推广是将农业科技成果和新型实用技术有效地传递给农业生产者的关键桥梁，需要高度专业化。然而，当前主要从事农业科技推广的人员多来自县、乡、村一级，受限于科技管理制度、编制数量及推广经费等因素，对他们提出过高的专业素质要求并不实际。因此，有必要通过各种途径，如提供专业院校进修、行业互动交流和系统培训的机会等，提高农业科技推广人员的专业水平和综

---

① 贺梨萍：《中国迈向农业科技强国关键阶段，农业科研国家队发布使命清单》，2021年9月16日，https：//www.thepaper.cn/newsDetail_forward_14529167，访问日期：2023年9月2日。

② 吴守军、刘士国：《我国农业技术推广体系存在的问题与对策》，《农业灾害研究》2015年第12期。

合素质，以满足科技推广工作的需求，这将有助于推动农业科技更有效地走进实际生产，促进农业现代化进程。[①]第三，推广企业主导的产学研合作模式，激活与科研机构、农业院校、农业企业和中介机构等社会参与者的合作，构建以市场为引导的科技创新联合体。这一模式可使市场在农业技术研发方向、路线选择和创新资源配置上发挥引领作用。同时，建立与新型农业经营主体需求相契合的现代农业科技推广系统，结合现代农业产业体系、经营模式和成熟的生产体系，为新型农业经营主体提供适应其特定生产条件的稳定有效的技术支持，以提高农业技术供给的准确性和效率。第四，打造多层次的农业科技示范展示平台，开展多层次的先进技术综合示范，以满足不同需求，提升农业科技推广的精细程度，这些平台将有助于技术供需的有效匹配。[②]

（三）加强农业科技服务体系建设

当前，农业科技服务的有效供给不足和供需对接不畅等问题逐渐凸显，难以满足农业转型升级和高质量发展的需求。然而，有效供给不足、供需对接不畅并非新问题，而是长期以来农业科技服务体系所面临的结构性挑战。在传统农业生产中，由于对农业要素缺乏全面了解和科学掌握，对科学技术指导的需求显得十分迫切。但各类农业科技服务主体受到人才、知识等结构性问题的制约，导致农业技术成果的推广进展缓慢，难以有效满足农业科技发展需求。经过长期的探索，数字农业被认为是解决农业科技服务体系结构性问题的有效途径，可强化农业科技服务体系的建设。

数字农业着重于数据获取和表达，通过建立科学的数字农业模型，将农业前沿科学知识和要素状况在模型中全面反映。在物联网、人工智能等信息技术的支持下，这些数据直接转化为农业决策，引领了农业知识传递与扩散的变革。从根本上说，数字农业颠覆了原有农业科技服务模式，由人对人的方式变为从数据到数据的精准控制。数字农业的兴起有助于缩短农业技术传播周期，减少

---

① 闫锡泰：《农业科技推广体系建设存在的问题及对策》，《现代农业科技》2020 年第23 期。

② 王晓君、孙立新、毛世平：《构建需求导向型农业科技创新支撑体系，助力巩固脱贫攻坚成果和乡村振兴有效衔接》，《科技导报》2021 年第 23 期。

对农业科技服务主体的依赖，解决了农业科技服务的结构性问题，提高了农业科技服务的效率，实现了有效供给。因此，应将数字农业纳入农业科技服务的顶层设计，依靠数字技术的创新提供本地化的、区域性的解决方案来推动农业科技服务的创新。这需要在区域农业产业体系的基础上进行试验示范，以数字化创新推动农业科技服务体系的发展，促进农业知识经验的传承，创立区域和行业的农业要素数据模型，引导区域和行业的农业科技服务，促进农业技术传播和农业知识的创新。在这一进程中，政府、企业、科研机构和其他相关主体需要共同合作，加速数字农业对农业科技服务的改进。

第一，开展县域数字农业技术创新集成与综合服务示范。县域是田野调查和科研的联结支点。数字农业技术创新与综合服务示范，应该是科技服务县域统筹的重点内容。根据相关数据，2023 年，全国县域农业生产数字化水平已经达到 18.6%，相当一部分县域具备了基础水准乃至高级水准的数字能力。建议支持县级地区依托农业科技园区，加强与相关企业、农业高校、科研院所的深入合作，开展县域数字农业技术创新集成与综合服务示范。在县域层面构建新一代信息技术与特色优势农业产业深度融合的示范基地，形成适合本地区特色优势农业产业发展的数字农业技术服务方案，带动新型农业经营主体和小农户实现农业生产节本增效。

第二，支持农业企业利用数字技术改造农业科技服务模式。数字技术为大型农业企业提供了机会，它可以将整个农业产业链上的各个参与者连接成高度互联的网络。这种数字化技术改变了农业科技服务模式，能将对此感兴趣的农业企业聚集起来，提高效率。在农业科技服务的转型过程中，大型农业企业发挥了关键作用。因此，应当鼓励这些大型企业建立数字化平台，充分利用它们在创新和协同创新方面的优势，以产业数字化、智能化、网络化和普惠化为目标，打造产业服务集群，从而提高农业科技服务的效率。另外，还应向中小微农业企业提供数字创新券，用以购买相关数字化服务，有助于加速这些中小微企业与数字平台的链接，推动技术、成果和模式的创新，更好地开展农业科技服务。

第三，加强数字技术与农业领域的跨学科研究与集成应用。数字农业是数字技术与农业两个复杂系统的融合，实现农业要素的数字化表达、形成显性及隐性农业知识与技术的模型化构建，需要大力开展数字技术与农业领域的跨学科研究与试验。长期以来，我国农业存在研发投入较低，对农业数字技术的跨学科应用研发支持不足等问题，建议将农业领域数字融合跨学科研究纳入未来重点研发计划，在各类重要的涉农前沿研究项目中特别强调以数据为核心的跨学科研究，加大对新一代信息技术在农业中的综合集成应用研发的投入力度。与此同时，充分发挥高校及科研院所在推动数字农业重塑农业科技服务体系中的作用，搭建农业数字化应用开发平台，加大技术应用层面的集成开发，支持新农村发展研究院开展数字农业试验示范项目，将农业的前沿科技成果通过数字农业模型集成应用到数字农业基地和示范项目中，加速农业科技创新成果的扩散与应用。[①]

（四）加强农业科技人才支撑体系建设

培养造就大批德才兼备的高素质人才，是国家和民族长远发展大计。党的二十大报告指出，要"加快建设国家战略人才力量，努力培养造就更多大师、战略科学家、一流科技领军人才和创新团队、青年科技人才、卓越工程师、大国工匠、高技能人才"，为人才工作指明了方向。习近平总书记指出，全面推进乡村振兴，这是"三农"工作重心的历史性转移。农业科技人才，是补齐"三农"发展短板、实现农业农村现代化和乡村全面振兴的重要支撑和关键。但是，我国农业科技人才仍呈现出总量不足、结构性失衡、塔尖人才及承载平台缺乏、激励机制不完善等问题。为此，应进一步夯实农业科技人才队伍，牵引创新资源下沉基层，这对于全面推进乡村振兴和农业农村现代化具有重要意义。

首先，建立基于全产业链的农业科技人才管理机制，增强工作协同性。建立农业科技工作领导机制，推动教育、科技、产业等相关部门统筹配置资源、形成工作合力。构建农业领域高层次专家库，为开展"三农"战略性、前瞻性重大问题研究提供智库支撑。探索建立以反映全产业链价值为目的的农业科技工作统计监测制度，加强对重点农业企业、科研机构、高等院校的科技人员、研发投入等指标的统计监测，并纳入科技进步统计监测体系，为

---

① 许竹青、刘冬梅：《以数字农业加快新型农业科技服务体系构建》，《科技中国》2021 年第 3 期。

摸清农业科技人才基础、提升工作精准性和有效性奠定基础。其次，壮大农业科技人才队伍，提升人才供给能力。围绕生物种业、农机装备等重点领域，精准梳理人才需求并编制人才开发路线图。完善稳定性培养和竞争性选拔相结合的人才项目培养机制。对进行农业新品种选育的重大专项科研人员从项目、平台等方面给予一体化部署和持续稳定支持，巩固并形成一支高水平育种科研队伍。通过适当的竞争与选拔机制，基于市场化机制挖掘和培育一批有竞争力、能打硬仗的创新骨干。深入实施科技特派员制度，完善基层农技推广机构定向培养机制，吸引更多高素质青年人才下沉基层并从事农业科技服务。支持农业类高校及科研院所不断深化学科交叉融合，加大高素质复合型新农科人才培养和创新创业辅导，为乡村振兴输送更多知农爱农新型人才，推动新时代知识青年"上山下乡"。再次，加快农业数字化变革，增强产业吸引力。以数字化改革为引领，推动 5G、人工智能、大数据等数字科技与农业产业深度融合，实现传统农业业务流程再造和产业生态重塑。加强数字育种、精准施肥用药投饲、动植物疫病精密智控、智能农机等技术和装备推广应用，围绕水稻、旱粮及十大农业主导产业，加快布局建设一批"农业产业大脑＋未来农场"，打造一批可复制、可推广的工厂化智慧农业应用示范场景。以更加现代化的作业环境、智能化的生产方式和具有竞争力的产业效益，吸引工业、服务业等更多非农领域优秀人才投身农业，为乡村振兴提供全方位、高质量的人才支撑。最后，加大创新创业激励力度，激发人才积极性。由于农业和农业科技产品具有一定的公益或准公共产品属性，因此，从长期上看，政府仍须作为科技投入的主体。根据农业研发周期长的特点，围绕育种、土壤、农机等战略领域，建立稳定的基础研究财政支持机制，为农业科技人才安心科研提供保障；赋予育种专项首席专家等农业领军人才更大科研自主权；对于科技特派员等长期深入基层服务的农业科技人员，适当增加下乡补贴、岗位津贴；畅通乡土人才等特殊优秀人才的高级职称直接申报渠道；深入落实高校、科研机构职务科技成果转化奖励政策，推动成果所有权或长期使用权赋权试点扩面至涉农高校院所。

（五）加强农业科技政策支撑体系建设

产业政策是由国家制定的，引导国家产业发展方向、引导推动产业结构升级、协调国家产业结构、使国民经济健康可持续发展的政策。针对乡村科技创新体系，也应当设立政策支撑架构，建立健全市场导向的科研评价、利益分配、科技投入、人才激励等机制体制[①]，营造良好生态，激活农业科技创新活力。首先，应该改革和完善科技评价体系，摒弃仅以科技论文数量作为单一评价标准，更注重科技成果的质量、贡献度和影响力等标志性成果。同时，应积极执行国家有关下放科研自主权的规定，鼓励科研人员进行长期持续的研究，注重原始创新，以提升创新潜力。其次，需要持续推进科研成果的转化与收益分配改革，建立明确的以知识产权为核心的利益分配原则，并促进农业科研机构、涉农高校与企业之间的深度合作。再次，应该建立多元化的农业科技创新投入机制，增加政府对农业科技的财政资金支持，设立农业科技支持"三农"发展的基金，同时尝试采用税收优惠、政府研发后补贴和贷款贴息等多种方式创新投入机制。最后，需要完善农技人才的激励机制，设立"人才特区"以支持农业关键创新链，同时提供具体细化的政策，如职称、奖励、福利、退休和个税减免等，同时也应为高校和科研机构的高级人才提供政策支持，以鼓励他们的兼职和兼薪工作。

第二节　乡村科技创新支撑体系构建的制度设计

一、优化科技创新支撑体系的顶层设计

（一）加强顶层设计谋划，增强创新体系整体效能

党的十八大以来，在以习近平同志为核心的党中央的坚强领导下，我国科技创新取得历史性成就、发生历史性变革，科技实力跃上新的大台阶，国家创新体系建设取得显著成效，为科技自立自强提供了有力支撑。我国全球创新指数排名由 2012 年的第 34 位上升为 2022 年的第 11 位。科技对促进经济社会发展、提高国家综合实力、满足人民日益增长的美好生活需

---

① 完世伟：《创新驱动乡村产业振兴的机理与路径研究》，《中州学刊》2019 年第 9 期。

要的支撑作用显著增强。全社会研发投入与国内生产总值之比由 2012 年的 1.91% 提高到 2021 年的 2.44%，全社会研发经费支出从 2012 年的 1 万亿元增长到 2021 年的 2.8 万亿元，居世界第 2 位。我国拥有科技人力资源约 1.1 亿人，已建成超 2.3 万个各级学会组织。在全面建设社会主义现代化国家开局起步的关键时期，按照党的二十大部署，要立足建设世界科技强国目标，落实各项重点举措，提升国家创新体系整体效能，加快实现高水平科技自立自强。

一是完善党中央对科技工作统一领导的体制。要以习近平新时代中国特色社会主义思想为指导，牢牢把握科技创新正确方向，把党的领导落实到科技事业各领域各方面各环节。完善党中央对科技创新统一领导的体制，健全新型举国体制，加强统筹谋划和总体布局，调动政府、市场、社会各方面积极性，加速聚集创新要素，优化配置创新资源，提升科技创新系统能力，增强科技创新组织力。

二是构建新时代科技发展新格局。以强化国家战略科技力量为引领，加强各类创新主体统筹协同，提升国家创新体系整体效能，构建新时代科技发展新格局。坚持"四个面向"，加强顶层设计，优化国家战略力量的定位和布局。优化财政投入，重点投向战略性、关键性领域。以国家战略需求为导向，前瞻部署一批战略性、储备性技术研发项目，瞄准未来科技和产业发展的制高点，开展原创性、引领性关键核心技术攻关，着力解决影响、制约国家发展全局和长远利益的重大科技问题。围绕国家急迫需要和长远需求，加快实施一批具有战略性全局性前瞻性的国家重大科技项目，增强自主创新能力。强化国家战略科技力量，构建中国特色国家实验室体系。强化企业科技创新主体地位，推动产学研深度融合。统筹推进国际科技创新中心、国家科学中心、区域科技创新中心建设，打造一大批区域创新高地、创新型城市和区域创新中心。打造国家级科技创新平台，引导创新要素聚集，形成有机整体。强化科技战略咨询，发挥国家高端智库和战略科学家的决策支撑作用。

三是深化科技体制改革。当前世界各主要国家正掀起一场制度创新竞赛，以期能提升创新治理能力，赢得战略主动权。我国科技体制改革要着力破解深层次体制机制障碍，为人才"松绑"，释放创新活力，为科技创新提供动力。加强重大科技项目"揭榜挂帅""赛马"制度建设，给予信任和更大自主权，把科研人员从体制机制束缚中解脱出来。构建科研新范式，建立"产学研用金"协同制度体系，推动形成创新联合体，打通科技成果转化"最后一公里"。创新人才评价机制，推动建立多元分层评价机制，建立以创新能力、质量、贡献为导向的科技人才评价体系，在临床案例、科研仪器、工程技术等领域建立案例库，探索以典型案例评价为导向的人才评价机制。健全社会激励体系，让有突出贡献者"名利双收"。①

（二）加大宣传贯彻力度，确保《中华人民共和国科学技术进步法》落地见效

我国于 1993 年通过了首部《中华人民共和国科学技术进步法》，并于 2007 年和 2021 年两次修订。《中华人民共和国科学技术进步法》是我国科学技术领域第一部具有基本法性质的法律，其颁布实施标志着我国科技进步工作正式被纳入了法治化的轨道。同时，它使党和国家有关科技进步的方针政策转变为法律，以法律形式明确了"科学技术是第一生产力"，确立了科学技术在社会主义现代化建设中优先发展的战略地位。2021 年修订的《中华人民共和国科学技术进步法》充分体现了党的全面领导是我国科技事业发展的根本政治保证，充分体现了我国科技领域改革发展经验成果，全面反映了促进科技创新的实践需求，充分体现了党中央把科技创新摆在发展全局的核心位置背后深刻的历史逻辑、理论逻辑和实践逻辑。

《中华人民共和国科学技术进步法》是我国科技领域的综合性、全局性、基础性法律，为加快实现高水平科技自立自强提供了有力法治保障。但是，其在支撑保障我国科技事业发展的同时，在实施中仍存在一些短板和弱项，在创新实践中还存在一些问题和不足。例如，对科技创新重要性的认识还不到位、协同创新整体效能有待提高、基础研究源头供给能力短板明显、企业科技创新主体地位仍需强化、科技成果转移转化存在堵点、科技投入与人才保障机制有待健全等，需要在未来的发展中予以完善，持续优化科技创新支

---

① 周文标：《如何提升国家创新体系整体效能》，2022 年 12 月 13 日，https：//www.rmzxb.com.cn/c/2022-12-13/3257877.shtml，访问日期：2023 年 10 月 22 日。

撑体系的顶层设计。

　　为确保《中华人民共和国科学技术进步法》充分落地并发挥其应有的作用，宣传是关键的一环。政府和相关部门应该联合开展广泛的宣传活动，以确保公众、科技从业者、企业和学术界都能充分了解这部法律的内容和意义。各地应积极组织学习宣传《中华人民共和国科学技术进步法》，夯实其法律实施的基础。同样的，教育和培训对确保法律的有效贯彻至关重要。各高等院校应充分发挥专家学者优势，组织开展系列法律解读，大力宣传《中华人民共和国科学技术进步法》的重要意义和各项制度措施。通过座谈会、报告会、培训班等形式组织机关工作人员、单位领导干部等深入学习《中华人民共和国科学技术进步法》；结合各地区科技工作实际，围绕基础研究、人才保护、成果转化、诚信监管等科技人员关心的重点和热点问题，组织系列专题讲座。另外，新修订的《中华人民共和国科学技术进步法》于 2022 年正式实施，制度创新很大，影响大、程度深，专业术语较多，专业部门及研究机构应尽快编制出版权威的法律释义或解读，围绕科技人员关心的热点和重点制度，阐释《中华人民共和国科学技术进步法》的一系列新规定、新概念、新精神，指导各地区、各单位准确理解和适用法律。法律的贯彻和执行需要得到全社会的支持，政府和法律相关单位应争取建立协调机制，针对法律实施中出现的新问题依法及时予以解释答复，以回应公众、企业和科技从业者的问题，提供指导和建议，为争议情况提供解决方案。此外，监督和评估机制是必不可少的。政府和法律部门需要建立监督和评估体系，以确保法律的有效实施。

（三）推动制定《中华人民共和国科学技术进步法》配套法规

　　新修订的《中华人民共和国科学技术进步法》是新时期推进科技创新工作的法制基础，其中各项基本制度的实施需要配套的法规、政策作为保障。推动制定《中华人民共和国科学技术进步法》配套法规是一项至关重要的任务，有助于法律的全面贯彻与实施，同时也对科学技术的发展、知识产权保护、创新创业生态环境的构建等方面都有着深远的影响。制定《中华人民共和国科学技术进步法》的配套法规需要密切结合国家的具体情况。这些法规不仅需要明确法律的细节和具体实施办法，还需要考虑国家在科技领域的战略目标和优势领域。这一过程需要在多个层面进行协同工作，以确保法律体系的完备性和有效性。

对此，各地应当有计划、有步骤、有重点地研究制定配套法规，并积极协调有关部门，推动有关改革和保障措施从制度和程序上加以细化和落实，构建完善多层次的科技进步法配套法规制度体系。此外，法律的生命力在于实施，法律的权威也在于实施，各地应加强对法律重点制度实施情况的跟踪评估，针对《中华人民共和国科学技术进步法》重点制度的年度实施情况进行调查研究、跟踪评估，及时化解阻碍或影响法律有效实施的各类障碍，确保法律真正落地。另外，为了促进农业科技创新体系的建设，需要在全局范围内设计体制机制，明晰构建路径，快速建立农业科技创新服务体系的核心架构。因此，应在广泛调研的基础上科学构建完整的农业科技创新服务框架，认真评估农村地区的科技需求，同时相关部门也应合作制定整体性的农业科技创新推动制度，推动各相关制度之间的有机组合，通过制度融合和有效联结来共同推动农业科技创新体系的优化建设。

二、系统性健全科技创新支撑体系链条

对待农业科技创新体系，需要准确理解农村发展需求和科技创新现状。从宏观角度看，我国农业和农村产业发展一直受到人地矛盾和资源匮乏的严重制约。如何在有限土地上满足不断增长的人口需求一直是我国农业生产面临的重要挑战。此外，随着外出务工的农村劳动力不断增加，许多地方的青壮年劳动力逐渐减少，导致农业劳动力呈老龄化、女性化、儿童化趋势，给农业生产带来了压力，同时也导致土地荒芜，加剧了耕地资源短缺。在这一背景下，科学技术成为最关键的生产要素之一，实现农业科技进步和推动科技创新变得至关重要，它是保障农业产量稳定和农村产业迅速增长的核心因素。与此同时，积极发展现代农业、实现农业产业化和规模化经营，也高度依赖农业科技投入和科技从业人员的坚定支持。

（一）配套出台科技创新相关政策

配套出台科技创新相关政策是促进科技创新和产业升级的关键一步，成

为政策制定者和各利益相关者的共同任务。配套出台相关科技创新政策可以激发创新活力。在现代社会，科技创新是推动社会进步和增加竞争力的关键因素。各国纷纷推出资金支持、税收优惠、知识产权保护等方面的创新政策和措施，以鼓励企业和个人进行研发及创新，这些措施的实施可以进一步激发创新活力，推动新技术和新产品的研发。此外，配套出台科技创新相关政策也有助于推动产业升级。现代产业结构不断变化，新兴产业变得愈发重要。政府可以通过出台相关政策加大研发投入、鼓励企业开展技术创新等，引导和支持企业加速产业升级，培育新兴产业，提高整个产业链的附加值，推动产业的结构调整，提高国家的产业竞争力。

制度提供了指导方向和价值观，而实际政策则能够直接引导具体行动。因此，在强调制度嵌入过程中，还需强化各政策之间的相互协调。为了优化农业科技创新体系，必须密切关注政策的有效性，通过相互配合和相互支持的政策体系来指导实施。一方面，在制定农业科技创新政策时，必须考虑地方差异和时机，因地制宜。要真正发挥政策作用，必须充分考虑地方实际情况，选择适宜的政策实施时机，这需要将制度与政策实施相结合，以最佳时机推进工作。另一方面，要注重政策之间的协同，避免孤立政策。通过不同政策之间的协调支持，不仅可以叠加政策效应，还能减轻实际工作压力。例如，将科技创新资金政策与人才政策协调推进，可以为科技从业人员提供充足的创新资金，也能更好地激发他们的工作积极性，这种政策之间的互补性将有助于实现科技创新体系的优化。①

（二）构建新型农村科技创新服务体系

农村科技服务体系的运营与管理工作着重关注农村科技服务计划的策划、组织、执行和监控。首先，需要充分了解农村科技服务的现状，包括研究、推广和转化情况，广泛了解农业生产的科技需求，基于有限的经济条件、技术水平、人才素质等客观因素，制定实际可行的农村科技服务计划。其次，从权责划分和资源配置的角度出发，需要建立合理的农村科技服务

---

① 王文彬:《乡村振兴下农村科技创新体系重塑：困境、逻辑与路径》,《山西农业大学学报》(社会科学版) 2021 年第 3 期。

组织结构，明确承担科技服务活动的主体，积极协调和调动高校院所、农业研究机构、农业产业化企业等各方参与科技服务活动。鼓励各地农民成立现代农村合作组织，以多元化的方式形成服务参与主体，同时明确各主体的权责关系，包括行政法规或市场契约的规定，并合理配置人员和设备资源。再次，需要确保充足的资金支持，建立政府财政主导、上级财政辅助、社会投资共同参与的农村科技服务投资体系，增加科技服务在财政投入中的份额。此外，必须确保农村科技服务的实施效果，保证服务活动在法律法规的框架内进行，积极调动社会资源，进行协调工作。特别需要强调农民的积极参与，改变他们被动接受服务的地位，加强对农民特别是偏远地区农民的培训，使他们融入科技服务活动中，提高科技成果的转化效率。最后，必须严格控制农村科技服务计划的执行，确保服务活动不偏离计划，避免出现较大的误差。为此，应设立专门的服务监管机构，运用专业技术和负责精神对各科技服务项目和计划进行监督与评估。需要注重服务过程的控制，避免脱离实际、追求过高目标，同时也要防止过于谨小慎微。将自上而下和自下而上的控制相结合，充分发挥农民的作用，以他们的亲身经验来评估科技服务活动的效果。[1]

（三）丰富农村科技创新融资手段

科技创新活动需要大量的资金投入，农业科技创新更需要资金的大力支持。为了有效优化农业科技创新体系，解决农业科技创新资金的紧缺问题，以摆脱实际问题的制约。为此，应该积极采用多样化的农业科技创新筹资方式，确保科技创新资金的稳定注入。[2]从科技的原始创新研发到推广应用，再到相关基础设施和信息化管理系统的构建，都需要大量资金支持。然而，由于存在投资回报率较低且不稳定等问题，农业科技创新活动及科技供给服务具有一定的社会公益性质。因此，政府应在支持农业科技创新与服务供给方面扮演强有力的主导角色，增加对农村各项科技服务活动的资金投入，为科技助推乡村振兴提供持续动力。举例来说，在高标准农田

① 余华:《新型农村科技创新服务体系构建研究——以大湘西地区为例》,《湖南社会科学》2015 年第 4 期。

② 谢元:《我国农业科技创新面临问题与对策的研究》,《科技管理研究》2010 年第 9 期。

建设、农产品仓储冷链物流、生态治理以及基础设施建设等领域，政府可以加大债务融资力度，专项资助一些重要的农业设施项目。除政府财政投入外，还应推动市场主体加大对乡村振兴的资金支持，实现直接融资和间接融资的双向推进。以市场化方式设立乡村振兴专项基金，如现代农业发展基金、设施农业及智慧农业建设基金、涉农基础投资基金等，引导社会各类资本支持科技创新与乡村振兴。此外，应加强金融机构在农村的服务，促进农村新型经营主体的增长，推动农业产业化，以形成合作体系，提升信贷能力，激励金融机构积极发放贷款。鼓励金融机构创新金融产品和服务，以更大程度支持科技型农业企业的发展，满足科技赋能乡村振兴的资金需求。[①]

（四）完善农业科技创新绩效评测机制

在进行各项体系构建工作的同时，还须强化对创新过程和成果的有效评估，完善农业科技创新绩效评测机制以理性审视农业科技创新的实际状况。在监督农业科技创新时，要考虑多元主体的参与吸引力及科技创新资金的监管。在封闭的创新进程中，难以获得多元主体的支持和资源，这将影响农业科技创新的成果。因此，必须打造开放透明的农业科技创新环境，促进多元主体的参与。创新资金的浪费或滥用会严重削弱农业科技创新工作的基础，甚至对其产生负面影响。因此，政府和其他机构不仅要制定科学的资金使用计划，还必须加强对资金使用过程的监管。同时，需要准确评估农业科技创新的实际绩效，以农民满意度作为评估创新绩效的指标，并以市场化价值标准为创新的归宿。[②]在这一过程中，要关注农业科技创新成果是否能够解决实际问题，也要注意科技创新技术或成果的不足之处，以便有针对性地开展科技攻关活动。尽管一些地方已经在开展农业科技创新工作，但由于缺乏绩效评估意识，未能有效引导科技创新活动，也无法激发科技创新者的热情和积极性。通过绩效评估，还可以发现工作和体系中的问题，从而进行更精确

[①] 杨玉敬：《科技支撑乡村振兴的作用机制与推进方略》，《乡村科技》2022年第6期。

[②] 王薇、李燕凌：《农村科技服务与管理绩效评估方法创新研究》，《科技管理研究》2013年第22期。

的改进和调整，最终高效地重塑农业科技创新体系。[1]

三、提高科技创新制度供给质量与效率

（一）强化科技创新与社会治理体系的融合

在数据和计算成为推动变革和引领创新的核心要素时，网络化和平台化技术趋势正在塑造紧密而稳定的社会结构。在应对问题时，仅仅依赖政策手段可能无法达成想要的结果。因此，需要进行长期规划和战略性思考，避免盲目崇拜数据。面对新兴技术可能带来的颠覆性影响，需要摒弃仅仅进行局部改进的机械思维，而是对全局开展前瞻性分析，以更好地掌握发展主动权。应该以更广泛的视角来评估政策的效果，而不是简单地比较政策的目标和结果，以确保我国的国情和制度能够相互适应和相互支持。尽管参与我国科技创新政策过程的主体范围日渐扩大，但是企业、公众等社会主体仍主要在政策制定的后端环节通过听证、座谈等方式发挥作用，对政策内容制定与修改的影响力有限。以技术赋权拓展制度供给侧与需求侧主体的互动渠道、将治理与技术结合推动治理体系转型升级，有利于不同主体间加强信息往来和意识交流，形成相互学习、相互影响的共进局面，使科技创新制度供给适应形势快速变化的需要。另外，及时审视政府各部门之间、科技创新活动各个环节之间的政策协调性。特别是在科技、教育和经济等部门，应该建立完善的、需求导向的常规性评估和反馈机制。通过定期会商等方式，加强多个部门之间的信息共享和经验交流，从而提升协同治理的能力，确保能够紧跟政策运行趋势。领导小组要充分发挥其统筹协调的作用，以科技创新的视角审查政策的协同性和配套性，采取有效措施来改进制度供给，以应对当前的挑战。[2]

（二）增强科技创新制度的执行力度

促进科技创新，除了需要完善制度体系建设与营造文化氛围，还需要强

---

① 王文彬：《乡村振兴下农村科技创新体系重塑：困境、逻辑与路径》，《山西农业大学学报》（社会科学版）2021 年第 3 期。

② 陈强、沈天添、贾婷：《我国科技创新制度的供给模式及演进特征》，《上海交通大学学报》（哲学社会科学版）2023 年第 8 期。

化制度的执行力。只有制度能够得到切实有力的执行，真正做到有令必行、有禁必止，制度的权威性才能得到切实保障。一项制度能否成功，最终落脚点是其能否得到有效实施，这需要通过加快政府职能转变，加强企业自我规制和提升个体参与能力来实现。

在我国进行科学技术研发的初期，政府统筹资源，发挥主导作用，对科技创新和经济发展起到了一定推动作用。然而，如今科技创新已经延伸到社会各个领域，应当更加重视市场资源的配置作用，通过市场竞争鼓励创新，促进科技发展，防止资源浪费。一些发达国家科技创新的成功经验表明，减少政府干预行为，能够有效推动科技创新。例如，美国拥有完善的科技创新法律支持体系，建立了职能明确的科技管理系统，政府指导各部门和机构发挥各自的职能，起到支持性而非干预性作用。因此，市场主导下的科技创新，政府应更多地扮演支持者和服务者的角色，发挥引领科技创新的作用，以创新为导向，以市场和社会需求为依据，审慎进行资源分配，减少产业政策对市场机制正常运行的干扰，促进科技资源合理配置。加强科技、经济、社会等领域政策的整合和协调，有效支持科技创新。通过产业政策激励企业增加研发经费投入，以提高其科技创新能力。另外，增加科研财政支出，合理配置科研资源，迅速调整基础研究、应用研究和市场导向研发的投入比例，特别关注关键基础研究领域的创新突破，推动我国的科技创新，同时还应当强化监管，确保科技创新制度的有效实施。[①]

第三节　乡村科技创新支撑体系构建的人才支撑

一、强化农民科技素养与技能

习近平总书记强调，没有农业农村现代化，就没有整个国家现代化，农民是乡村振兴的主体，是国家实现现代化的重要力量，是我国公民科学素质建设的重点人群之一。强化农民科技素养与技能，是农村现代化和农业可持

① 罗雯:《我国促进科技创新制度的优化研究》，南京大学硕士学位论文，2021 年。

续发展的重要一环。农村地区一直是农业生产的核心，在科技发展日新月异的今天，农民技能如果跟不上时代发展的要求，则无法适应快速变化的农业环境和市场需求。强化农民科技素养与技能，对于提高农村的生产效率、增加农民收入、改善农村生活质量具有至关重要的意义。因此，农民需要不断学习，以适应不断发展的农村环境和市场需求，政府、合作社和其他相关组织也应积极支持农民的培训和技能提升，以实现更高效、更安全和更可持续的农业生产。

（一）广泛开展农民教育培训

开展农民教育培训是一项至关重要的举措，有助于推动乡村振兴战略的顺利实施，能够提升农民的综合素质，促进农村发展的可持续性。同时，加强对农民的科技技能培训，也有助于拓宽科学技术在农业领域的应用。首先，广泛的农民教育培训可以提高农民的技能水平。现代农业已经不再是传统的种田养殖，而是需要运用各种高科技设备和管理方法来提高农产品的产量和质量。因此，农民需要掌握现代化的农业知识和技能，以适应新的农业发展模式。农民教育培训可以提供各种培训课程，包括种植、养殖、农产品加工、市场营销等领域，帮助农民获取必要的技能，提高他们的生产水平和竞争力。科技通过赋能现代农业发展，极大地提高了农业生产效率，但采用新技术和品种的同时也伴随着新的风险，不确定性因素和成本增加。因此，有针对性的培训可以帮助农民合理使用技术，提高风险管理和成本控制的能力。其次，现代农业已经从自给自足型演变为市场导向型，农业不仅涉及技术问题，还涉及经营问题，农民需要应对从生产到销售的各种挑战。通过培训，可以提高农民的市场意识和应对市场风险的能力。同时，随着基础设施的完善与城市边缘的不断延伸，农村已不再是与世隔绝的地区，越来越多社会力量和资本投入乡村振兴事业，农民将扮演更多元的角色。因此，强化农民科技素养与技能也已不再局限于对工具、技术等方面的教育培训，还应着重培养农民与外部力量互动、沟通和谈判的能力及信息收集能力，通过培训引导农民积极参与农民合作社等社会化组织，提高组织水平，有效地提高农民与外部谈判的能力，帮助农民在互联网上获取有效信息。最后，农村不仅仅是农业生产的地方，还包括各种服务和产业，农民可以通过相关的教育培训，了解不同行业的需求和机会，掌握一些职业技能，从而更容易就业或创业，提高农民的就业率和创业率。在广泛开展农民教育培训的过程中，强化对农村妇女培训也是重要环节之一，通过扩大农村妇女的受训比例，帮助农村妇女提高适应生产力发展和市场竞争的能力，更广泛、更深入地参与农业农村现代化建设。

广泛开展农民教育培训，离不开社会力量的服务与支持。因此，还需要进一步激发多元主体的积极性，提高提供农业科技服务的动力。农村地区通常面临教育资源匮乏的问题，政府单一的供给体系无法满足广大农民的学习需求，社会力量通过提供各类培训机会，为农民提供了更多元的选择，满足了不同层次、不同需求的农民的学习要求，扩大了农民教育培训的资源基础，扩大了培训的覆盖面。此外，社会力量的服务提高了培训的实用性。农民教育培训应当紧密结合农村的实际需求，培养农民与实际需求相匹配的技能和素质。社会力量可以更灵活地满足不同群体的需求，通过深入了解农村社区的特点，开设有针对性的培训项目，提高培训的实用性，帮助农民更好地适应农业现代化和产业升级的要求。在现有基础上，还应继续鼓励高校和研究机构提供智力支持，深入实施科技特派员计划，支持农业社会化服务组织和专业技术协会提供科技服务。引导农户与现代农业有机结合，通过多元主体的协同努力，建立新的农业科技服务生态和体系。①

（二）进一步加强农村科学文化建设

党的二十大报告指出，"培育创新文化，弘扬科学家精神，涵养优良学风，营造创新氛围"。创新文化是孕育科技创新的沃土，营造尊重劳动、尊重知识、尊重人才、尊重创造的创新生态和创新文化，是提升国家创新体系整体效能的社会基础。进一步加强农村科学文化建设，是推动农村现代化和农民素质提升的必要举措。实现这一目标，应重点关注农村基层干部的科技知识和文化素养提升。农村的基层干部扮演着协调和推动农村现代化的关键角色，他们需要具备一定的科技知识，以更好地引导农民科技创

① 朱洪启：《乡村振兴背景下的农民科技文化素质建设》，《科普研究》2021 年第 4 期。

新和现代农业生产。此外，须加强符合农民需求的资源和媒介建设，关注农村地区科普资源创作开发，提升农村科普品质，创作贴近生活、符合农民审美习惯和兴趣的科普内容，支持农村科普产品开发和资源分配。动员科技从业者为农民提供科技志愿服务、培训和咨询，倡导科学生活，减少迷信，反对邪教，挖掘新时代农业的文化精神价值，塑造新时代田园文化，推动农民的科技文化素质提升和乡村文明建设。同时，农村科学文化建设还应注重文化传统的继承和创新。农村地区拥有乡土民歌、农耕节庆、手工艺品等丰富的文化传统，这些文化传统不仅具有重要的历史和文化价值，还是农村文化建设的宝贵资源。在现代化进程中，应当注重保护和传承这些传统文化，使其继续发挥积极作用；也可以通过文化创新，将传统文化与现代科技相结合，创造新的文化产品和活动，激发农村文化的创新活力。

（三）提升革命老区、民族地区、边疆地区、脱贫地区农民科技文化素质

我国幅员辽阔，由于各地区发展资源的差异而呈现出不平衡的发展状态，其中也表现为公民科学素质建设的不平衡，受经济水平和地理环境等多重因素影响，革命老区、民族地区、边疆地区、脱贫地区的公民科学素质建设相对薄弱，这些地区的农村科学素质建设需要更大的投入。

在革命老区、民族地区、边疆地区、脱贫地区，许多农民的生活水平相对较低，基础设施和公共服务不够完善。提升农民的科技文化素质可以增加他们的就业机会，提高他们的社会融入度，为他们提供更好的生活保障。农民通过学习科技知识和接受文化教育，可以更好地参与社会发展，获得更多的机会，提高生活质量。另外，通过提高革命老区、民族地区、边疆地区、脱贫地区农民的科技文化素质，可以更好地引入现代农业技术和管理方法，提高农业生产的效率和质量，有助于增加农产品产量，提高农民的收入水平，推动当地经济的发展。在提供更多支持的同时，还应充分挖掘地方特色资源，推动本地区特色科普形式的发展。同时，探索并推动"科普＋党建""科普＋文化""科普＋产业""科普＋旅游"等新模式，促进革命老区、民族地区、边疆地区、脱贫地区的农村经济、文化、社会全面发展。

二、增强农村创业主体能力

（一）培育农村创业主体的本地及跨地能力

农村创业是农村经济系统的关键构成部分，是增强农村现代化经济体系的重要力量，乡村振兴战略对农村创业提出了新要求。2021 年，农业农村部提出，要加大力度培养农村创业创新带头人，并强调了提高农村创业者的创业就业技能培训的针对性和精准性。对农村创业主体能力开展培训，集中在本地能力与跨地能力两个方面。本地能力指的是农村创业主体开发和利用本地资源、本地技术及本地工艺进行创业的能力。同时，创业离不开本地政府的支持，地方政府和行业组织应制定优惠政策或提供优先支持条件，以支持本地农村创业项目，充分利用当地资源、知识和技能进行高度适配性的开发和创新，鼓励创业企业提供适合当地需求的产品和服务，满足农村消费者对美好生活的需求，促进本地项目长效发展。跨地能力培养主要在于引导具有外出经验、创业资金积累、技术专长、市场信息和经营头脑的创业者，积极尝试连接跨地资源，融合不同地区的政策以及商业规则，从而扩大现有农村创业项目的价值[①]。

（二）利用数字技术赋能农村创业要素市场

利用数字技术赋能农村创业要素市场，已成为乡村振兴战略的关键部分。随着科技的快速发展和数字化革命的到来，农村地区不再是"信息孤岛"，而是逐渐融入全球数字经济的浪潮之中。数字技术在农村创业要素市场中的应用，不仅提供了创新的商机，还为农村经济的可持续发展提供了强大动力。

数字技术在农村创业中的运用对提升创业资源配置效率和激发要素活力具有重要意义。可依托数字技术平台，采用"区块链 + 土地"技术来监测和评估土地利用情况，激活农村现有土地和资本资源，解决农村创业项目中的土地流转交易效率问题，提升农村创业项目吸引力，扩大农村创业项目的

---

① 祁明德、梁静鑫、王晖栋：《乡村振兴战略下农村创业的可持续性路径》，《西北民族大学学报》（哲学社会科学版）2022 年第 2 期。

融资来源，为项目在产业链和价值链中向中高端位置迈进提供坚实的资金支持。同时，借助"数字乡村"计划，助推农村创业者掌握数字技术能力，使其在推动农村地区数字创业等方面发挥示范和引领作用，为农村创业注入新理念、新策略和新活力。此外，数字技术还为创业者提供了更广泛的市场。传统农村市场通常受限于地理位置，商家的客户群体有限。然而，通过数字技术带来的在线市场平台，农村创业者可以将他们的产品和服务推广给城市和其他地区的客户，实现更大范围的销售。这不仅扩大了业务规模，还有助于提高农村产品的知名度和市场份额。如今，"互联网+"也为农村创业者提供了新的机遇，其可以在利用创业平台的基础上，通过促进城乡交流和资源流动，提升农村创业者与新业态的深度融合。[①]

三、强化创业政策支持和保障作用

（一）加强政策补给，营造农村创业环境

加强政策补给，营造农村创业环境，是促进乡村经济振兴和可持续发展的重要举措。农村创业作为农村经济的重要组成部分，对于增加就业机会、促进农村产业升级、提高农民收入水平具有重要意义。然而，农村创业仍面临诸多挑战，包括市场竞争激烈、融资困难、政策不明朗等。因此，政策补给成为必要之举，以创造有利的创业环境，激发创业者的积极性，促进农村创业的持续发展。

政策补给可以通过降低创业成本，鼓励更多人投身农村创业。农村创业者通常在资金、场地、技术等多方面面临困难，政策的支持可以帮助他们降低创业成本。政府可以提供创业补贴，支持初创企业的设施建设，鼓励创新科技的应用，以提高生产效率。这些政策的实施有助于吸引更多的人投身到农村创业中，激发他们的创业热情。为农村营造创业氛围，首先需要弥补农村新型业态发展设施的不足，满足农村新业态运营的需求，促进互联网、大数据、人工智能与农村产业升级相结合，推动产业向网络化、数字化、智能

---

① 吴昌嵘：《乡村振兴战略背景下农村创业实施路径研究》，《农村经济与科技》2021年第3期。

化升级，促进智慧交通、智慧电网、智慧农业和智慧物流等领域的发展。其次需要改善农村生活环境，提高农村地区医疗、教育、卫生等公共服务水平，通过美化、绿化和亮化计划来改善农村人居环境，不断改善农村的生活设施和文化娱乐设施，提高创业环境吸引力，同时增强创业者对农村的认同感和归属感。最后通过各项激励政策，创造返乡创业的社会氛围，鼓励创新，容忍失败，为愿意留在农村创业的各类人才提供最大程度的支持，使农村成为返乡青年梦想创业的"乐土"。[①]

（二）激活土地市场，探索创业收益新模式

土地作为一切生产和经营活动的根本基础，不仅是农村创业的重要资源和核心要素，更是农民谋生的重要依托，助推农村创业，需要更为灵活的土地政策。随着生活节奏的加快，人们对于回归自然生活越来越向往，因此许多创业人才都瞄准了休闲农业、观光农业和农村旅游业等创业项目。针对这一创业需求，必须进行有效的土地重组和充分的土地利用。在积极推动农村土地"三权分置"改革的基础上，还应进一步推动农村宅基地的入股和出租，以确保各类创业主体能够获得所需的创业用地，同时提高本地农民通过土地出让而获得的回报，以平衡各方的利益，实现和谐共赢。例如，成都市通过盘活土地市场，让农户将宅基地交给集体流转为集体建设用地，引入社会资金（个人或企业），统规自建或统规统建，建成后共同经营管理或分配利益，节约下来的集体用地可流转，用于旅游、服务、商业和工业等非住宅项目开发，最终将项目打造成为农业的品牌主题公园和农业的文创产品设计中心，成为中国首个农业创客社区。项目还发展了共生产业，形成产业链闭环，从单一的产能增长变成真正意义上的产值增长，形成一个自循环的生态产业式社区。又如，成都市郫都区是全国33个农村集体经营性建设用地入市改革的试点之一，其利用试点政策红利，结合当地实际，走出了自己的"点状用地"供地路径；集体经营性建设用地实施房地一体、分割转让，再进行房地一体不动产权转移登记的改革创新之路，

---

①温福英、黄建新:《农村创业主体演变中的政策回应及支持路径》,《开发研究》2021年第5期。

以农村土地综合整治及集体建设用地开发落地项目为载体，以政府为引导、以农民为主体进行市场化运作，充分释放政策红利，实现乡村振兴、促进农民增收。因此，为有效帮助农村创业者，需要相关政策牵头，有效整合土地，集中发展适度的规模经营，促进创业者提高创业效率，利用现代化管理、经营模式，增加创业收入。

（三）建立乡村创业金融体系，拓宽创业资金来源渠道

乡村产业振兴离不开有效的创业金融支持，乡村创业金融的有序发展需要制度规范、政策支持，还需要民间资本积极参与。因此，需要从多渠道拓宽乡村创业资金来源。一是鼓励民间资本参与乡村创新创业。鼓励民间资本投入，统筹管理和运用中央及地方政府涉农、支农预算资金，包括直接投入资金、各类奖励资金、补助资金等。创立专门的乡村发展创业投资引导基金，通过市场化运作方式，支持民间资本创设乡村创业投资基金，这样一方面能提高政府资金运用效率，另一方面可扩大投资规模；在中央和地方层面，运用财政和民间资本，设立面向大中型乡村企业的乡村产业直投基金和面向小企业的乡村小企业投资公司。二是培育乡村金融新动能。借鉴国外成功经验，综合运用财政税收、金融信贷等政策，如为创投基金和小企业投资公司提供税收优惠，在一定比例上提供信贷融资支持，支持民间资本设立专门支持乡村创新的创投基金、小企业投资公司，为乡村创新创业提供股权融资和企业增值服务，打造乡村经济增长新动能。三是优化乡村金融政策体系。地方政府可通过采取各种优惠政策引导、鼓励农民工、大学生、城市退休人员等各类人员回村创业，构建知识型、开拓型、技能型的新型农民队伍，建立一批运行规范的经营主体；在深化农村土地制度改革基础上，以"三权分置"制度改革为契机，在确保农民权益基础上，不断创新土地流转模式，建立适合规模化经营的新型乡村经营组织和劳动用工制度，培育新型微观经营主体，打造规模化经营的现代化乡村经营体系；为乡村创新创业营造良好的金融和政策环境，吸引各类人才投入到乡村发展和农村建设工作之中，为乡村产业发展赋能，助力乡村振兴，实现城乡融合。四是为乡村金融资本流动提供便利条件。在强化披露、规范运作、

优化流程、简化程序的基础上，各级政府和监管机构支持乡村创新创业企业在多层次资本市场优先挂牌交易、转让、上市，为资金的投资和退出创造便利条件。①

① 肖汉平:《建立乡村创业金融体系　赋能长江经济带乡村创新创业》，2020 年 9 月 15 日，http：//www.china.com.cn/opinion/think/2020-09/15/content_76705549.htm，访问日期：2023 年 10 月 23 日。

参考文献

专著

[1] 付翠莲. 农村与区域发展案例评析 [M]. 上海：上海交通大学出版社，2016.

[2] 贺和初. 新农村科技服务体系探索与创新 [M]. 海口：海南出版社，2008.

[3] 胡晓杭. 农业农村科技创新创业服务体系建设研究："星创天地"开启的众创空间 [M]. 北京：经济日报出版社，2018.

[4] 贾跃. 科技进步与社会主义新农村建设 [M]. 郑州：中原农民出版社，2006.

[5] 九三学社江苏省委员会. 科技创新与推进江苏乡村振兴 [M]. 南京：东南大学出版社，2018.

[6] 刘东. 新型农村科技服务体系的探索与创新 [M]. 北京：化学工业出版社，2009.

[7] 刘振伟. 万世根本：乡村振兴法律制度 [M]. 北京：中国民主法制出版社，2020.

[8] 申茂向，等. 中国农村科技创新与发展 [M]. 北京：社会科学文献出版社，2012.

[9] 王美玲，李晓妍，刘丽楠. 乡村振兴探索与实践 [M]. 银川：宁夏人民出版社，2020.

[10] 王喆，吴飞鸣. 凝聚创新精神 汇聚创业英才：科技特派员农村科技创业典型事例汇编 [M]. 北京：科学技术文献出版社，2013.

[11] 夏英，王震，李芸，等. 农村科技创业与科技服务体系建设创新研究：以科技特派员为例 [M]. 北京：中国农业大学出版社，2012.

[12] 徐顽强，王文彬. 乡村振兴战略下农村科技创新体系构建 [M]. 北京：科学出版社，2022.

[13] 徐顽强，等. 农村科技型社会组织培育研究 [M]. 北京：科学出版社，2019.

［14］许维勤．乡村治理与乡村振兴［M］．厦门：鹭江出版社，2020．

［15］钟在明．科技创新引领新农村建设［M］．北京：中国农业出版社，2012．

［16］周文夫，彭建强．农村现代化问题研究［M］．石家庄：河北人民出版社，2017．

［17］董志凯，武力．中华人民共和国经济史（1953—1957）（上）．北京：社会科学文献出版社，2011．

期刊

［1］陈强，沈天添，贾婷．我国科技创新制度的供给模式及演进特征［J］．上海交通大学学报（哲学社会科学版），2023（8）：21-35．

［2］陈彤．美国农业工业化发展与生态化转型研究［J］．亚太经济，2018（5）：80-87．

［3］陈新．国外乡村建设对我国欠发达地区乡村振兴的若干启示［J］．乡村科技，2019（30）：8-10．

［4］付琼，郭嘉禹．金融科技助力农村普惠金融发展的内在机理与现实困境［J］．管理学刊，2021，34（3）：54-67．

［5］付晓亮．荷兰"链战略行动计划"的基本特征、可取经验及对中国农业产业化的启示［J］．世界农业，2017（11）：213-217．

［6］高海波．消除贫困和促进共同富裕的中国智慧：基于《资本论》反贫困理论的经济哲学解读［J］．大连理工大学学报（社会科学版），2022（1）：1-8．

［7］高强．脱贫攻坚与乡村振兴有机衔接的逻辑关系及政策安排［J］．南京农业大学学报（社会科学版），2019，19（5）：15-23．

［8］高升，洪艳．国外农业产业集群发展的特点与启示：以荷兰、法国和美国为例［J］．北京农业，2013（35）：28-33．

［9］关爽．数字技术驱动社会治理共同体建构的逻辑机理与风险治理［J］．浙江工商大学学报，2021（4）：153-161．

［10］关婷，薛澜，赵静．技术赋能的治理创新：基于中国环境领域的实践

案例［J］. 中国行政管理，2019（4）：58-65.

［11］郭晓鸣. 荷兰农业为何能够创造奇迹［J］. 当代县域经济，2020（2）：67-68.

［12］郝耕，孙维佳. 农业生产方式变革是乡村振兴的根本出路［J］. 西安财经大学学报，2020（6）：10-12.

［13］胡德宝，翟晨喆. 脱贫攻坚与乡村振兴有机衔接：逻辑、机制与路径［J］. 政治经济学评论，2022，13（6）：71-85.

［14］刘新智，朱思越，周韩梅. 长江经济带数字经济发展能否促进区域绿色创新［J］. 学习与实践，2022（10）：21-29.

［15］罗鸣，才新义，李熙，等. 美国农业产业体系发展经验及其对中国的启示［J］. 世界农业，2019（4）：43-46.

［16］马柔. 金融科技在商业银行信用风险智能化管理中的应用研究［J］. 农村金融研究，2019（4）：45-49.

［17］祁明德，梁静鑫，王晖栋. 乡村振兴战略下农村创业的可持续性路径［J］. 西北民族大学学报（哲学社会科学版），2022（2）：105-114.

［18］唐亚林，王小芳. 网络化治理范式建构论纲［J］. 行政论坛，2020，27（3）：121-128.

［19］完世伟. 创新驱动乡村产业振兴的机理与路径研究［J］. 中州学刊，2019（9）：29-32.

［20］汪明煜，周应恒. 法国乡村发展经验及对中国乡村振兴的启示［J］. 世界农业，2021（4）：65-72.

［21］汪青松. 区块链作为治理机制的优劣分析与法律挑战［J］. 社会科学研究，2019（4）：60-71.

［22］汪三贵，冯紫曦. 脱贫攻坚与乡村振兴有机衔接：逻辑关系、内涵与重点内容［J］. 南京农业大学学报（社会科学版），2019（5）：8-14.

［23］王薇，李燕凌. 农村科技服务与管理绩效评估方法创新研究［J］. 科技管理研究，2013（22）：201-204.

［24］王文彬. 乡村振兴下农村科技创新体系重塑：困境、逻辑与路径［J］.

山西农业大学学报（社会科学版），2021，20（3）：23-32.

[25] 王晓君，孙立新，毛世平. 构建需求导向型农业科技创新支撑体系，助力巩固脱贫攻坚成果和乡村振兴有效衔接[J]. 科技导报，2021，39（23）：23-28.

[26] 王友云，罗正业，王磊. 科技创新赋能乡村振兴战略的机理探讨[J]. 贵阳学院学报（社会科学版），2022，17（3）：93-97.

[27] 温福英，黄建新. 农村创业主体演变中的政策回应及支持路径[J]. 开发研究，2021（5）：57-62.

[28] 吴昌嵘. 乡村振兴战略背景下农村创业实施路径研究[J]. 农村经济与科技，2021，32（3）：224-227.

[29] 吴守军，刘士国. 我国农业技术推广体系存在的问题与对策[J]. 农业灾害研究，2015（12）：57-60.

[30] 谢元. 我国农业科技创新面临问题与对策的研究[J]. 科技管理研究，2010，30（9）：8-10.

[31] 许世卫. 要坚持以人为本的科技创新政策与路径选择[J]. 中国科技论坛，2022（9）：前插1.

[32] 许竹青，刘冬梅. 以数字农业加快新型农业科技服务体系构建[J]. 科技中国，2021（3）：51-53.

[33] 闫锡泰. 农业科技推广体系建设存在的问题及对策[J]. 现代农业科技，2020（23）：242-243.

[34] 杨玉敬. 科技支撑乡村振兴的作用机制与推进方略[J]. 乡村科技，2022，13（6）：30-35.

[35] 余华. 新型农村科技创新服务体系构建研究：以大湘西地区为例[J]. 湖南社会科学，2015（4）：103-108.

[36] 占毅. 浅谈发展和完善科技创新体系的基本原则[J]. 科技管理研究，2008（5）：57-58.

[37] 张林，温涛. 农村金融高质量服务乡村振兴的现实问题与破解路径[J]. 现代经济探讨，2021（5）：110-117.

[38] 张伟，马永鑫，孙建军，等. 乡村振兴背景下加快农业科技创新的思考[J]. 农业科技管理，2020（6）：29-30.

［39］赵霞，姜利娜. 荷兰发展现代化农业对促进中国农村一二三产业融合的启示［J］. 世界农业，2016（11）：21-24.

［40］郑小玉，刘冬梅. 国外农业农村科技创新政策特征及启示［J］. 科技智囊，2020（2）：76-80.

［41］朱洪启. 乡村振兴背景下的农民科技文化素质建设［J］. 科普研究，2021，16（4）：58-62.

［42］朱先平. 河南省现代农业科技创新体系建设的总体思路与基本原则［J］. 湖北函授大学报，2017，30（2）：63-65.